覺無常

慈濟志工口述歷史

慈難救助訪談紀錄

THE TWENTIETH ANNIVERSARY
OF 921 EARTHQUAKE:
An Oral History of Tzu Chi volunteers.

莫忘那一年

　　慈濟能有如今的志業成果，是從五十多年前的「竹筒歲月」開始，靠著慈濟人不斷地接引大眾行善，菩薩種子從「一」生無量，從臺灣遍及全球五大洲。這都不是靠師父一個人，而是人與人之間相互影響、彼此接引，不斷地淨化人心、祥和社會的結果。

　　感恩大家的發心，每一個人的那一念心，都要守護好，也都要知道根在哪裡。師父的根是來自於，我跟我的師父在那幾秒鐘的互動之間：「因為時間很緊迫，你我師徒有緣，不可思議，今天皈依，你就要『為佛教、為眾生』。」只是這麼幾秒鐘，告訴大家源頭，莫忘那一年，莫忘那一人，莫忘那一念。

　　今（2019）年6月、7月行腳，出門三十一天，與慈濟人有一百五十六場溫馨座談，主題就是「莫忘那一年，莫忘那一人，莫忘那一念」。大家共同回憶，彼此見證半世紀以來，臺灣哪裡有災難，慈濟人得知訊

息，便即時啟動，往同一個方向去膚慰苦難人。

一場場地聽，很豐富也很悲悽的過去，一段段拼湊成真實的歷史……更感恩那一群人的投入，聞聲救苦，無尤無悔的付出。

二十年前，九二一大地震剛過不久，慈濟人即從地湧出，一大早天未亮開始供應熱食、物資，緊接著一連串的急難救助，快速地為受災居民安身、安心、安生活。

考慮到不能讓受災居民長久住在帳篷中，必須趕快建蓋組合屋，讓他們至少能度過三年，完成家園重建。借地、設計、動工，全臺慈濟人動起來，鋼架一個人扛不起來，兩個、四個、六個人一起，就能搬得動。女眾不只跪著鋪地板，也勇於爬上屋頂鎖螺絲。

一段段故事，聽了實在捨不得，但也替大家那一段生命感覺很有價值、很讚歎。當年的組合屋大愛村，戶外有小橋流水、綠化景觀，十二坪的小屋還有三房兩廳隔間，衛浴設備及廚具齊全，入厝的時候跟大家說：「屋寬不如心寬。」房子雖然窄小，但寬心就能度過難關。

接著是建設「希望工程」。地震把許多學校的校舍震垮了，我不忍心孩子在帳篷裡上課，高溫難耐，也難以抵擋風雨，而且孩子的學齡有限，不能耽誤，所

以決定向教育部認養援建學校。

在當時的臺中分會拿到教育部傳真的學校名單，我一直勾選規模較大的學校，最後再加上校長的請託、教育部的委託，慈濟總共認養了五十一所學校。那時並非先有一筆重建經費，我們才決定要做這麼多事，只是認定應該要做，捨我其誰，所以一心堅持，在慈濟人的勸募與愛心人的護持下一一完成。

今年6月在臺中靜思堂，一群畢業自希望工程學校的年輕人來分享見證，二十年前，他們曾經在帳篷裡上課，後來搬進新教室，繼續學業；如今在社會上有所成就，承擔責任。

看到他們，就覺得很欣慰，很慶幸我們災後及時付出，援建這麼多所學校，也幸好有這麼多慈濟人，才有力量做這麼多事；否則只靠一個人有心，也沒有力量，如今也無法有「那一年」的回憶，與一群志同道合的慈濟法親結深緣。

聽著大家分享九二一大地震的賑災過程，深感人的生命價值，就是不斷地把握分秒，踏實做出來的；從人文真善美志工拍攝的一張張相片，喚回當時的記憶，人、事、物鮮明地浮現腦海。感恩大家留下紀錄，還要不斷地回憶與分享，經由參與者口述，記錄成為文字，只要多聽一項，就多增長一分慧命。

時隔二十年，記憶也會有所偏差，差之毫釐，失以千里，所以聽到的資料要一再查證，歷史要留存真確。如果有師兄、師姊還保留著九二一當時的相片，要再找出來；若已經放在雲端資料庫裡，也要搜尋、查找出來，可以用於展示。展示九二一賑災資料，不是誇耀慈濟做了多少、對人間有何功勞，而是要教育，提高人人防災的警覺心。

　　現在的氣候異常，地、水、火、風四大不調的災難，天天都在地球上發生，臺灣這幾年來還算平安，但是許多國家有很嚴重的災情，如果眾生再不警覺，改善生活習慣，地球環境會敗壞得愈快。人們可以破壞地球，也可以挽救地球，不能再隨著欲念、憑自己的喜好恣意妄為。

　　若是人人都「歡喜做」而不顧後果，將來就要「甘願受」自己的言行造成的苦果。慈濟人為眾生盡心盡力付出，只願眾生得離苦，不為己身求安樂，則是「甘願做，歡喜受」。為了救苦救難而奔波勞累，皆是真誠付出無所求，而且現在回想「那一年」，無論當時如何辛苦，現在都充滿了幸福感，覺得自己的生命很有價值。

　　「莫忘那一年，莫忘那一群人，也莫忘那一念」，要守護的不只是二十年前的那一念，而是時時刻刻的

那一念心。自慈濟創立以來，大家投入大大小小的賑災與急難救助、人道關懷，年年、月月、日日都在生命中留下難以抹滅的記憶。所以莫忘每個「那一年」，也莫忘每一位共同付出的法親，加深自己的生命記憶，也要重新牽起法親情誼。

時間無法停留，人也會隨著時間老去，不過，時間可以成就一切。分分秒秒連接起來，就是年年歲歲；回憶成冊，就是慈濟大藏經，「為時代作見證，為人類寫歷史」。

回顧歷史，更需要戒慎虔誠，值得記憶的將它拿來當現在的啟示，為年輕人做教育。生活在天地之間，要如規、如矩、如法，人人知法、不犯法，轉物欲為善念，社會祥和樂利，敬天愛地才能聚福緣。請大家多用心！

慈濟基金會文史處彙編自《慈濟月刊》第634期〈無盡藏〉、《證嚴上人衲履足跡二〇一九年夏之卷》P.412、P.580、P.602、P.732及大愛電視《人間菩提》第7741集。

九二一地震後，孩子的教育不能等，是證嚴上人日日掛心的事。南投草屯旭光高中啟用後，上人於2002年9月9日到校，探視孩子們在新教室上課的情形。（攝影／阮義忠）

帶動社會正向的能量

2017年歲末，證嚴上人行腳臺中，提到「莫忘那一年」，殷殷叮嚀臺中慈濟志工要重新回憶九二一，之後，上人無論是在晨語時間、志工早會等等場合，更深切慈示要「莫忘那一年、莫忘那一人、莫忘那一念」，同時聽到上人回憶起五十多年來，許多事件、人物，志工也不斷地分享他們曾經走過、做過的事，讓我深刻感受面臨災難時，在不同時空、不同領域，都有慈濟人即時的投入與付出。

二十年前憶往 暗夜冒險避難

回憶起二十年前九二一大地震發生時，當時我在新竹科學園區上班，住在交通大學的新校區對面，那邊的地勢比較高，我住十二樓，感受到的搖晃非常厲

害。當下停電，整個屋子都是暗的，這是我一生中遇過最大的地震。

那時候，我岳母因有些年紀，且行動不方便，跟我們住在一起；當地震發生後，我感覺太危險了，必須馬上離開大樓，我便揹著岳母，與太太、女兒一起走樓梯下樓，走到地下停車場去開車。大廈旁也都不安全，我送他們到交通大學裡面的空地，先讓他們在那邊暫時安定。

我服務的公司是做半導體製造，使用的設備非常精密，但也最怕地震來襲。以這麼大的地震規模來說，我的直覺是工廠一定會有很大損失。於是在安置家人後，就立即開車前往公司，我邊開車邊嘗試聯繫在高雄的父母親，但電話都不通，資訊也都不暢通。

強震災損嚴重 危急如臨戰爭

手機不通，只有車上的收音機能收到一些資訊，我一路聽著廣播前往公司，途中了解震央在哪裡，當受傷與死亡人數不斷攀升時，我越聽越難過。其實，從住家到公司距離不遠，但那一晚開得比較久，因為整個往新竹科學園區的車子大排長龍，雖然是凌晨兩點多，所有人卻都往園區裡面走。

當我進到工廠時，所見到的是設備和材料的損失很大，裡面很多高溫的石英爐管都斷掉、晶片破碎。大家都馬上投入善後，從半夜一直到第二天白天都在公司，進入緊急搶救狀態，產品製造到一半，要報廢的量很大，廠務設施復原也需要花一些時間。臺灣是全球半導體的高科技生產重鎮，所有園區的公司都受到影響，大家都搶著復原，搶零配件和原料，從臺灣到海外，像戰爭一樣的緊急狀態。之後的一、兩個星期，不是很晚回家，就是沒回家待在公司處理善後。

　　接下來幾天，我了解到臺灣傷亡的嚴重程度；同事中有好幾位住在南投，從他們口中得知他們的家，是屬於半倒的狀態，他們身心所要承受的壓力，大家都很能體會，整個公司發起募款，希望能盡一點心力。

　　這時，從電視上也片斷地看到了慈濟的付出，當下單純覺得這是一個不錯的團體，我也做了財務上的捐贈。

深受上人感召 志工無私付出

　　2005年公司安排我到新加坡負責管理新加坡的工廠，因為太太辭掉工作後想做義工，在朋友的介紹下，我們主動去找慈濟。之後我對慈濟有更深的、更

敬佩的認識，就是聽太太在參與慈濟志工活動後的種種轉述。2007年，她邀請我去參加新加坡靜思堂的歲末祝福，那次我看到了當年度的「慈濟大藏經」影片，發現原來慈濟為全世界做了這麼多的貢獻，而大受感動，因此決心要參加慈濟志工的見習與培訓。後來沒多久回到臺灣後，我即刻投入志工見習與培訓，在2010年受證。

目前，我全職投入慈濟志業才兩年半，有幸聽聞志工分享九二一那年親身投入的經驗，很多人都有自己的事業，卻能放下事業到災區不眠不休投入。若不是親耳聽到，很難想像臺灣有這麼多無私的人。在他們的言談中了解到，慈濟志工是因為受到上人的感召而有這樣的行動力。慈濟能夠發展到如今的規模，這群志工所做的貢獻，是不可被抹滅的，因此我對資深志工是發自內心地敬佩。

曾經有幾次，上人知道我要到社區分享，都會提醒我要跟志工說「感恩」。記得在我小時候，教會的人會到我們村子裡講《聖經》的故事，講完會發點心給小孩子，當時對我們來說，能夠拿到點心，大家都非常珍惜；受到這一點點的幫助，在我往後經濟能力許可的時候，就開始回饋社會。我相信，上人所引領的慈濟宗門，志工肩負著的慈善使命，在社會人群中的

點滴投入，絕對是對臺灣乃至全球，形成很正面、善的循環的影響力。因此，藉由本書的出版，我要再次向全球慈濟人至誠感恩。

口述留下歷史 心靈向上提升

新聞事件的報導具有時效性，必須在很短的時間內拼湊許多人的看法，但也因為時效的關係，有時候會遺漏重要的元素。口述歷史能發揮很重要的功能，針對每一個當事人回憶過去，陳述當時所看到和所做到的；同時訪問相關人物做比對與互補，能較客觀且完整地整併出當時的情況。

除了真實性外，救災的過程中，我聽到有人當下是災民，但同時又是志工，他們內心或有掙扎，怎麼取捨？或是在幫助受災戶重新站起來的同時，自己心靈也向上提升，也是很重要的部分，這些都不是當時新聞媒體可以報導出來的。如上人所言，人人都是一部大藏經，透過口述歷史深入且多角度的採訪，才能把當下作更完整的保留，也可以讓後人對這段歷史有較清楚的了解，並從中獲得啟發。

臺灣很有福報，累積了許許多多人們大愛無私的付出。一如二十年前，慈濟志工在這場百年大震時的點

滴付出，在在將愛的能量具體展現。希望這本書——
透過十一位故事主人翁的親自口述，披露他們投身災
難現場的援助經驗與心路歷程，能帶給更多人心靈的
啟發，帶動社會更多正向的能量，形成善的循環，期
待人人把握因緣，見苦知福，投入拔苦予樂的菩薩行
列，共同成就美善的人間淨土。

顏博文
(慈濟慈善事業基金會執行長)

《覺無常》作為慈濟九二一記憶所繫之處

　　一沙一世界，《覺無常》收錄的每一篇口述歷史訪談紀錄，彷彿是承載「那一年」九二一歷史記憶的時空膠囊，得以讓廣大讀者群透過慈濟志工的個人記憶，重返九二一震災急難救助的「大愛」現場，喚醒當年災民與聞聲救苦「菩薩們」的共享記憶，進而再銘刻於廣大社會大眾的心田，形塑臺灣的九二一集體記憶，實現上人以行腳所推動的「莫忘那一年、莫忘那一人、莫忘那一念」初衷。

　　《覺無常》呈現出一篇篇由慈濟基層志工個人生命經驗與記憶所構築的九二一震災急難救助故事，可謂臺灣「大眾歷史」書寫的典範，但這一切並非偶然，其來有自。首先，慈濟文史處在過去十年來已經累積許多以口述訪談紀錄，建構志工「甘願做，歡喜受」

的個人生命史記憶，先後曾結集出版《川愛不息》與《曙光：臺東慈濟志工口述歷史》等口述訪談紀錄專冊，也有數篇成果曾刊載於臺灣口述歷史學會專業期刊。此番經驗與成果，都成為《覺無常》問世的重要基礎。

其次，慈濟不僅具備口述訪談的豐富經驗與成果，全臺灣慈濟志工所形成的綿密人際網絡，以及進入九二一災區與災民和救助民眾互動的深刻經驗，也是人文真善美志工得以建構具備多元與在地觀點的九二一歷史書寫之獨特條件，並是未來進一步追蹤與記錄災民和救助民眾的九二一個人生命史和歷史記憶之重要基石，因為通過他們自動自發的手腳馳援與組織整合力量，慈濟志工不但得以在當年與千萬災民和救助民眾密切互動，也很清楚在未來到哪裡找到他們從事調查與口述訪談，延續再世因緣。

因此，慈濟真善美人文志工們成為九二一急難救助歷史與記憶的最佳書寫者，其成果也相當令人期待。在九二一震災二十週年前夕，人文真善美志工群啟動相關主題的口述歷史訪談紀錄的計畫，經年總計訪問七百七十六人次，受訪者包括慈濟志工、急難救助民眾、災民、警消人員，以及慈濟援建希望工程校長、老師與學生，並完成了五百九十七篇聽校稿與

四百三十一篇整稿，全程經聽打、聽校、整稿與考證等嚴謹程序之後，將規劃出版九十八篇慈濟志工急難救助口述歷史訪談紀錄，結集於九二一震災二十週年之際正式出版第一冊《覺無常》，未來將以安頓關懷與復健重建陸續出版第二冊與第三冊，並或可在豐富的口述訪談紀錄基礎上，期待未來更多成果問世。

除了口述訪談紀錄之外，經此次真善美志工們遍及全臺灣各地的大規模調查，得以蒐集、整理與典藏更多有關九二一「聞聲救苦」的故事、照片、文獻與文物，它們也構成未來慈濟持續向社會大眾展示、推廣九二一急難救助經驗的文化記憶媒介資源，不但可持續凝聚慈濟人的向心力與認同，也可感動更多社會大眾效法「甘願做，歡喜受」的精神，投入大愛的志工行列，再造人間淨土。

除了「自動自發」的「甘願做，歡喜受」慈濟精神令人印象深刻之外，透過《覺無常》的閱讀，我們也可以發掘許多足以承載九二一震災記憶的物質與空間媒介。例如，在震災現場隨處可見的「藍天白雲」與「八正道」身影；讓災民與急難救助民眾得以溫飽的「香積」熱食，以及師父與弟子的「一碗師公飯」；在無綫通訊斷訊「黑暗」時期扮演資訊流通與物資整合功能的發電機、有線電話、傳真機、「木瓜」無線

電與廣播車；穿梭在因橋斷路毀而交通斷絕的受災現場間運送物資與救災人員的飛鷹車隊與駱駝隊等各種車隊；「巧藝班」一針一線所縫製的布包與手機袋；為撫慰災民心靈的「用愛心建家園」祈福晚會；震災期間的救災協調中心與成立於各地的醫療站；在震災初期即已動工興建的十九個大愛村、一千七百四十三間組合屋，以及隨後完成的五十一所希望工程學校。再加上其他無法完全列舉的千萬救災物資與「所在」，都是足堪將慈濟與九二一受災戶連結在一起的「記憶所繫之處」，全部都可以保存與傳遞九二一的歷史記憶，彌足珍貴。

除了慈濟人，《覺無常》也鑲嵌著東華歷史人的記憶。近年，東華歷史有緣參與慈濟人文志業大眾歷史書寫的鴻圖。2017年下半年，慈濟人文志業發展處（現今文史處）主辦為期五個月的「歷史與書寫」研習營，東華歷史系的黃熾霖、吳翎君、陳進金、陳鴻圖、蔣竹山、潘宗億老師，以及臺灣文化學系的潘繼道老師，得以分別以歷史敘事、歷史文獻選讀、大眾歷史、口述歷史、田野調查、地方誌書寫、歷史與社會集體記憶等主題，和人文真善美志工群分享史料搜集、彙編、歷史書寫與歷史記憶等方面的學理與經驗，算是有緣部分參與了慈濟大眾歷史書寫的志業；

2018年至2019年間，陳進金與陳鴻圖老師也積極參與
了《曙光》的編審工作；2019年初，潘宗億與劉芳瑜
老師分別到臺北、高雄與臺中靜思堂，以口述歷史與
歷史記憶為題，與從事九二一大地震急難救助口述歷
史訪談的慈濟師兄與師姐進行交流，親證人文真善美
志工的熱情。在近年的合作與交流過程中，東華歷史
有機會親歷慈濟文史處與人文真善美志工從事九二一
大眾歷史書寫的勤奮與嚴謹，對於《覺無常》的出版
也感到期待、與有榮焉與肯定，也希望更廣大的讀者
群有機會閱讀此書，除了得以認識臺灣社會曾經歷的
九二一苦難，以及令人動容的慈濟志工急難救助記
憶，也讓「甘願做，歡喜受」的慈濟精神傳遍臺灣。

潘宗億
國立東華大學歷史學系暨大眾史學研究中心主任

臺中東勢國小小朋友復學兩年多後，臉上已看不見當初九二一地震時的驚恐，2004年5月19日放學時間，滿心歡喜地向校門口的慈濟志工揮手道別。(攝影／徐明江)

慈濟口述歷史推動與緣起

2017年歲末，證嚴上人行腳至臺中分會時，殷殷叮嚀「莫忘那一年」臺灣九二一大地震，希望大家能回憶過去，並透過紀錄流傳臺灣的美善，也提醒大家要戒慎虔誠。2019年適逢九二一大地震二十周年，慈濟基金會文史處在九二一地震二十周年專案企劃中，對於二十年前史料蒐集的部分，更感任重道遠。

回顧慈濟文史整理，口述歷史記錄的起步，始於2009年6月以第一人稱做紀錄的《川愛不息》，透過「口述歷史」的方法結集賑災紀錄。《川愛不息》記錄2008年5月12日汶川地震後，慈濟志工以十七個梯次、一千多人次，從熱食發放、義診往診、訪視關懷、校園安心行動、入厝發放、援建板房、援建長久房、援建校園希望工程等；慈濟志工力行實踐證嚴上人的理念，他們的賑災經驗是慈濟賑災史中重要的一

環，當時考量志工對於事件記憶猶新，應及時將賑災歷程完整保留下來，因此首次嘗試以口述歷史訪談作為賑災記錄的方法之一。

近年來，在推動文史處同仁的教育訓練上，口述歷史的記錄方式為其中重要項目之一。整個學習過程中，我們多次向東華大學歷史系、口述歷史學會等學者請益，俾讓慈濟文史留存更具有歷史觀與學術價值，也開辦相關教育訓練課程作質的提升。值此九二一地震二十周年之際，我們再次啟動口述歷史訪談紀錄；不同的是，九二一地震受災範圍擴及臺灣北部、中部，甚至到南部，慈濟志工的救援行動，隨著全臺地湧菩薩聞聲救苦的足跡，範圍與數量都甚於《川愛不息》。

九二一地震口述歷史訪談的對象，除了慈濟志工外，尚邀訪當時參與救災人員、受災民眾、慈濟援建學校的建築師、校長、老師、學生、家長等，受訪人數共計七百七十六人，完成聽校五百九十七篇，初步整稿四百三十一篇；針對以上蒐集整理的資料，再進行挑選，結集彙編，使之成為慈濟口述歷史典藏的史料。

為使口述歷史訪談紀錄盡量做到完備，有幸邀請東華大學歷史系教授，特別撥冗指導承擔訪談整稿的人

文真善美志工，謹致上誠摯謝意。也感恩受訪的每一位志工，不厭其煩地接受一次又一次的訪談，盡其所能地回憶當年經歷；此外，更感恩人文真善美志工，面對人物口述回憶及相關資料的整理，從訪談、聽打、聽校、整稿、考據等繁瑣的作業流程中，在在可見需要投入相當的心力與時間。

　　期待匯聚眾人心血結晶的慈濟志工口述歷史，除了為九二一地震二十周年留下印記，將賑災經驗傳承、教育給年輕一輩，也藉此警惕世人要有居安思危、戒慎虔誠的無常觀。

慈濟基金會　文史處

慈濟志工與社區志工共同投入南投埔里桃源國小希望工程的景觀工程，為孩子打造舒適的活動空間。(攝影／徐明江)

目錄

遇上九二一 喜見眾志成城

蕭惠特訪談紀錄

九二一突然間發生，我從懂事以來
未曾遇到，沒有腳本，也沒有排
演，只有見招拆招，也就是靠一些
人生經驗的累積。

————蕭惠特

◎訪問：張美齡
◎記錄：張美齡、楊家好
◎日期·地點：2019年1月13日　臺中分會
　　　　　　2019年2月9-15日　透過line補訪
　　　　　　2019年8月5-9日　透過line補訪

簡歷：

蕭惠特，1952年（民國41年）出生於臺北市虎林街，成長於小康家庭，有一個姊姊與一個妹妹，高職機電科畢業。學生時代喜好登山、辦社團，1972年服三年陸軍飛彈部隊特種兵役。1977年進入空運公司，從基層做到主管，因此練就求生與團隊運作的基本概念。他與妻子鄧春治於1990年同時受證慈濟委員。鄧春治於1994年底任職慈濟基金會財務室專員；而蕭惠特在1995年元月1日，任職花蓮慈濟基金會總務室高級專員，並兼任花蓮慈濟醫院總務室副主任，2017年10月自慈濟基金會總務主任屆齡退休。

　　我1952年（民國41年）在臺北出生，家庭經濟小康，有一個姊姊與一個妹妹。我只是高中畢業，學生時喜歡

登山、參加社團，擔任登山社的總幹事，處理平常的會務、年度報表、活動規劃、行前勘察、人員工作分派、相關協力單位聯絡、行文申請、人數確認……社團所有大大小小的事務全包。

二十歲那年（1972年）我服三年的陸軍飛彈部隊役，那是屬於特種兵種之一。依往例飛彈兵應該就跟空軍少爺兵一樣，只要把各項電子設備熟悉操作就可以，生活作息就跟一般上下班族一樣，很輕鬆！但是我遇到指揮官剛由陸戰隊調派來，他用訓練陸戰隊兵種的水平要求，所以我稱它是「飛彈部隊野戰化」。本來是三年少爺兵，後來變成三年陸軍飛彈特種部隊，差一個蛙人操訓練而已。

退伍後，我到一家事務機器公司當外務員一年，1977年進入空運公司，把臺灣的貨物運送到國外各地，屬於貨物航空運輸及報關業務。我從業務員學起，慢慢進入狀況。總公司在臺北，我負責臺中分公司，統攬中部地區的業務，有倉儲、打包、運輸及處理進出關稅的經歷。

福田自耕 夫妻各拉鋸

男人的重心在事業，我有工作要做，我太太鄧春治她比較輕鬆，家裡吃飯很簡單。我上工，她就可以去做她

喜歡的事，像是去YMCA[1]、去進修，跟朋友去泡茶。

鄧春治的舅舅陳瑞端，因為家族財產繼承需要她蓋章，所以舅舅順勢跟她說慈濟，春治是從他那裡知道慈濟的，慢慢地舅舅帶她去做慈濟。早期臺中分會人不多，大家都很親，春治跟大家處得很好，慢慢地大家跟著我們叫陳瑞端「阿舅」（臺語發音）。

那時春治做慈濟，原則上我沒有反對；但是她老是要拉我一起做，我覺得：「她做她的，我做我的工作，不搭嘎的！」後來她一直假藉名義要我幫忙，像是幫忙打包物資、訪貧開車，或者分會有什麼事情需要人力的時候，她就會打電話給我，叫我去幫忙。

打包不一定在假日，有時候是上班時間，譬如農曆24日要發放，發放的前幾天就要打包；那時候是1988年，

臺中的志工人手不多，男眾更少，差不多都是那五、六個人而已，人手嚴重不足，其他都是像媽媽的歐巴桑，粗重的東西都要男眾搬。所以春治就會說：「我叫我家那一個來幫忙。」 我是老闆，當然時間上比較自

蕭惠特。(攝影／潘秋華)

由，不用被綁在公司裡面，她就覺得說我可以。但是她的「可以」跟我的「可以」，是有落差的，我們兩個為這件事一直在拉鋸。有幾次上人來，她就在上人那裡告狀，這樣的情形大約持續一年。

不捨志工媽媽們 自然融進慈濟大家庭

一回生、二回熟，大家跟我越來越熟，我越不好說不。說真的，那時候看就沒有人啦！訪貧開車的司機都是一些媽媽，如果都是女眾去，也不是很安全；因為有時候去很遠、又偏僻，有時候還得翻山越嶺，有時候環境很骯髒，還是需要男眾。

我每次去到集合現場，一看男眾真的很少；假如來了三位男眾，三隊出去，也只能一隊一位而已，況且經常要繞到彰化、苗栗、南投縣等地方去訪貧。本來只是我太太找我去，後來，慢慢地，師兄、師姊都習慣了，分會一有活動，他們就會打電話給我：「蕭師兄，我們有活動，請您開車來載東西好嗎？」剛好我們公司有年輕人，又有一部廂型貨車，可以運送一些資材；而年輕人可以幫忙開車，又能夠協助上、下貨物，就很好用。只要談好、安排好，資材裝上車，就直接拉到現場，場布完畢就開始；結束了再收回來，就這樣一次次地周而復始，慢慢進來慈濟了。

1990年我跟春治同時受證委員，上人給我們的法號是「慈濟清淨」，春治是「慈清」，我叫「濟淨」，所以我總覺得「有『清』才有『淨』」。我們那一屆培訓很嚴格，臺中受證只有九個人，只有我一個男眾，其他都是女眾。本以為受證只是多一張證件而已，工作都沒差；後來才知道這張委員證須承受的責任竟然是那麼大。當年培訓是以「母雞帶小雞」的方式，所以受證後我們都編在第五組，是跟陳瑞端阿舅與師嬤[2]同組，那時候第五組組長是張雲蘭師姊。

　　進到慈濟都有老組長在帶，他們都有相當的經驗，出去訪貧，怎麼觀察、關懷、濟助；又怎麼透過左右鄰居或是村里長，了解個案實際上的狀況。當時上人幾乎一個月來臺中一次，每次都有機會能夠親近上人，分享工作心得，並接受上人的指導與慈示。

人少事多 各種功能都做

　　臺中分會1989年還是日本宿舍的時候，我算是第一梯的影音志工，因為活動都要錄音、錄影，有時候也要寫一些文稿。當時還沒有像現在「人文真善美三合一」那麼齊全，大部分都是北區的師兄隨師而來，影音器材架設了，上人開示後，他們就將影音帶走，所以在中區來講，很少留有上人開示的資料，所以要整理出資料，然

上圖/蕭惠特妻子鄧春治（右）與證嚴上人的俗家母親王沈月桂女士（左），是同一組，大家情同一家人。(圖片 / 蕭惠特提供)

下圖/1990年蕭惠特（右一）與鄧春治（右二）同時接受證嚴上人授證為慈濟委員。(圖片 / 蕭惠特提供)

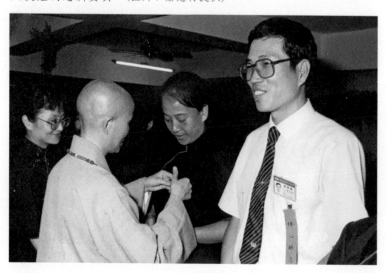

後再和未能參與的師兄師姊分享就很困難。

　　後來，我就自費準備一套影音設備，當分會內外有活動時，整個設備就能架設出去，活動結束之後拆收回來。當上人來時，我們也就有經驗能自己控場錄音，事後將卡帶寄回精舍前，也能做一些簡單的處理，留在臺中分會存檔備用。有興趣控場錄音的師兄師姊漸漸加入學習，慢慢地，中區影音志工成形，臺中分會拆除重建後才有正式的音控室。

　　在慈誠隊裡，我是幹事之一，所以很多的活動與工作都參與。包括日本宿舍的臺中分會在1990年拆除，1991年重建的時候，分會對面九號的民權寶座大樓剛好完工要賣，慈濟買下一、二樓和地下室，作為暫時推動會務的地方。1992年10月31日當時的臺中分會(現民權聯絡處)啟用，第十五屆榮譽董事授證典禮也同時在東海大學舉行，我與春治同時受證榮董。重建到啟用過程，整個事務性工作我都參與其中。

　　從1989年上人的「幸福人生講座」開始，慈濟在中區的活動漸漸多了起來。1991年上人應新聞局、勞委會的邀請，於7月13日晚上，在彰化縣立體育館對眾開示，是中區最大的一場講座。那一場活動的前置工作，中區志工、幕後全部動員約三、四百人，從現場場地無法形容的髒亂，打掃整理乾淨、布置完成到活動順利結束，讓與會的會眾幾萬人於半個小時左右，順順利利地離場

慈濟第一場大型骨髓捐贈驗血活動，1993年10月24日於彰化八卦山舉行，共有八百四十人參加。(攝影／黃錦益)

並撤場完畢。記得晚上十一點半左右，回到臺中分會，上人還在夾層[3]等我們，當我向他報告會場撤場完畢，師兄、師姊們都回家了，上人才休息。以前這樣的大型活動，上人都是這樣地跟我們同在。

1993年10月24日彰化八卦山淨山活動與第一場的骨髓捐贈驗血宣導，我們從活動的場布、接待，甚至於公關……什麼工作都做，因為志工不多，大家就各盡自己的專長。為了彰化第一場骨髓捐贈驗血宣導，我們跟慈濟醫療志業發展處同仁饒慧萍，到臺北榮總拜訪主導臺灣骨髓捐贈的陳耀昌醫師，並請他到場為志工說明，經過幾場的籌備會議，規劃了八卦山那場驗血宣導。驗

血當天收集的血液，需要以空運送往美國分析，我當時跟著救護車護送到中正機場出關，除司機外，就我一個人。

職志合一 漸次轉換

1991年中國大陸華東水災[4]後，春治就被上人指派參加勘災與賑災工作，臺中分會1992年10月啟用後，花蓮慈濟醫院總務室主任王錦珠，曾經跟我提：「基金會缺人，回來花蓮啦！」我雖然沒有動念，但是仍然協助關心慈濟中區的相關行政會務，因此臺中分會的年輕同仁都親暱地叫我「蕭爺爺」。

春治1994年發現罹患鼻咽癌，回花蓮治療，上人要她留在花蓮養病，同時轉入基金會財務室擔任專員協助會務推動；而我在當年年底聖誕節前往花蓮探視，經上人開導後，我在1995年元月1日起到花蓮慈濟基金會總務室上班擔任高級專員，並兼任慈濟醫院總務室副主任一職，執行一般不動產及其他事務的管理。就這樣，我到花蓮慈濟基金會上班，同時陪伴太太春治復健，春治早我十八天進基金會。

我在臺中的工作要結束，換跑道到花蓮慈濟基金會的時候，我的同仁都不知道，我的客戶也不知道。從花蓮那邊工作抽空回來，才慢慢地跟同仁交代，因為他們

上圖/1992年外蒙古嚴冬逼近，食品供應不足，人民處於飢餓狀態。圖為慈濟志工冒著零下四十度的嚴寒低溫到外蒙發放，左一為蕭惠特。(圖片 / 慈濟基金會提供)

下圖/2005年3月29日蕭惠特在花蓮慈濟醫院心蓮病房，陪伴妻子鄧春治。(攝影 / 蔡淑婉)

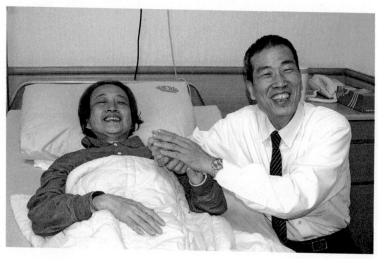

本就知道我是慈濟志工，有活動他們也會開車子過來幫忙，同仁就像是我的幕後一樣。我去花蓮，他們都知道，只是認為「老闆是去當志工」。

行政職工跟志工之間有一段落差，我本來都是以公司為主，當志工的工作時間不多。但是決定到基金會工作後，時常須留在花蓮。在公司同仁心裡，覺得老闆當志工的時間變多了，留在公司的時間少了。那段調適期，同仁們會有一些不習慣；那時候還沒有行動電話，所以公司同仁有事情找我就用BB Call，是工作就交代一下，是客人就互動一會兒，有什麼事再交代處理。

就這樣，整個重心由志工轉到職工，所以我大部分的時間在花蓮，偶爾回到臺中有事情就聯絡，交代同仁：「如果客人有事情再跟我聯絡，沒有的話，你們自己處理。」臺中分公司的同仁都是我一手招募訓練，雖然知道公司需要我，但是我更喜歡慈濟，所以差不多經過兩、三個月後，就直接告訴他們我離開的決定，整個公司就交給他們處理了。

從剛開始一步步地做志工，到後來慢慢地全心投入在花蓮工作，完全離開我原來的臺中分公司，當然必須跟臺北的大老闆說明，他原本不同意，可是他知道是要轉入慈濟的志業，他無法挽留就說：「既然你跟阿鄧（春治）要幫師父做慈濟，好吧！」所以臺中分公司就交給同仁們接手；如果客戶那邊真有需要我再幫忙處理，他

們慢慢做順了，後來就不再找我了。

　　我到花蓮慈濟基金會的時候，剛好慈濟三十周年慶，花蓮靜思堂啟用。慈濟從無到有，整個重心都在花蓮；當時基金會只有兩、三個人而已，因為先有醫院，再有護專，花蓮靜思堂才慢慢蓋好。早期基金會的行政，幾乎委掛在醫院的行政系統架構下運作，所以基金會雖有組織，但是沒有幾位職工。

　　我回花蓮的時候，各地的靜思堂很少，幾年後，慈濟志業蓬勃發展，逐漸地，基隆、臺北就多好幾個靜思堂，桃園、新竹、臺中、苗栗、南投、彰化、雲林、嘉義、臺南、高雄、臺東……各縣市都有靜思堂了。

　　所有的靜思堂建設後都需要總務管理，不管有沒有設置行政人力，一樣都有設備與相關事物資材提供志工運作，這整個都是我要承擔的責任。用最少的人力去做最多的事情，而且就算沒有行政人力，也要有志工協助。而當年我能夠跟全臺各區志工互動良好，是因為早期的大陸華東水災、外蒙古賑災、日本阪神地震賑災等，國內外的勸募、賑災，甚至於到各區做骨髓捐贈作業的宣導，所建立的革命感情。

出差臺中　遇上九二一

　　1999年9月21日我與人約在臺中談事情，所以前一天

我從花蓮出差到臺中，當晚住在臺中市精誠二十三街的家裡，距離民權路臺中分會很近，僅約一、兩公里，騎機車大概五分鐘。

凌晨地震很大，我被搖醒，從床上滾下來。被震醒的那一剎那，莫名的、反射動作是逃離現場，從四樓往下跑到一樓，拉開鐵捲門，左右鄰居都已站在路中間，相互間的對答是：「好大、好大……」「怎麼那麼大？」接著又天搖地動！「花蓮有怎樣嗎？」我腦袋中浮現問號。拿起手機就撥給在花蓮靜思堂的太太，耳邊響起太太春治的聲音：「好大的地震，你們好嗎？」我回答她：「還好，沒事！妳呢？」

她說她快到靜思堂的道侶廣場了！我就說：「哦！好，保持聯絡！」掛上了電話，想一想不太對，平常活動都在民權路臺中分會，像家一樣，心裡第一個想到：「這麼大！分會不知道有沒有怎麼樣？」因為地震實在太大了，我看住家沒有事，所以就跟我的小兒子培剛說：「快！走！我們去分會看看。」就這樣，門一關，就跟兒子騎機車去分會。

沿路一片漆黑，心裡想的就是趕快到分會。兩點五分左右我們進到分會，外面都停電，分會燈是亮的，除了值班的師兄以外，兩、三位鄰居已經在分會一樓門邊躲地震。進去之後大家相互關心一下，我請師兄們看看樓上、樓下是不是都安全，他們大致繞了一下，沒有什麼

問題。

媒體已經在播報臺北的災情，也陸續播報中區大停電，災情不明。分會電話陸續響起，是師兄、師姊報平安，也回報鄰近有災情，他們說：「只是黑漆漆的很難確認。」我當下提醒：「安全第一，有後續消息再請回報。」

整個思緒還在接電話、回電話、撥電話轉介處理需求時，兩點五十二分接到花蓮靜思精舍黃明月[5]師姊來電，轉達上人的關懷，並告知精舍、靜思堂、醫院、學校等都安全，她並問臺中災情。初步我回報：「分會無損，已聯絡上的志工都沒有事；但是因為停電，通訊不良，災情尚待收集，會陸續回報。」明月師姊轉達上人慈示：「安全第一！」

成立救災中心 電話接不完

只知道臺北有狀況，臺中這邊還沒有很明朗的同時，漸漸地有一些訊息進來，臺中向上南路那邊有房子傾斜，接下來聽說臺北有大樓倒塌，南投酒廠爆炸，我第一個感覺狀況不太對……

為蒐集一些資料，我拿出收音機，直接轉電臺就聽到：「臺北有房屋倒，有人死亡……」聽起來好像越來越嚴重，各地師兄師姊報災情、要資材、要人力的電話

九二一地震後，空中鳥瞰臺中縣太平市因地震所震垮的大樓。(攝影／王志宏)

越來越多，轉接、交辦、彙整、回報基金會……臺中分會救災協調中心就這樣成形了。

九二一災情訊息一直傳進來，我旁邊有三、四支電話，請師兄、師姊們幫忙聽，聽完之後寫過來，我來整理、聯絡。本來是拿筆在便條紙上寫，隨手貼在牆柱上，結果越寫越多；而且有一些訊息重複，所以須再次交叉印證、修正，因此請師兄、師姊找來大白板，放在諮詢臺後方，開始用奇異筆重新多次改寫。陸陸續續進來的訊息，知道南投很嚴重，東勢也很嚴重；某些橋斷了、道路隆起……交通動線受阻。

漸漸地，有人報來：「太平有房子倒塌，潭子有人被倒塌的房子壓死……」接下來五權南路德昌新世界整棟大樓傾斜，南投、彰化都有災情傳出，感覺災情很嚴重。當時我想到的就是「災民有什麼需求趕快給他們」。

天未亮 死亡人數倍增

　　天還沒亮，死亡人數回報就以倍數增加，需要協助搬運屍體的人力及助念人力不足，各地方都陸續提出白布、屍袋、冰塊的需求。我們沒有白布，就麻煩現場師兄、師姊：「拜託你們聯絡一下，附近有什麼朋友或是布莊，拜託他開門，買好之後再送去。」也就近聯絡人力支援，只要有訊息過來，我就趕快處理。

　　黑漆漆一片，夜裡挖出來一些往生者，白布蓋著之後，接下來就是運送，運送時要屍袋。開始要屍袋，災情多麼嚴重，開始北屯要二、三十個屍袋，大里要四、五十個屍袋……越要越多。本來只是跟中部地區的醫院要屍袋而已，但是醫院一般屍袋存量都不多，所以彙整總數量之後，回報在花蓮靜思堂的鄧春治，她去報告上人。聽春治說，上人還問：「為什麼要那麼多？」統計後直接由花蓮慈濟醫院提供屍袋。

　　屍袋之後要「冰櫃」。屍體還沒有經過檢察官檢驗，還沒有確認身分之前，不能處理。屍體放著怕太陽曬，就是需要放入冰櫃。冰櫃從哪裡來？上人想到臺北環球貨櫃公司董事長李宗吉，經過聯繫，環球貨櫃公司在第二天（9月22日），就將冷凍貨櫃運到南投南崗工業區及林務局東勢林區管理處因應。

物資進出多 志工不夠用

9月21日天漸漸亮了，師兄、師姊陸陸續續往分會集結，家裡沒有受損、安全的，他們就主動到分會來。漸漸地，行政同仁，包括社工、財務、總務……都進來了。草稿資料就交給他們再重新整理並登錄，且凝聚大家的共識，請社工開始制訂各種表單，包括物資需求單、進貨單、出貨單、人力調派單、車輛調派單……所有的需求，一個個表格都訂定出來了。

由於震央在南投，大災區集中在中部。第一天（9月21日）早上開始，各地方的志工也都動起來了，開始準備茶水、熱食、醫材與藥材，並回報民生必需品，例如礦泉水、手電筒、電池、醫材、帳篷……等需求。他們發現很多人受傷、斷手、斷腳需要夾板固定，因為沒有那麼多固定器，所以找一些木材因應。分會差不多早上

九二一地震後，蕭惠特第一時間趕往臺中分會；臺中分會成立救災協調中心，匯集各方愛心與各地救災需求。(攝影／許榮輝)

六點多就準備好物資，上午八點左右即陸續出車，將物資運往南投、埔里等災區。

同時很多的物資送進來臺中分會，幾乎全臺的物資都往臺中分會集中，不是我們跟人家要的，是主動送過來的，一卡車、一卡車送來。貨車司機一到，就說他是從哪裡來的，誰叫他送過來的，然後他就開始下貨；下完貨就說：「麻煩你簽個名。」他就走了。所以物資很多，很難管理，看起來很亂。

還好人力大集結，不只我們師兄師姊，後面很多年輕人、很多善心人士，他們知道「慈濟」就來了。在門口說：「我要來當志工，你們有什麼需要就跟我講。」所以物資很多，人力也很多，只是怎麼放、怎麼擺。因為本來分配誰負責什麼，可是負責沒多久又出去支援了。所以就算他想要專心在一個地方，但是，災區太大，穿「藍天白雲」志工服的非常少，一旦出去就成為核心人物，大家都聽他的，很難再回到本來的工作崗位。

一天早上、中午、下午很快過去，很多人會來分會要物資，也很多人會送來物資，那種情況很難控制；因為物資太多了，照規矩應該是衣服放一堆、食品放一堆、水放一堆、器材放一堆……應該是這樣；但是因為拿了放、放了拿……本來放好的、規劃好的，沒多久又亂了；有時候這東西太多了，那東西變少，它會擠過來、擠過去。整理、整理後，這東西又增多出來，又佔到其

他地方了。

　　我們雖然做過很多次的協調與整理，因為大家的重心都在災區裡，沒有很多時間投入整理。這個情況是等上人到了臺中分會後下令全力整合，有期限的食品類趕快送出去，已經過期的馬上淘汰，幾位幹部坐下來談，先找放置場所，再分類物資移送安置，經分類重新整理就緒，才造冊納入正軌。

　　分會周邊空間都已經塞滿了，再怎麼挪就是挪不出空間來。所以就找誰家是開工廠的、房子有空的，分會對面九號旁一樓是空的，就借慈濟用。分會空間重新規劃，運用當時的人力，所有物資大洗牌。怕日曬雨淋的，像食品、奶粉、果汁等就進到室內放置；不怕雨的帳篷、睡袋、屍袋等就放周邊屋簷下，所以整個分會的周邊都是物資。

　　有些物資是不急需的，而且可以耐久的，先往外面可用的倉儲空間移動。像我家一樓是空的，平常當車庫用，幾乎所有的礦泉水都往我家移動。五米寬的面，十五米深的空間，礦泉水從地面到天花板，幾部卡車的量，師兄就一直疊、一直疊……疊到上面，其他外地的更不用說了。

　　每一個地方除了人員安排以外，就是物資管理。慢慢訊息多了，物資就往外送。大概是第四、五天，透過大愛臺對外宣布「慈濟不缺物資，請不要再送物資來」。

因為除了慈濟的物資足夠以外，其實每一個災區、每一個點，以及公共場所、活動中心、鄉公所物資也都非常多，所以再送過來，可能造成浪費。

四面八方 成立服務中心

九二一地震的災情非常廣，慈濟志工從四面八方很迅速地進災區提供服務，慈濟志工平常都有訪貧的經驗，也曾經參與過賀伯颱風的救災工作，第一時間發現災情，自動自發就在災區附近駐紮下來，挪一張桌子、搭個帳棚，一個諮詢、服務中心就出來了，鄰近的志工自然集結；加上我們的「藍天白雲」或是「八正道」委員的制服很明顯，很快地成為地區性的聯絡中心。

師兄、師姊都很有處理急難的經驗，知道的訊息就往臺中分會回報，因此所有的資訊很完整，包括哪個地方是誰、在哪裡集結、電話、提供什麼服務，都在白板上註記下來，訊息非常清楚完整，隨時提供需要做聯繫。

還有在外地工作的人回鄉，已經搬到外地工作了，地震後打電話回老家問：「你們那裡有怎樣嗎？」聽到馬上捲著行李就衝回老家。第二天慢慢訊息進來，電話一接起來，是臺北的師兄，他們分別會說：「我在中寮」、「我在集集」、「我在……」，都已經回到他們的家了，跟當地的師兄師姊又整合起來，所以那股力道

很強。而且外地工作的師兄、師姊，他們不只人回來，連物資整卡車都帶回來。那種向心力，真的是菩薩人力的凝聚、物資的集結，九二一真的徹底展現臺灣人的善。

很多人都看著：「慈濟人怎麼在那個地方救？」像后里張碧珠他們往東勢去，沿路走到哪裡救到哪裡，橋斷不能過，涉水過；雲林北港的師兄師姊，從斗六往南投途中，橋斷了過不去，他們在竹山就留下來了。雲林、嘉義的師兄師姊；依著地域性、地緣性支援。南投發生災難，雲林是有災，但是沒有什麼大難，所以主動往其他災區勘察，看情況成立救災點。

臺中分會 是救災精神中心

9月21日凌晨開始，手機通訊漸漸地斷訊。因為通訊公司的基地臺已經停電了，或許它有蓄電池，有所謂的UPS（不斷電器），可是也會慢慢地耗電直到沒有電；也許還有柴油發電機發電，可是柴油也會慢慢用完；換句話說，供電的系統越來越少，所以通訊系統越來越弱。

我們臺中分會那一臺緊急發電機，從地震後停電那一刻開始啟動，只給它柴油，將近一個月的時間，直到電力公司試電恢復供電，它才休息。不然沒有電，連電腦

也不能用，什麼都沒辦法做。真的菩薩保佑，它讓我們整個功能運作沒有中斷。

那時候電話都佔線，因為手機漸漸不通了，有線電話還通，因此臺中分會的總機電話24734087，幾乎都佔線。但是臺中分會有一臺傳真機，發揮很大的功能，讓我們分會整個運作一直很正常。因為傳真機號碼沒有對外通訊，是對上人、精舍及基金會聯絡的專線。

我們的通訊除了電話、手機、傳真機以外，還有無線電勤務系統，發揮更大的功能。平常我們有勤務時，會用無線電隨時互相聯繫。當時民間有飛鷹隊、駱駝隊……等救難隊。救難隊使用越野型的吉普車，活動力很強，橋斷走溪底，路斷繞道而行，跋山涉水能夠到達很驚險的地方，所以他們到現場看到的災情很精準。這樣的相互支援，就是在賀伯風災時，南投一些災情慈濟曾經跟他們互動過。

因為有那次的合作，所以遇到九二一地震，他們在南投災區搜救，透過無線電聯絡慈濟；相對的我們無線電也會聽到一些訊息，並跟他們互動聯絡，整個訊息都能很機動地處理。我們也從這些管道去蒐集、彙整資訊回報。

第二天（9月22日），《聯合報》跟《中國時報》有兩位記者，就來我們臺中分會，拜託我們挪個空間給他們，因為慈濟這邊的訊息最快，物資最多，而且要進到

災區都是管制，記者不一定能夠進去，所以安排他們在社工的後面。災區看到車上有慈濟的logo，是「藍天白雲」志工就能夠進去。所以全臺媒體、社會福利機構、慈善團體，他們想要進災區，就來臺中分會搭便車出去。那段時間，臺中分會成為整個精神中心。

共體時艱 吃睡在分會

九二一當天晚上，林碧玉副總執行長就從花蓮趕過來了，包括花蓮慈濟醫院的醫療團隊也到了。當時人醫會剛成立，所以醫療由花蓮慈濟醫院統籌。因為第二天一早要出門，所以當天晚上馬上召開臨時的協調會，依據第一時間整理出的訊息分配工作。他們根據彙整的訊息盤點所需醫療器材，同時聯繫臺北、高雄、臺南……甚至於臺中本地的醫事人員，透過相關的醫療管道與體系支援。

很多師兄、師姊白天出去支援、關懷，晚上回來分會。那時候臺中分會，外地來的志工，晚上回來在分會休息。我自從九二一那天凌晨，從家裡到分會就沒有回家，事情一直進來，一直分派、處理。應該是9月22日的凌晨，一直沒有闔眼，我真的受不了了，訊息也比較穩定了，實在是癱了，直接往旁邊的桌子底下一趴就睡著了。經過一、兩個小時，9月22日清晨三點多起來又

開始忙。

　　每個人都動起來，像文宣組做一些文稿及彙整工作，很多訊息回來他們要整理、歸納，所以林珮華師姊跟她五、六歲的女兒小寧兒，一樣通通睡桌子底下。反正吃在分會，睡也在分會，整天都在分會，有事就出去，處理好就回來。

山線火車不通 心急如焚等海線

　　第三天9月23日，我接到在花蓮靜思堂的鄧春治通知，上人早上從花蓮靜思精舍出門，預計下午一點會到臺中。我跟田憲士及大愛臺兩位記者各一部車，到臺中火車站去接。從下午一點前就在那裡等，等一班車、兩班車、三班車、四班車……都沒有。電話怎麼打，德惇師父、德融師父……誰的電話都不通。知道他們出來了，可是該到的時間已經過了；雖然心急如焚，我們還是在那邊一直等。但是因為等太久，又沒正確到達時間的訊息，所以大愛臺同仁另有個案須採訪先離開。

　　等到四點多，彰化一班區間慢車上來，在臺中火車站才看到上人從擠滿回鄉人潮的區間車廂走出來，原來山線的鐵路斷了，火車不通，他們改搭海線火車，到彰化再換車上來臺中。看到上人關注我們的眼神，我壓抑了三天的情緒一下子解除了！當時我沒有帶相機，沒拍到

上人從人很多的車廂走出來的那一幕，我覺得很慚愧，也很懺悔。事後我回報在花蓮靜思堂的春治，上人已經平安到臺中了。

上人下午抵達臺中分會的時候，我的喉嚨已經沙啞幾近無法出聲。上人到了分會先巡一遍再開始問，那個時候就請志工團隊，由他們配合白板資料做整體的報告，我就在旁邊聽，只是有一些比較特殊，上人在問、在叮嚀的時候會問到我，我就很簡單地回應，做重點補充。包括上人到各災區現場，我都是跟在後面聽而已。

震殤深壓內心 不願再談

地震後，上人到達之前，我最主要都在分會做整合，也因為都在分會裡面，災區我一直沒有去。聽到的都是二手消息，透過媒體報導與志工轉述，那個災情就一個「慘」字。上人到了之後，我們跟著出去，那真的很慘，整條街整片壓下來，馬路中間一棟房子倒這樣，馬路邊整排房子垮這樣，三樓變二樓、變一樓。房子變矮了，大樓碎了、橫躺了……

林務局東勢林區管理處兩旁都是棺木，還有一些大體用白布或棉被蓋著，很恐怖啊！就是一個「慘」字，看到那個情況——你沒有看過，連想都沒有想過會這樣。

九二一當天晚上跟上人通電話，講沒幾句，「上人！

東勢死亡人數數以百計，棺木成疊尚不夠使用。(攝影／許榮輝)

地震又再搖了！」九二一地震震央在南投，芮氏規模
7.3，之後的餘震6.9，搖得很厲害，公益路上的國泰大
樓都在搖。所以這種大地不調，我個人一直不想再去談
這件事情，真希望把它壓在內心的最底層，不願再去
談。

「千萬不要再有，平常就要準備。」上人說「戒慎虔
誠」，每一個時間都要做好準備。看到南亞海嘯，看到
菲律賓，看到印尼這一些地震，臺灣真的很幸福，真的
很幸運。

莫忘當年經驗 見證臺灣的善

上人説過「把握當下」，把每一件事情做好，不能想太多，有事情來就做，想太多反而不敢做。所以在慈濟裡面，平常大家都在活動，那種活動是經驗的吸取，默契的養成。上人也提醒「前腳走、後腳放」，真的要放得乾乾淨淨。可是最近上人常説：「要莫忘當年。」這兩個的對差，一個是人我是非「前腳走，後腳放掉」，但是經驗不能忘。

　　早期讀書的時候登山、辦社團，當三年的陸軍飛彈特種兵役，練就求生與整個團隊運作的基本概念，經營空運公司，學習組織管理。進來慈濟，學習物資打包、入鄉訪貧、辦各種活動……每一段的過程都是經驗，這些不能「前腳走、後腳放」，經驗值得留下；那是在人生八識田裡蛻化出來的，就像九二一突然間發生，我從懂事以來未曾遇到，沒有腳本，也沒有排演，要拿什麼去展現？只有見招拆招，就是人生的經驗。

2005年10月10日，蕭惠特隨花蓮志業體同仁及志工進行中央路每月一次的例行清掃，清理花蓮慈院到慈濟大學路段兩側的水溝垃圾。(攝影／呂學正)

九二一時有很多年輕人來當志工，一開始不知道要讓他們做什麼，就問：「你的專長是什麼？」他就說：「我電腦設計。」我就說：「那你幫忙設計表格。」他說：「文書很行。」我說：「那你就幫忙打文書。」所以就請他們做資料，補足人力上的不足。所以當時的分工，整理出很完整的九二一資料。每個人的付出分工承擔，成就整個團隊的力量。

從1999年9月21日開始，慈濟成長很快，整個行政系統在人力、財力節約的情況下，分工建造十九個大愛村，一千七百四十三戶臨時住宅，援建五十一所希望工程學校。我在2017年10月由慈濟基金會總務主任退休，現在回來中區，住苗栗三義；退休之後，上人慈悲還留我當顧問，無給職就是待命被問，常常回去花蓮傳承原來的工作。如果沒有回去花蓮，幾乎早上我都會來臺中分會，就在一樓原來總務的辦公室。

2019年9月九二一地震就滿二十年了，坦白講，很lucky（幸運），看到人家那麼大的災情，而我們都能逢凶化吉、平安。那段時間，有重大災難，有很多人的協助復原，盡快地復建，見證臺灣實為以善為寶的島。

1　YMCA（Young Men's Christian Association）基督教青年會，西元1844年創立於英國倫敦，而後再逐漸擴展至全世界各地。

YMCA是以國際青年教育團體的角色，透過教育、文化、技藝、體育、露營、社團服務等有關事工的推行，同時透過世界各地青年的交流活動，擴展國際友誼的領域，來進行各項的服務，目前全世界YMCA活動網遍及一百二十多個國家。資料來源：臺灣基督教青年會網站，http://www.ymca.org.tw/（2019年10月14日檢索）。

2　師嬤王沈月桂女士委員編號56號，是證嚴上人的俗家母親，法號仁德，慈濟人稱之「師嬤」。資料來源：《慈濟月刊》429期〈看見菩薩身影〉澎湃的生命能量——王沈月桂／阮義忠、袁瑤瑤撰寫。

3　臺中分會（民權路），一樓通往二樓佛堂樓梯的後面，設有上人的寮房，寮房外有上人行腳至臺中時，會客或師徒溫馨座談的地方，慈濟志工慣稱它為「夾層」，此處亦是九二一地震後，上人決定救災、援建等重要決策之處。

4　華東水災：1991年5、6月間，中國大陸一共有十八個省、自治區與直轄市發生水災，五個省、自治區發生嚴重旱災。中華人民共和國直接呼籲國際社會援助中國天災。災害最重、損失最大係洪水侵襲安徽、江蘇兩省。資料參考：每日頭條網站，90年代轟動全國的大災難 華東水災 血濃於水報導，原文網址：https://kknews.cc/society/klav95p.html （2019年11月21日檢索）

5　黃明月：曾在幼稚園當過老師，早期在花蓮慈濟醫院服務，後來分別轉往大林慈濟醫院及臺中慈濟醫院擔任常駐志工。資料參考：大愛電視臺製播〈師徒之間〉第32集大林醫院常駐志工黃明月，https://www.youtube.com › watch（2019年11月21日檢索）

看淡生死 用心耕耘生命

羅明憲訪談紀錄

別人受災就如自己受災，他們的
苦，我們要代受。

————羅明憲

◎訪問：張麗雲
◎記錄：張麗雲、林秀貞、陳香如
◎日期‧地點：2019年3月13日
　　　　　　　2019年6月9日　慈濟臺中分會

簡歷：

羅明憲，1950年（民國39年）出生於臺中豐原。1970
年於臺中一中畢業，畢業後因為擔心家庭負擔，放棄參
加大學聯考前去服兵役。1973年從事遠洋貨船船員和舵
工職務。1991年受證慈濟委員，於1992年自我推薦到
外蒙古承擔慈濟發放工作，自此開始參與慈濟海外十幾
個國家賑災。1999年臺灣發生九二一地震時，他身兼
三職，除了臺灣救災，也來回北朝鮮和中國大陸貴州發
放，因多年賑災經驗，親身體會災民的苦，看淡生命的
長度，深植生命的廣度與深度。

　　1950年（民國39年）我出生於臺中豐原，小時候家庭
貧困，家裡共有五個兄弟姊妹，我排行老三，從我懂事
時，爸爸都因為做生意經常不在家，一個月回來一、兩
次，回來時都很晚了，家人很難見得到他的面。

母親 影響我一生

　　媽媽對我這一生的影響很大，我們小時候覺得媽媽是全能的，養育我們，撐起一家大小的事務，她沒有讀書，但是什麼都會，會做裁縫，也會充當獸醫，幫雞、鴨、鵝動手術。媽媽是富家女，小時候家境非常好，外婆很早就往生，外公很寵她，她是後母帶大的，以前的人對女孩子讀書也不是很重視，所以她沒讀書，但我知道媽媽年紀很輕的時候，曾經在醫院當過護士，爸爸是去當日本兵時，受傷送回來住在臺東的醫院，就是在醫院認識媽媽的。

　　我聽親人說，媽媽嫁給爸爸時很辛苦，姑姑對她很不好，她毫無怨言，張羅家裡的大小事，背著奶奶上下樓，並沒有因為個人的事情，給子女不好的教育觀念，反而教育我們：「人不能記仇。」每當過年過節，她都要我們去向姑姑請安，說這是做晚輩該有的禮數。

放棄就學機會 奔向海洋有奇遇

　　我從小就很乖，自動自發用功讀書，很聽話，乖乖牌的孩子，父母很疼我，從未打罵過我。讀國中的時候，有一段時間因為叛逆，沒有很把握可以考上好高中，畢業後去補習兩年才考上臺中一中（臺中市立臺中第一

高級中等學校），所以高中畢業比一般年齡晚了兩年
（1970年）。臺中一中很像大學的校風，學生很自由。
我在班上成績還不錯，對自己很有信心，考上（國立）
大學應該沒問題，但也一定要上國立大學，因為大哥做
生意失敗，欠了一些債務，家裡經濟壓力很大，氣氛低
迷，雖然國立大學的學費不是很貴，我還是想說：「算
了！算了！不要考了！」我對父母撒了個謊：「我覺得
考大學壓力很大，頭都很痛，我不想去考了！」我將准
考證藏進抽屜裡。

　　父母知道這個兒子從小身體不好，每天上學時，媽媽
準備便當，總不忘放入我的藥包，所以他們相信我應該
真的是壓力大，就不再勉強我一定要去參加聯考。高
中畢業我已經二十歲了。二十一歲去服兵役兩年，退伍
後，直接到基隆受船員訓練三個月，馬上出遠洋貨輪，

先從船員做起。船長覺得我頗
有邏輯概念，請我去接舵手的
工作，我們分三班制，一班輪
八個小時。

　　跑遠洋貨船約六年的時間
（1972-1978年），在船上，
我曾經受人之助，大難不死。

羅明憲。（攝影／留榮松）

有一次貨船開到地中海附近，加完油準備啟航，突然「吭隆」一聲，船身便漸漸傾斜，接著飄來一陣一陣的瓦斯味。船上的工作人員都嚇壞了，紛紛往甲板上聚集，正當大家準備好逃生艇預備逃生時，又傳來一陣「吭隆」巨響，大家想這下子真的完了。

「船卡住了，船卡住了！老天爺救了我們一命！」原來是船身卡住一塊巨石，不再繼續傾斜，否則所有人有可能在那一次船難中葬身海底。

遠洋貨輪洋酒最多，年輕船員的我們，有誰經得起誘惑？我當然閒來無事也會品酌一番，但是我的胃向來不好，長期跑船下來，胃潰瘍的老毛病又犯。有一回，我們的船靠岸在西班牙，一天下工後，我正要拿臉盆去沐浴，突然一陣反胃，房間給我吐得滿地都是血，我撐著虛弱的身體，伸手往牆壁上一直敲，還好隔壁的同事還未上工，他及時叫來船長送我就醫，才逃過死劫，同事還幫我清洗房間的血漬。

有一天傍晚，我們的貨輪要開往日本卸貨，我斜靠在床上看書，正當我調整身體要坐正時，覺得腹部一陣劇噁，「噗——」地，又吐得滿地都是鮮血，同事們嚇壞了，趕快去叫船長。我們的貨輪要經過臺灣再到日本，船長建議先到臺灣靠岸給我就醫。可是中途靠岸需多花船東一萬塊錢美金（當年美金約合新臺幣41~42元），我覺得不妥，不能讓船東為了我個人而白白多花費四十

幾萬新臺幣，所以我堅持撐到日本再就醫。我告訴船長：「我撐撐看，再一個星期就到日本了，我們來拚拚看！」船長看我很堅持，就不再勉強。

我在船上躺了一個星期，除了白開水和白米稀飯外，沒有進任何其他食物。到了日本，我竟然可以扶牆走路了。我在名古屋四日市一家私人醫院就醫，院長、護士不僅醫我的病，每天還送來水果、點心、壽司，擺滿整個床頭，待我如家人。我復原後，院長不僅請我吃大餐，帶我去騎馬，還送我收音機要我好好學日文。當時我在想：「這些日本人與我素不相識，卻對我這麼好，人與人之間竟然可以這樣無條件地互相幫忙！」我覺得這是人生很奇妙的境遇，所以在心裡默默發願：「如果有一天我有能力，也要跟他們一樣，幫助沒有血緣關係的人。」

舊疾磨人 忘記大志要助人

我跑船期間，已經和太太張美麗在交往了，我認為自己身體這麼差，不宜再跑遠洋船，於是在1978年（民國67年）退下來後，去當汽車銷售員，經營汽車銷售一、兩年時間。1980年元月初和張美麗結婚，三十四歲與友人合夥開工廠，生產製造吊扇葉片，訂單非常多，但是我的身體沒辦法作主，每年秋季十月左右，就會來一次

大吐血，有時候人還好好地在看電視，忽然間就吐血暈倒了。

　太太有自己的會計事務所工作要忙，又要照顧四個孩子，我一躺就是七到十天，太太得載我去公司上班，要帶孩子和忙自己的事業，有時候還要送我去拜訪廠商和切貨，簡直就是用生命在打拚。我常常抱怨：「老天爺為何對我這麼不公平，我又沒有做壞事，也沒有什麼壞習慣，為什麼老天爺對我這樣不厚愛？」因為對自己的身體很沒有信心，有一次還對太太說，想一走了之算了。我說：「我要走了，我們的孩子，要請妳照顧了！」太太很生氣，哭著說：「你這算男人嗎？既然你可以這麼輕鬆地把孩子丟著，乾脆我跟你一起走……我也不管了，你要死，咱們一起去死好了！」

　我實在是無語問蒼天，每年病魔固定時間來折磨，讓我感覺生不如死。我說：「一起走是把孩子一起帶走嗎？孩子何罪之有，孩子怎麼辦？孩子無辜啊！」太太緩和情緒後，說：「身體有病，就是你自己要去看醫生，要去調整自己的時間和生活種種的一切，而不是去死就可以解決事情了！你若真的想死，我們一起去死算了！」

　我們育有兩男兩女，那時候孩子都還很小，太太的一番話把我打醒了，我深深懺悔，回過神後，心裡開始想：「生命應該不是這樣子吧？一生病就被打敗了，難

道我的下半生真的這麼沒希望了？不是說賺了錢，要幫助需要幫助的人嗎？我的雄心大志到哪兒去了？」

花蓮散心 解失親之慟

1985年到1989年（民國74年到78年）間，工廠的訂單越來越多，投資房地產也都有賺錢，生活無虞，但我胃潰瘍的毛病並沒有明顯改善。自己正有能力要孝養父母時，1989年、1990年我父母卻因病相繼離世，「子欲養而親不待」的遺憾讓我心情很低落，鬱鬱寡歡。

有一天，昔日的同事洪菊來訪，看我因為母親往生而一直走不出悲痛，邀我們夫妻去花蓮走走。她說：「ら桑（日語的羅先生），你捐錢捐那麼久了，要不要去了解一下錢捐到哪裡去了？」她邀我們夫妻二人和她搭慈濟列車到花蓮參訪。我以帶「重孝」不宜進入他們的「寺廟」為由拒絕她。

她告訴我：「我們『精舍』不拿香、也沒有燒金紙，沒有這樣的禁忌啦！」我心裡在想：「哪有這麼特別的『寺廟』？」

一方面基於好奇，再來，我們發現以前的洪菊因為常常擔心老公在外花天酒地，愁眉苦臉、雙眉緊蹙，自從「做慈濟」後，整個人變得容光煥發，看到人都笑嘻嘻的，也不再開口就是抱怨。所以太太就一直鼓吹著，一

方面她也希望帶我去散散心，看心情會不會好一點。

到了花蓮慈濟醫院大廳，會眾很多，擠得水洩不通，我和太太沿著手扶梯到二樓等待師父的到來。不久，有人喊：「師父來了，師父來了……請合十！」我們也不懂「合十」要做什麼？就跟著做。

我們看到一位很瘦弱的師父，穿著淺灰色的僧袍，旁邊還跟著一、兩位師父和幾位穿旗袍的師姊。我和太太很驚訝，「師父這麼瘦弱，僧袍隨風飄逸好像快被吹走的樣子！」我們不由自主地一直哭，淚水擦不止，也不知道為什麼哭得那麼慘，好像哭出了積壓在心裡的所有委屈，哭得手帕全沾濕了。

自告奮勇 啟國際賑災之路

回程在火車裡，又聽師姊們分享很多溫馨的慈濟故事和師父蓋醫院歷經艱辛的過程。張美麗對我說：「你的身體比較不好，你先捐榮董，隔一年再換我捐！」1991年（民國80年）我們受證為慈濟委員，隔年張美麗受證榮董。

1992年11月底，上人行腳到臺中分會（今為民權聯絡處），那時候分會在重建，會務都移到分會對面的（9號）大樓。上人坐在往二樓的樓梯口，我們幾位師兄、師姊就圍坐在旁。上人提起外蒙古發生雪災，零下三十

幾度，災民沒有物資、沒有食物，氣溫又這麼低，非常
辛苦。上人已經有派先遣人員去勘災過，只是零下三十
幾度的低溫，誰可以忍受這樣的低溫去發放呢？

　　我就自告奮勇說：「師父，那種零下三十度我可以忍
受，我去阿拉斯加零下三十八度的低溫跑過遠洋船，我
不知道師父今天會提這件事，要不然就帶照片來給師父
看，那麼冷我不怕，我可以去！」上人沒有說話，也沒
有正面回答我。再過大約三、四天後，精舍德融師父才
打電話給我，邀我去外蒙古賑災。這是我第一次踏出國
門參加國際賑災，也開啟我二十幾年來的國際賑災路。

1992年12月，外蒙古經濟原已陷入困境，隨著嚴冬的逼近，情況益
加嚴峻，慈濟志工冒著零下四十度的嚴寒低溫到外蒙古發放。羅明
憲（右一）自告奮勇首次參加國際賑災。(圖片／慈濟基金會提供)

1992年12月28日，我第一次去外蒙古賑災，第一天（29日）我們在紅十字會辦公室外的廣場準備發放，看到萬頭鑽動的鄉親身影，他們穿著破舊的薄衣裳，內裡棉絮剝落得只剩下一層外皮，臉頰被寒風凍得快龜裂了，有的還滲出血珠。但是，他們不管是七、八十高齡的喇嘛或幼童，臉上都沒有顯出哀愁的樣子。

　　我負責照相，拿出相機才拍了一張，雙手就必須伸入外套裡取暖，這麼寒冷看到鄉親的苦，我才體會到為何上人不惜空運費，急著以包機方式，分九架次飛機運送物資到外蒙古，原來就是等不及啊！我那時候在想：「人與人之間原來可以如此灑脫對待生命、無私地奉獻！」我緊握鄉親粗糙、布滿皺紋的手，為他們披上保暖的外套，鄉親哭了，我也哭了，無法溝通的眼神，我只能在心裡問：「你們真的不冷嗎？」

　　之後，我們又到郊區去訪貧、發放，一路上所見到的，不是病，就是貧。到了一家廢棄的工廠，有一位單親婦人和一對稚齡的兒女「住在」裡面，他們什麼都沒有，只有唯一的一張塑膠摺疊床。寒風從脆裂的玻璃窗直灌進去，婦人伸出凍僵的雙手接過我們手上的物資，嘴唇微張，淚水在她眼眶裡打轉。我想，她可能在說「謝謝」。我心裡在想：「即使現在送給他們冬衣，將來的生活又要怎麼過呢？為何眾生會這麼苦？」我顫抖地按下快門，不敢相信這個世界竟有這麼苦的人？

回來後，我向上人發願，要做他的手、腳和眼睛，世界有什麼苦難，要全力以赴。也許是這樣，上人一直給我國際賑災的機會，也都是當領隊決策居多。我感覺上人總是給我機會去歷練、去學習，只要精舍師父打電話來，我都說「OK」。

自此以後，陸續參與當時慈濟在十幾個國家的賑災行動，這讓我體會到，從小受母親的影響，了解做人應有進退，長幼有序。 所以，每做一件事情都很清楚自己該扮演的角色。當我到海外賑災時，從不在外地自作主張做任何決定，一定先把資料整理，帶回來請示上人，讓他來決定，一直到現在都還是這麼做。海外賑災是件大事，若做了錯誤的決定，可能有閃失，睿智的上人決定的方向會比較正確。

堅持發放原則 直接重點尊重

1998年（民國87年）元月，慈濟基金會要我帶志工去北朝鮮[1]發放化肥，有二十幾位志工已經準備好了，但我覺得北朝鮮的政策方向我們還摸不準，所以建議上人讓我帶兩、三個人先去了解一趟再說。上人也同意，我和陳金發、謝景貴、施啟智四人就飛到北朝鮮。

到了才知道，他們只准許在港口交貨，並不開放給我們「直接」發放。慈濟的發放原則是「直接」、「重

1992年羅明憲（右）參加外蒙古發放，感受為何眾生會這麼苦？之後他繼續投入國際賑災，陸陸續續已參與過慈濟在十幾個國家的賑災行動。(圖片／慈濟基金會提供)

點」，要直接將物資交到鄉親手裡，表示我們對他們的「尊重」。我開門見山對北朝鮮國貿促進委員會副委員長金正基說明慈濟賑災的理念和原則。

金正基問：「其他國家如日本、美國都在港口交貨，發放化肥很辛苦，你們為什麼一定要親自來呢？」他說得也對，在搬運過程中會流汗，尿素碰觸到出汗的肌膚，會刺癢難受。金正基表示他們自己來發放就好，為什麼我們要這樣堅持？雖然經過我再三解釋慈濟救災的原則，也舉了很多發放的例子給他聽，他還是依然不肯點頭。我知道再談下去，不一定會有結果，就說：「那

我回飯店打電話向我們的『領導』報告！」

回到飯店，我撥長途電話向上人請示：「報告師父，他們不認同我們（直接）發放，說那是不可能的事，怎麼辦？」上人回我說：「你人在那裡，比較了解狀況，你就自己決定吧！」我說：「好啊！師父您既然這麼說，我就決定了！大原則我一定會很堅持。」我心想，化肥不宜久放，肥料灑入耕地總是對土地、農作有幫助，六千噸既然已經到了，就在港邊交貨給他們，其他的再說了，一交完貨我就打算回臺灣。

金正基聽到我們馬上要離開，很震驚地問我：「怎麼才來就要回去了？我們可以帶你們去吃大餐，參觀妙香山、金剛山，看少林功夫雜耍……」我直接婉拒他：「我們不會去，我們一心一志來發放，事情辦完就回臺灣！」金正基一聽，反而緊張了：「那後面的一萬四千噸怎麼辦？」

我淡淡地說：「看因緣再說吧！看你們的表現怎麼樣？你們如果不願意（我們直接發放），那就算了！」其實我是故意激他，當然還是要回去請示上人，我怎會自己做決定？

慈濟那時候發放兩萬噸的化肥，比起美國、歐盟和日本的十幾萬噸，真的是少之又少，金正基看我們不接受任何額外的招待，發放和布施，反而引起他的好奇心，事後特別組團到花蓮參訪。金正基有心臟宿疾，慈濟醫

療團隊不僅為他治療，精舍師父、醫護人員和志工熱誠地招待他們團隊，讓他非常滿意，回國後他向領導報告：「慈濟這個團體沒有問題！」

後來，北朝鮮馬上通融三十位慈濟志工去「直接發放」。他們的農場每一班有七、八百位農民，一班派一位或兩位代表來領物資，我帶領團隊將一萬四千噸的化肥，雖然不是直接交給農民，但已經更進一步了，發放給合作農場的班長，這是有史以來北朝鮮第一次對外開放直接發放的先例，他們還提供幾戶人家讓我們去訪視。

慈濟泰北三年扶困計畫將農業輔導列為重點工作，為當地農民提供技術指導。圖為在泰國清邁府查巴干縣華亮農場，專家林阿田向羅明憲（左二）等慈濟志工說明作物栽種情形。（圖片／慈濟基金會提供）

1999年9月20日的晚上，我和陳金發[2]、王運敬[3]等共四人正在北朝鮮，和北朝鮮政府的代表金正基，討論慈濟發放大米所需的志工人數。這次我向金正基說，希望全面性、一對一、當面將大米送給農民，代表志工對村民的尊重，感恩他們給予志工付出的機會，這也是慈濟「感恩、尊重、愛」的發放理念。

　　我向金正基提出要求，最少准我們五十位志工，他們堅決地說：「已經答應你們三十個，就是三十個！」我說：「不行啦！一定要五十個才夠！」雖然經我再三解釋和說明，他們依舊不鬆口，我們當然也守住五十人的原則。雙方就像打乒乓球一樣，一來一往，始終談不攏。眼看快到凌晨兩點了（臺灣時間約一點），我一看時間已晚，就說：「不行，不行，我們明天早上要趕搭九點的飛機，不得不散會了！」透過翻譯我跟金正基說：「我回去跟我們的上人報告，你回去跟你們領導談看看，我們再說了！」大米發放人數沒有達成協議，就待下次的因緣再說了。

災難 竟在自己家鄉

　　我們回到飯店，已是身疲力竭，我和陳金發睡同一間房，那天晚上不知道為什麼，一點睡意都沒有，在床上翻來覆去，直到天亮。「唉！昨晚都沒睡！」陳金發也

說：「奇怪呢！我也都沒睡，不知道為何？一直翻來翻去的！」快六點了，我們趕緊要前往機場，搭上九點的飛機到北京，再轉機回臺北。

到北京下了飛機，遠遠看到北京的師兄在機場等我們，我覺得很奇怪，我們就要轉機回臺灣了，他來可有要事？師兄遠遠地快步走過來，語氣驚慌地說：「羅師兄，臺灣發生大地震了！」

「大地震？」我簡直不敢相信他說的事實。他繼續說：「震央是在中部！」

「中部？這怎麼會呢？」我心裡在想，「平常都是我們在救人家，而這一次的災難竟發生在自己的家鄉！而且是在中部？」師兄說：「震央是在南投！」我全身神經緊繃，感覺在顫抖。我兒子在南投魚池鄉讀書，他住在學校宿舍……他會不會……我家師姊呢？我急著打電話回家，可是臺中的電訊已經中斷。

我的家人呢？做國際賑災這麼久，災難應該不會發生在我家才對！怎麼辦？怎麼辦？美麗呢？一連串的問號和不定數在腦海裡翻轉。後來打電話回花蓮靜思精舍找德融師父，融師父要我先安心，他會想辦法幫我找。我哪能安心？一顆心亂得像一團麻繩，解也解不開。《華嚴經》上說：「一切唯心造。」坦白講就是這樣，心裡亂，外面境界就跟著亂。

陳金發打電話回臺北，電話有通，聽說臺北的東星大

樓也倒了。我喃喃自語：「我們本來都是在救人，難道現在要換成別人來救？」我心情真的很不好，無法形容的糟！我再試著打電話回臺中，還是不通，訊息全斷了，找不到家人，也聯繫不上在南投的大兒子羅立群。

還在北京機場候機時，德融師父打電話來：「安心啦！聽說孩子都平安！」雖是聽說，我寧願相信它是真的！只好先說服自己：「這應該是確實的訊息吧！」奇怪的是，那天轉機也很不順，第一次登機，廣播說飛機有些狀況，我們又下來，再一次上去又被趕了下來，上去、下來、上去、下來，上上下下總共三次，所以那天早上九點從北朝鮮起飛，一直到晚上快十一點左右才回到臺灣。本來從北京飛回臺北只要三、四個多小時，那天卻花了十幾個鐘頭。

到桃園機場，已經很晚了，我一個人坐在巴士裡，司機也很奇怪，不知道該把車子開到哪裡去？我的心在亂，他好像也不太熟悉臺中的路，該在中清路讓我下車，他卻沒有下中清路的交流道，一直開到中港路（現在的臺灣大道），下了車，我趕緊叫計程車，回到家已是半夜一、兩點了。

我的住家是大樓，我住在十六樓，整棟樓烏漆麻黑，沒有電，只有守衛在守衛室，其他居民都避難去了。守衛點了一根蠟燭當照明。他看到我提著行李回來，就說：「電梯都沒辦法動，也沒有燈。」我告訴他：「我

還是要回家看看！」我向他借了根蠟燭，拉著行李用走的上樓；我中途休息了好幾次，實在是太累了，差點爬不上去，很疲累、很疲累，最後終於到了十六樓。

我一整天不斷地轉機、等飛機、搭車，漫長的一天，回到家簡直是累垮了。進到房間一看，「哇！怎麼會這樣？」看到所有東西都倒了，亂得一塌糊塗。

救急優先 三天吞一口飯

我稍坐一會兒，休息片刻後，回神一想：「不對喔！這麼大的災難，師兄、師姊們應該忙翻了吧！」我趕快換上藍天白雲的制服，趕到分會已經凌晨三點多，有很

多師兄、師姊在忙著，蕭惠特、田憲士……也都在。我雖然剛從北朝鮮回來，還是馬上接手我慈誠大隊長該做的職責，不管是人事問題、物資、地點等等都要聯繫，任何事情都需要我去處理。

九二一地震後，大地撕裂，讓咫尺路途變得遙遙漫長。(攝影 / 洪海彭)

忙得團團轉，忙得兩、三天才吞進去一口飯的狀況，兩隻手拿著兩支電話都還不夠說的模樣，也沒有所謂的救災流程，反正哪裡需要什麼，就趕快聯絡補上物資或人力，基本上志工都搶工作在做，主動去補位，不會怕有人沒事做。尤其是在這個大災難的緊急時刻，師兄、師姊也都自動自發來到分會補位。地震後的第二天（9月22日），救災的雛型已建立起來。

　　臺灣是愛心指數相當高的地方，物資、人員全都湧進慈濟臺中分會和災區。人員的調度、報到，物資的分配等等事情很多，很難形容出一個很具體的東西，還好有師兄、師姊們，尤其是在南投災區，即使家裡有少許的災害，依然先擱置，以救災為重。

　　9月23日，地震後第三天，上人來到臺中。他到的時候，我立即請示隨師的德悇師父：「悇師父，上人這次來的行程怎麼排？明天去哪裡，要怎麼安排……？」我以為像以前一樣，由精舍師父來排就可以了。

　　德悇師父說：「這一次由你來安排！」我說：「怎麼會是我排？」他說：「你是當地人……」我聽了，心開始慌，因為根本不知道哪一條路是通的，哪一條橋是安全的，要怎麼走、怎麼做，還抓不到頭緒，也不知道要跟誰聯繫，才能獲知哪些地方是安全可以通行的？

　　我記得有一天要到東勢，當車子開到太平，要過一江橋，一看橋全垮了，崩塌了，斜斜地躺在那裡，心想：

九二一地震後第三天（1999年9月23日），證嚴上人到臺中慰勉中區慈濟志工。（圖片 / 慈濟基金會提供）

「完了，沒有辦法通，怎麼辦？」只好將車隊調回頭，可是那條路並不寬，回個頭都很困難。總之，每天都要事先聯絡好隔天的交通和天氣狀況，所有的一切事項，都必須在前一晚安排好，不然是很難順利到達災區的。

不捨鄉親居帳篷 搶時間蓋屋

上人到災區每個地方去察看，看到師兄、師姊們在馬路邊、房子前，用一個鍋子非常簡單的方式煮熱食，熱滾滾的一鍋熱湯、麵食，人來來往往的，上人看了很擔

心，太危險了。煮熱食一個星期後，看見已有一些慈善機構，也慢慢進入災區提供熱食；南投體育館堆滿善心人士捐贈的物資，有人也開始在體育館內煮熱食。所以上人指示，既然有人提供熱食，有那麼多的慈善機構也進入災區幫忙，慈濟階段性的任務總算告一個段落了，我們要往安身的地方去做，於是開始進行討論蓋大愛屋的事情。

上人要讓人人有機會共襄盛舉做好事，我們是短、中、長期有計畫的救災，短期的因緣已經具足，就往中長期的目標去規劃，才是正確的方向。

地震發生後，大家都不敢待在屋內，無論有無失去家園，紛紛搭起帳篷，暫時安住於學校操場或空地。(攝影／林宜龍)

蓋大愛屋期間，我每天一大早五點多先到分會，向上人請安，順便請示他可有什麼特別要交代的事情，然後再趕往埔里工地與值班的志工用早餐，晚上再回來向上人報告一天大概的工程進度，隔天一樣一早進分會；就這樣日日作息如在上班，腳步不敢稍有懈怠，有時候實在累得連在開車都會打瞌睡，唯有振作精神，因為上人急，我們也急，捨不得鄉親一直住在帳篷區裡，沒有家可回。

國際賑災重然諾　內外援助同步行

　　九二一賑災這段期間，我除了要負責指揮中心的事情外，國際賑災的任務也還繼續，有北朝鮮和中國大陸貴州發放，都同時在歲末期間陸續要進行。北朝鮮的領導知道我們發生大地震，很緊張，曾打電話來致意，還問我們：「之前答應的有沒有算數？會不會因為你們有災難就停了？」我向他保證：「我們既然承諾的事情，絕對會如期進行。」我們有災難，依然會履行諾言，願意去幫助他們，金正基看我們那麼有誠意，就改口說：「人數OK啦！五十個就五十個！」總之，因為九二一的因緣，讓這件事有了轉機。

　　1999年10月24日南投埔里大愛一村入厝，11月我就帶團去北朝鮮履行對北朝鮮的承諾，首次發放糧食，幼兒

朝鮮因農作物歉收，面臨嚴重的缺糧危機，慈濟賑災團前往大同郡進行發放。圖為2011年11月14日發放儀式，北朝鮮國際貿易促進委員會顧問委員長金正基致詞。（攝影／張晶玫）

奶粉、冬衣與農耕用化學肥料，回來後接著蓋第二村。要處理的事情很多，包括每天要聯絡工地人員、材料來來去去，有什麼材料要進來，動員多少人，做什麼工作，什麼人做什麼事，都要有很清楚的概念和規劃，才不會早上一來亂了手腳。

貴州（羅甸縣董架鄉）「抹尖慈濟新村」[4]落成，在2002年1月27日遷村之前，還是由我負責，之後由高明善[5]接手遷村事宜。1997年我開始帶隊去貴州發放，差不多有三年的時間沒有間斷，每年冬令時間，一定帶隊前往。1999年的歲末，還有很多村陸續在談發放的細節，所以腳步都沒有停，一直在跑，一直在動，完成一個階段的任務後，緊接著到另外一個地方去處理另外的事。我是（九二一）臺中分會救災中心總協調，負責張羅、處理和安排所有的事情，但因為國際賑災工作還在

持續進行中，我無法深入每一個細節，面面俱到，比如大愛屋入厝，就沒辦法去參加。

不需動員 是最好的動員

蓋大愛屋是在搶時間中完成的，我們當時喊：「搶晴天、戰雨天，請假做慈濟、做慈濟不請假。」的口號，一直帶動、鼓舞師兄、師姊，共同來成就。不光是我們自己人，還有臺北建築工地主任協會（中華民國全國營造業工地主任工會）的很多工地主任也來當志工，有些是來自中興工程的專業人員，我必須去整合這些專業人士，除了去臺北向他們道感恩，分享上人的理念，希望他們邀約更多人來支援，工地那麼多，當然需要更多專業人士的協助。

所以很多媒體，甚至國外的媒體訪問我，他們想知道慈濟人為什麼動員那麼快？一點四十七分的地震，半個小時後在災區就可以看到慈濟人，我說在九二一之前，臺灣發生賀伯、道格颱風，上人認為一定要落實社區，敦親睦鄰，守望相助，力量才能充分發揮出來，所以慈濟人每天都在準備，每天都在如實地訓練怎麼樣去付出，怎麼樣去關懷社區，怎麼樣去關懷身邊的人，在社區發生問題的時候，他們自動自發走出家門，找到自己的定位，就近到災區去。

我跟媒體表達，慈濟不用動員就是最好的動員，因為每天都在動員，每一個慈濟人都很清楚，他的定位在哪裡，尤其發生地震的時候電話不通，要如何聯繫，誰來做什麼事情，很難！基本上，慈濟人、志工都自動自發地聚集而來，然後再安排、規劃、整合、分配、執行。我強調我不可能特別打電話讓誰來，每個人都是很自動，慈濟人都很認分地在做事情，知道該怎麼做、怎麼扮演好他的角色！

救災，不是總協調一個人的力量就能成就，有很多事情需要更多人一起分工合作、群策群力。每個人只要在自己的定位上，清楚他負責的事情，用心去執行，事情就能做好。

總協整合 寬廣處事

我所負責的總協調，基本上是做整合的工作。我從1992年去外蒙古參與發放到1999年有七年的時間，歷經了江西冰雹災、廣西的融冰、柬埔寨的兵殺，還有貴州等等，在國際賑災這麼久，累積了不少賑災的經驗，從接案開始就要整合、接洽、規劃，深入了解，安排執行一系列的事情。經過這麼多年，看過很多不同類型的災難、受苦難的人，我學習到去跟災民互動，如何協助他們，從災難中得到一些體會，也讓我在臨場時能冷靜去

上圖/九二一地震慈濟關懷行動，臺中分會救災會議上，羅明憲與
志工們討論救災任務分配與動線規畫。(攝影/林昭雄)
下圖/2002年4月，羅明憲前往印尼雅加達參加水災救援行動，為
災民清理惡臭的水溝。(攝影/王運敬)

看待事情。我是被苦難洗滌過的！我是透過慈濟賑災的訓練，才懂得抓住事情的重點，和處理事情的方法。

海外賑災多變數 步步踏實領隊行

2002年1月7日，我去阿富汗賑災，那時候分北、西兩路。我們是西路，只有三個人——我、謝景貴和顏霖沼，因為沒有簽證，所以搭飛機到邊界，在伊朗大使館辦簽證才用走路的越過邊界進入阿富汗，準備與紅新月會（紅十字會）[6]協調將物資運往阿富汗西南方馬凱基（Makaki）、四十六哩（Mile 46）兩處難民營及西北方大城赫拉特市（Herat）發放。那時候說我們已經有一貨櫃的物資抵達阿富汗，所以有十幾位慈濟志工買好了機票，準備啟程去難民營發放，我是臨危受命為領隊；我認為不妥，向上人建議那裡一切都還是未知數，不知道狀況如何？先三、四個人去看看，人少應變方便，萬一有什麼事，人多就很困難！

我們三個人一抵達，阿富汗當局沒有人承認有這些物資，什麼物資也沒有。我們在德黑蘭下飛機，買不到飛機票，三個人只有兩張機票，飛機又沒有站票，所以不得不改搭巴士，坐了八個小時。三個人就這樣了，若是十幾個去，那可怎麼辦？說不定也買不到巴士的車票，因為巴士也很少。1998年我去北朝鮮討論化肥發放也是

同樣，第一條船運兩萬噸進去，同樣有二十幾個人準備出發要去發放，我跟上人講說我們四個人先去了解，結果一去才知道他們只准我們在港邊交貨。

阿富汗沒有人承認有收到這些物資，我們就到赫拉特市（Herat）去，在那裡住了一天；回來之前，下午三、四點而已，去公車站要搭車，他們說今天到此為止，沒有公車了。後來就去訂飯店，飯店也客滿了，沒有房間，我們必須去住通鋪，就是跟阿富汗人擠在一起，我們哪敢？只好拜託紅新月會借給我們辦公室過一夜。本來是要去難民營，太危險了，他們都罩著黑紗，進去萬一被「蒙」走了，太危險了，所以就決定不去了。

在阿富汗看到他們都是開著大卡車，載去村莊分烤餅，一個人一塊，很薄的一片就過一天。看到眾生那麼苦，一天只吃一塊薄餅充飢，我在想：「我們東方人個子這麼小，吃那麼多幹嘛？」何苦呢？算了，晚上就開始不吃，過午不食，就這樣「過午不食」好多年。很多師兄、師姊很關心我，會跟上人說：「羅師兄黑又瘦，晚上還不吃！」上人曾勸我好幾次，但我認為修行是自己的事，是我心甘情願的，那時候真的很忙，因糖尿病的問題而暴瘦。

四川強震 熱食先安心

2008年四川發生地震，本來我答應兒子，要去美國參加他的畢業典禮，但想到自己國際賑災做這麼久了，對於四川，我不能置身事外，所以跟兒子討論，做父親的我，這次又必須缺席了，兒子也很善解我，長年奔走國際賑災，他也認同應該以救災為優先，所以欣然接受。

　　5月15日，我帶著賑災團第一次踏上四川洛水，看到四處地震震毀的程度不亞於九二一。我想到九二一的煮熱食模式，我與書記討論，但屢被書記回絕。他說：「會養懶！」意思是說，煮熱食會把他們的百姓養成懶惰、依賴的習慣。我一直想辦法旁敲側擊，最後從孩子的觀點來跟他談。我說：「我們會餓啊！我們要吃，孩子也要吃，讓孩子過來，帶動孩子，給所有家長們無後顧之憂，才能夠全心全力去重建家園！」我用這樣的訴求去感動書記，影響他的想法。

　　書記本來只是很單純地想，煮熱食給鄉親吃，會讓他們養成懶惰的習性。但我知道，人最捨不得的是親情，最疼愛的是自己的子孫，任何人都一樣，每個人一生的努力打拚，大概百分之九十都是為了下一代，所以我直覺認為，從親情的方向去切入，讓一個人重新思維，應該比較容易上手。果然最後打動了書記，同意我們煮熱食，也使得慈濟在四川的賑災踏出了第一步。

隨機應變 順當地民情

上圖/2008年12月23日中國大陸四
川省中江縣輯慶鎮冬令發放，羅
明憲（右）協助鄉親搬運大米。
（攝影/姜衛軍）

右圖/四川於2008年5月12日發生
芮氏規模8強烈地震，造成嚴重
傷亡，百萬人民家園成瓦礫。圖
為6月6日慈濟四川賑災團即將離
開，小志工周文兵（右）捨不得
志工離開，與賑災團領隊羅明憲
（左）雙方打勾勾做承諾，慈濟
志工會再來。（攝影/羅元誨）

我這一生當中，有好幾次從鬼門關被救了回來，也看過許多生死，對人生看得比一般人淡泊。2011年12月17日，我又帶隊去北朝鮮發放大米，當天早上已經開始發放，金正基（當時北韓的榮譽委員長）告訴我：「羅師兄，今天中午一定要提早結束，我們政府有個重大事件要宣布。」他重複說了兩次，要我們一定要提早結束。我覺得事有蹊蹺，從來沒有發生過這樣的事，他們應該有很特別的事情要宣布，我立刻告訴所有的師兄、師姊要提早結束發放。上午的發放結束後，我跟領導搭乘一部小車，抵達下午發放的現場，大米都已經排列整齊，位置也安排好。

　　但是，車子進去時，就看到好多百姓哭倒、跌倒、昏倒在地，氣氛很怪異，從來沒有看過這樣的悲戚場面，薛明仁[7]看到我們的車子一到，跑過來說：「羅師兄，金正日往生了！」我冷靜地說：「好！我知道了！」我立刻吩咐所有的志工：「你們通通不要下車，不要過去廣場，所有的人通通回車上去，都不要下來！」

　　我很小心、很機警，我想，在這個政治特殊的國家，一旦我們的人都下車了，萬一其中有任何一個人表現不妥、不合他們的儀軌，不知道會發生什麼樣的問題，萬一發生了會很麻煩，所以我要每一個人都留在車上，連人文真善美志工也都不許下車，我單獨陪領導們站在零下十二度低溫的廣場，哀悼一個多鐘頭，一直到他們宣

布結束才帶隊返回飯店。

回飯店後，我又帶領志工在大廳默哀一分鐘，然後開始聯絡臺灣，向上人報告：「怎麼辦？他們國喪期間，所有的活動全部喊停，不能繼續發放。」上人指示後續的部分請北朝鮮的代表代為發放，讓他們簽名後，即刻安排飛機回臺灣。

看淡生死 用心耕耘生命

金正日的往生影響我的思維，我常常回想，這一生如果沒有進入慈濟，我可能早就走了，因為我年輕時，社會風氣不是簽大家樂，就是朋友間喝酒應酬，我這個人沒有什麼壞習慣，但總是對自己的生命價值觀不很清楚，所以不會很用心地去耕耘生命。

假如沒有加入慈濟，有可能會走很多偏路。慈濟改變我的心念，讓我對身體病痛的看法跟以前完全不同。進慈濟之前，我怨天尤人，怨為什麼不好的事情總會發生在我身上？進入慈濟後，觀念漸漸改變。生病的時候，我歡喜接受，以病為師、為友，把它當朋友，因為它在，它會提醒我：「老兄，你身體不好，你不珍惜生命，很快就走了！」如果沒有它的提醒，人會懈怠，不會特別留意去做健康檢查。

2000年我去貴州發放時，腰痛到幾乎爬不上山坡路，

返臺後做檢查，發現有一點八公分的結石，必須動手術拿掉。手術前抽血檢查，血糖飆到兩百多，才知道自己有糖尿病。從那個時候到現在還在吃藥。從小到大，現在七十歲，一生都離不開藥。我常想，可能是我殺業特別重，才會全身病痛，跟藥結緣太深了。

有一次，我載上人和德融師父要去拜訪豐原的修道法師[8]，上人在車上告訴我：「我們做人不是你一個人說好就好，要讓身邊的人對你很安心，生命應該要很積極，不應該那麼消極，不光你一個人活在這個世界，跟你相生相依的人，彼此要互相照顧，不是只有你一個人，要看到周圍的人，要想到周圍的人……」上人說的這一段話，我了解，我說：「上人！我聽懂了！」不要讓身邊的人為我掛心，要讓周遭的人安心，我深刻地銘記腦海，從那天晚上我開始吃晚餐。

我很清楚自己的心念，清清楚楚當初發心立願的動機，大團體有很多人我之間的問題，有時候會影響我的看法，如果自己心志不堅定，或對於很多事情的認知上有落差，就會影響道心；我應該要永保初發心清淨，扮演好自己的角色，去耕耘生命。

九二一這場世紀大震，對我在賑災方面，有了不一樣的思維；以前去參加國際賑災，對於災民受的苦難，內心也會感到很不捨，但仍會有人我之分，無法感同身受他們的苦。九二一是發生在自己的家鄉、自己的國家，

讓我改變了觀念——別人受災就如自己受災,他們的苦我們要代受。所以我開始訓練自己,學習上人讓悲心無限寬廣,不管多忙、多辛苦,一定要達成任務,也更慈悲地將心比心,這就是上人說的「慈悲等觀」。所以九二一雖然二十年了,但願臺灣人民永遠不會忘記那慘痛的經驗,永保善與愛的力量在人我之間。

1　《慈濟月刊》389期〈趕上春耕　施肥在北朝鮮的大地〉李委煌專題報導,http://web.tzuchiculture.org.tw/tpenquart/monthly/389/389c10-1.htm(2019年10月11日檢索)

2　慈濟志工陳金發,以前為了交際應酬,幾乎天天醉, 一年可以喝掉一個二十尺貨櫃的葡萄酒…… 一位曾經縱橫商場的「酒國英雄」,在加入慈濟志工後,毅然決定茹素、戒酒,並積極參與賑災工作。這一段「從『杯』門入『悲』門」的轉變過程,展現的是陳金發有決心、有毅力的志氣。資料來源:2012年8月15日《獨家報導》,熱門話題熱心公益,https://www.scooptw.com/popular/public/14447/,(2019年11月21日檢索)

3　王運敬,慈濟基金會職工。大愛電視臺製播20110614《師徒之間》宗教處副主任王運敬,https://www.youtube.com/watch?v=Xz5UGpLcdtM,(2019年11月21日檢索)

4　2002年1月27日,貴州第一個慈濟移民新村——羅甸縣董架鄉「抹尖慈濟新村」落成,共三十二戶遷入。資料來源:靜思人文2013年出版《證嚴上人衲履足跡》〈隨師行記,民國102年01月27日〉

5　高明善,曾是慈濟西雅圖聯絡處負責人,高家五兄弟均在陽

明山竹子湖出生、成長,父母務農。竹子湖聞名的海芋,第一個種植、培育成功者即是高明善父親;精通農藝的高父,也曾將日本第一代高麗菜在山上培育有成。高銘宗、高東郎、高明善、高明志等兄弟真實人生故事,大愛電視製播成連續劇《草山春暉》,全劇共56集,導演為鄧安寧,於2005年8月播出。資料參考:《慈濟月刊》433期〈陪母親散步〉。

6   紅新月會是阿拉伯地區的紅十字會。

7   薛明仁,與羅明憲同時到北朝鮮發放的臺灣慈濟志工。1986年到中國大陸廣東東莞投資的臺商,是一位實業家。在事業高峰的時候,股份與資產一夕之間被共同打拚的合資人獨吞了,內心相當痛苦,在慈濟法親不斷的關懷下,薛明仁慢慢地轉念。資料來源:慈濟全球社區網,2016年6月7日紀錄〈盡形壽獻生命的國際志工 薛明仁〉,http://www.tzuchi.org.tw/community/index.php?option=com_content&view=article&id=82233:5711A0A457B3928748257FD000561178&catid=54:taichong&Itemid=284（2019年11月22日檢索）

8   修道法師,豐原慈雲寺修道法師於2016年3月21日晚間圓寂,享壽九十五歲。修道法師和證嚴上人有很深的緣分,1960年上人與修道法師相偕出走求道,落腳臺東鹿野王母廟,後來修道法師回到臺中豐原,上人則是前往花蓮秀林的普明寺弘法,進而創辦慈濟功德會。資料來源:慈濟全球社區網,2016年4月7日緬懷追思修道法師紀錄。http://www.tzuchi.org.tw/community/index.php?option=com_content&view=article&id=79790:D32CCC1AFCE5506D48257F90000057CA&catid=54:taichong&Itemid=284（2019年10月11日檢索）

啟發良能 有大用

洪武正訪談紀錄

從小到大我都不會認為有什麼事情
是困難的，縱使有困難，我也認為
一定可以解決。

—————洪武正

◎訪問：張麗雲
◎記錄：張麗雲、林秀貞、陳香如
◎日期‧地點：2019年3月30日 豐原靜思堂
　　　　　　　2019年4月23日 臺中北屯洪武正家
　　　　　　　2019年7月24日 臺中北屯洪武正家
　　　　　　　2019年9月5日 臺中北屯洪武正家

簡歷：

洪武正，1951年（民國40年）出生於彰化縣二林鎮，
是家中的長子，有兩個弟弟。小學、初中皆在彰化二林
就讀，1960年因家道中落，心理不平衡，行為開始偏差
以致未能順利完成高中學業，1977年與陳麗秀結婚並開
始創業，1984年妻子陳麗秀加入慈濟會員，1991年兩
人受證為慈濟委員，加入慈濟志工行列。

　　我在1951年（民國40年）出生於彰化縣二林鎮，是
家中的長子。1950年代，爸爸生意做得很大，開碾米
廠，與人合夥開食堂（餐廳）和戲院，我們家的碾米廠
位在二林鎮的市郊，米店、食堂和戲院都在二林鎮街

上，老家三合院在街上比較小的巷子裡。爸爸年輕時風流倜儻，豪爽不拘，到處交朋友，臺灣走透透。他與媽媽兩人很晚才結婚，相差十三歲。我們家經濟很優渥，別人家的小孩都是打赤腳，我上學有皮鞋穿；家裡還有一部三輪車，就像現在的私家轎車一樣，還專門請一位車伕載爸爸進出談生意。

家道中落 世事難料

1950年後拳擊運動[1]在二林很興盛，幾乎左鄰右舍的年輕孩子都在學，我也不例外。二林雖然是鄉下，出的警察和司法官很多，白道多、黑道也不少，爸爸做生意也混於黑、白兩道之間。我爸爸本來就好賭，1960年在我國小三年級的時候，那一年幾場豪賭下來，他輸得很慘。

爸爸賭輸欠債，家裡什麼都沒有了。我們家家道中落，只好搬回舊家三合院住，媽媽去幫人家洗衣、煮飯，天還沒亮就要去溪邊，洗很多戶人家的衣服，老闆娘一下子變成洗衣婦。家中變故之後，我心裡一直很不平衡，我開始做壞事，但不敢讓媽媽知道，我在國小三年級開始鬼混、不愛念書，但是對媽媽不能交代，不得不每天到學校，然後蹺課四處去玩。雖然我不愛讀書，但是我滿會考試的，看過就背起來，且順利考上初中[2]，

上初中後，我對讀書還是沒興趣。

我和爸爸相差四十歲，父子本來很有話聊，到後來我對爸爸有怨言，但都只放在心裡沒講出來。爸爸輸光家產打擊太大，我們家不是像別人家一樣務農，他沒有一技之長，不知道要做什麼？沒有鬥志，四處閒蕩，很少在家；所以對我蹺課的情形不太清楚，我當然也沒有讓爸爸知道，他若知道會對我很兇。後來，媽媽操勞過度，四十五歲得重病，四十七歲就往生了，當時我讀初中，才十幾歲，媽媽真的是做到死。

年少氣盛 軍訓磨練

初中畢業後，我去讀彰化縣立二林農工職業學校[3]。去學校，我穿喇叭褲，訓導主任訓我好多次，最後一次在我褲管上蓋藍色印章，我很不爽，他看我態度不好，叫我立正站好。我說：「我在家裡跟我老爸說話也不一定要立正站好！」他情緒失控了，就打我，我就閃，因為我有練拳擊，閃了之後，也不是故意的，只是很順手一個左直拳就給他揍下去了，這下子糟了，老師昏倒，我被退學了。

當時有位老師知道有軍校要招生，帶我去八卦山的救國團考試，考基本的國文、歷史、地理。他們不一定要品學兼優的孩子，也不要只會死讀書的，要有鬼點子、

鬼頭鬼腦的孩子，再來就是語言能力要好，我算是有語言天分，只要一學，馬上就會。考上後，北上去北投報到，參加一系列的訓練，課程中有野外求生訓練，直升機載幾十位學生到深山裡面，這邊丟一個，那邊丟一個，只給一支刀、一把槍、一條繩子、一包鹽、一個打火機，要自己想辦法活下去，沒有指南針，只靠每天太陽升起辨別東西南北方向，還規定幾天之內要自己跑出來到路口。訓練課程很緊湊，在臺中谷關山訓，出來到外面正好是臺北的烏來。

到學校報到後，淘汰率很高，隔幾天有同學被退學；

中區慈誠大隊長洪武正與妻子陳麗秀在太平國中九二一希望工程中一起付出。(攝影／阮義忠)

我常常出狀況，教官教我不來（無法調教之意），他學的是跆拳道，私底下約我較勁，又被我打昏了，我還把他拖到廁所裡去關起來，以為這樣就沒有人知道，回到寢室去睡覺，半夜被四個憲兵抓去。教官醒來後，寫了很多報告，他很講義氣，說他只是要訓訓我：「洪武正是學拳擊的，我是跆拳道的教官，我們是利用晚飯後兩個人在切磋拳技……」他寫得令我很感動。因為這樣，我當然就被退學處理，沒有被進一步追究；我出社會後，還跟他變成好朋友。

苦讀自修　人脈累積

在臺灣，黑社會當年有分「外省掛」和「本省掛」[4]，退訓後，我跟了幾位長輩、黑道大哥，因為我除了臺語外，還會說北京話、浙江話（浙江話會說，自然就會說上海話）。我也有一些小聰明，跟外省掛的黑道兄弟混得很熟。他們跟教官一樣很講義氣，耳濡目染之下，我也很講義氣。我在臺北沒有背景，為了要賺錢，我自立門戶開賭場，但打從小時候跟著爸爸進進出出賭場，看到他賭博輸掉所有的財產，知道賭博沒一個贏的，我自己不賭，也不會賭。

我很敢衝、很敢拚，很快地在臺北闖出一片天。出外打拚的孩子，要在臺北黑道混下去，如果肚子裡沒有一

點墨水，會被人家吃得死死的。為了充實法律常識，我苦讀自修法律。我們二林有很多的法官都是靠自己苦讀出身，所以一有機會，我就會去請教他們。我自修兩年後，通過高檢檢定考試。

　　早期道上的兄弟，法律常識比較欠缺，因為我有專業法律常識，在黑道上就感覺高人一等。所以我結交了很多朋友，一些比我年長的長輩都對我很好，他們如果遇到事情，答辯狀都是我代為操刀，所以當時建立了社會人脈，全省的朋友很多。

親聞槍響　跪觀音求重生

　　二十歲時（1970年），我在臺北真的可一手遮天，但也曾經出事情，恐嚇、殺人未遂，有次我車禍受傷，傷到腳，總共釘了十一根鋼板和鋼釘，還未完全恢復時，又出了點事，我有開槍，但是我沒有傷到人。結果遭到追緝，當時臺北市刑大（臺北市政府警察局刑事警察大隊）推測我可能會返鄉到二林祭拜母親，因為我母親的祭日是農曆8月12日，果真我就在8月15日被捕入看守所，在裡面度過中秋節。

　　在看守所裡，我遇到這一生關鍵性的貴人，他大我一、二十歲，是一名死刑犯，他一直勸我：「這一條路真的沒有辦法走，走不下去了，你現在回頭還有很長的

路可以走。」在看守所，我也在想，今後該何去何從？過了差不多十天左右，他被架出去槍決了，我親耳聽到槍聲。一天二十四小時吃睡都在一起，突然間人就沒了，有好幾天我都沒辦法入睡，這件事對我衝擊很大。

在我牢房的牆壁上，有一張從罐頭上剪下來的觀世音菩薩像，可能是幾年前被關在裡面的人貼的。我跪下來跟觀世音菩薩祈求：「如果可以讓我平安出去，我會好好做人！」結果也真的很幸運，經過一、二十天後，判決就下來了，我被當庭釋放。那件事情能大事化小，當然也是外面有一些長輩協助找關係，才能由大化小，要不然是不可能的，因為我有開槍，開槍一定要受管訓，管訓一次就要七年。被關之前我發生了車禍，又是車禍又被關，我覺得這條路真的不能再繼續走下去了。

從看守所出來後，我就將賭場所累積的錢，全部分給跟我在一起工作的小弟們，自己帶著六千元跑到臺中找工作做，因為戶口裡面有登記我過去的紀錄，所以到了臺中，派出所的管區警員偶爾會到我上班的地方來了解。有的老闆覺得奇怪，警察為什麼都會來問有關我的事，所以有好幾位老闆不肯用我，還包紅包給我，要我再去找別的工作。

最後，我到一家公司去上班，我坦白對老闆說我的情形，並說我不想常常換工作。他很客氣，知道我的故事後，約我到外面吃飯，告訴我：「你很認真，但是你這

樣子，我不知道怎麼辦……」我向他求情：「老闆！請暫時相信我，讓我繼續做，我不要跟你領薪水，等到你們大家都肯定我時，你再發薪水給我。」最後他收留了我。我雖然沒有拿薪水，但我的朋友多，生活上還不會有問題。

後來，就在這家公司待下去，從基層送貨員做起，一直到與幾個同事共同出來創業，在那期間，我認識了我的太太陳麗秀。結婚（1977年）後，育有一男一女，我就自己創業了。

賺錢容易 積德難

我從1977年重新創業，代理中部的工作母機[5]賣給國內加工廠，生意都很好。收入多了，就開始得意忘形，每天都有一些朋友來邀我去花天酒地，任何人跟我講都聽不進去，每天生活當中所看到的只有三件東西：新臺幣、工作母機和一疊支票。

我拿錢借貸給人家，就是讓人家貼票(臺語，即票貼[6])。比如說，有人拿一張開三個月票期的一萬元支票，我以一角的利息，先給他現金，一個月我就可以賺三百塊利息。如果利息是九毛錢，一個月賺兩百七十元，將利息扣起來，剩的錢再給對方，等到三個月到期，對方依票據金額還我本金。

久而久之，自己看到那麼多錢又那麼好賺，每一天都會笑。麗秀開始勸我，賺人家利息錢沒有道德。我說：「為什麼不道德？我也是借錢給他啊！又不是騙他的錢！」她說：「你給人家扣那麼多利息錢！」我說：「不多啊！我大部分都收九毛利息，很少收一角。她勸我不動，就去講給我岳母聽，岳母也罵我這樣做，對後代子孫不好，叫我不要做了。我哪聽得進去？

　　1984年，女兒因為學鋼琴，家裡沒有鋼琴可以練習，她都會跑到鄰居家去看他們的孩子練琴；麗秀跟我商量要買一部中古琴。剛好有一位朋友的朋友朱瑞棋在賣鋼琴，我聯絡他來家裡談，我們三個人從早上聊到午飯後還繼續聊，好像認識很久的朋友般投緣。

　　他提到幾天前和阿姨去花蓮，看到一位師父很偉大，瘦瘦的，吃得很不好，做工賺的錢還要拿部分去幫忙苦難人，很受人尊敬。麗秀主動問他：「我可以捐錢給師父，讓他去幫忙別人嗎？」他說可以，又說：「可是我沒有要來跟妳收，我不是委員，沒有辦法收錢，我都是交到我阿姨那裡去。」麗秀向他要阿姨的地址，從此麗秀開始拿功德金到他阿姨柯王幼住處，一個月固定捐五百元。

　　功德金繳到第三個月，考驗來了，就沒有辦法繼續繳了。因為我的事業出狀況；我不是被朋友騙，而是自己從天上掉下來的。那是在1987、1988年時，客人訂購兩

部專用機,交到工廠後出了很多問題,我買材料委託廠商代工,廠商只是一個技術者,哪有錢賠我?我也找不到他,上千萬的機器一下子變成廢鐵,兩臺專用機拿去當廢鐵賣,一臺才賣三萬多。同時間,一個很好的朋友跟我借錢後,也跳票。

人生再洗牌 求神問卦療傷痛

我的人生又重新洗牌,一切歸零,生活過得很苦,麗秀一直鼓勵我,我才又去找工作。大約上班三、四年後,1989年,我三十九歲,又出來創業做齒輪[7];剛開始也做得不錯,後來又被朋友騙了。我本來還想報仇,但麗秀拿上人開示的錄音帶給我聽,還告訴我,上人的一個弟弟在軍中被人打死,但上人以「普天三無」[8]勸師嬤[9]化解仇恨,原諒對方。我聽了之後,對上人大愛無邊的精神非常感動,所以才沒有犯下滔天大錯。

而這時,我之前車禍受傷,釘了十一根鋼板和鋼釘的腳出了狀況,造成走路有些困難。我去給我的外科醫師朋友看,醫師說:「這隻腳若要檢查,我建議你要去大醫院,不要去一般的外科診所。你脾氣不好,萬一在小醫院開刀出了問題,又會和醫院沒完沒了。」他要我去像長庚、臺大這種大醫院看。當時,麗秀也拿《慈濟月刊》給我看,跟我介紹花蓮慈濟醫院怎麼、怎麼地好。

那時候我還沒有學佛，但會去拜太子元帥[10]。我和太太求籤問太子元帥：「我的腳沒有好，到底要去長庚還是臺大開刀好？」我只是這樣問，乩童竟然起駕用毛筆寫了「慈濟」兩個大紅字，然後就退駕了。月刊裡有介紹慈濟醫院的骨科醫師陳英和，我們去問柯王幼認識他嗎？柯王幼說不認識。我們就自己搭火車到花蓮，到了慈濟醫院裡面，初期冷冷清清，我們直接掛陳英和的診，馬上就可以看診了。

　　陳英和立刻幫我照X光，看了片子，說：「這要開刀，不開刀不行，馬上給你排開刀。」我說：「不行，我們兩個小孩還在臺中，我要回去準備一下再過來。」他說：「好啊！你要趕快來開刀，不然這樣不行。」

　　我是真的痛到不能走路，回到臺中，請岳母幫我們顧孩子後，立刻又轉回花蓮住院。開刀的前一天是禮拜天，陳英和來我病房，對我說：「明天要安排開刀，昨天我特地跑回臺大去拿一套工具，你這個傷已經很久了，萬一開刀不好，釘子和鋼板會斷在裡面，沒有特殊的工具，可能要拿出鋼板和釘子會很麻煩。」他說的情形和我那位醫師朋友講的一樣，也是說萬一開刀下去，出問題後，沒有辦法收拾善後，就會很麻煩。陳英和還拿X光片來給我們看，解釋得很詳細，講得清清楚楚，我覺得這家醫院跟其他醫院很不一樣，我們在社會上又不是有名的人，到慈濟醫院，醫生對我們這麼好，只

是一隻腳要開刀就解釋得這麼清楚，講話的語調如此柔和，讓我們的心可以安下來，要不然，通常到醫院都會感到很害怕。

技術還在 祝福東山再起

我們和陳英和沒有親戚關係，又沒有送紅包，他還特別坐火車去臺大拿一套設備來幫我動手術，讓我很感動。第二天一大早，在等待區的時候，陳英和穿著手術衣，又從開刀房走出來，對我們說：「洪先生，我會親自幫你操刀，我在你旁邊，你不用擔心，臺大的機器已經拿回來了，你放心！」他在我肩膀拍一拍，安我們的心，還說這次開刀一定會成功。開刀後，他常常來關懷我，還有一群師兄、師姊也來探視，送書給我看。

每個月初一，上人都會到民權路的臺中分會講經，麗秀有空也會帶孩子去，委員會招呼大家：「你們要趕快排隊，證嚴法師到了！」麗秀牽著孩子跟著人家排隊，因此常常看到上人。來花蓮住院之前，岳母拿了兩萬五千元給麗秀，交代她要買電視給孫子看，她說不可能拿媽媽的錢去買電視，也不要讓小孩子看電視，寧可拿去花蓮捐給上人助人。於是她將家裡所有積蓄連那筆錢，共三萬元帶在身上。她跟我說：「媽媽也很辛苦，這個錢是媽媽的，不然這三萬塊，我們來捐兩張病床，

若有機緣見到證嚴法師，就交給他。」

有一天，差不多下午三、四點，我們在花蓮慈濟醫院五樓的508房，我坐在輪椅上，麗秀趴在窗戶，往外面一看，靜思堂在挖地基，看到上人正在巡工地，她很興奮地對我說：「走！我推你去見證嚴法師！」她推我到了大廳，我們遠遠看到師父，麗秀跪了下來，哭得很傷心，爬不起來，我也哭。

「你們怎麼了？你們是從哪裡來的？」上人以關愛、溫柔的聲音問，我說：「師父！我們從臺中來。」我哭到不能自己，告訴上人：「我腳上有十一根釘子，我來這邊開刀，拔釘子起來。」上人又問：「臺中榮總也可以做，為什麼要跑來這裡呢？」我一直哭，說不出話來。

上人和常住師父覺得我們一定有遇到什麼事情，不是單純的只來開刀而已。上人就說：「好好好，你等一下再說！」我告訴上人，我現在已一無所有，全部都被朋友騙去，利用這個期間來開刀。他又問我是做什麼行業的？我說我做齒輪。「什麼是齒輪？」「就是齒輪（狗齒[11]）。」上人點頭表示了解。

「那你的功夫有被人家拿去嗎？技術有被人家帶走嗎？」上人問，我說功夫和技術都記在頭腦裡面。「既然你的功夫和你的技術都沒有被人家拿走，那你一定可以東山再起，我祝福你東山再起！」上人如同親手救起

兩隻落水的小雞，一手牽著我，另一隻手牽著麗秀，讓她站起來。她起來後，拿三萬元的紅包要交給上人。

「妳這紅包是從哪裡來的？」上人問麗秀，上人一定想說，我們公司已經沒了，怎麼這時候有錢？麗秀據實以報，說當中有兩萬五是媽媽要她去買電視給小孩子看，她對上人說：「我東湊西湊，湊到三萬塊，自己有個心願，回來花蓮如果有機會遇到師父，就……」她又哽咽說不下去了。

德洵師父聽我們敘述，也跟著哭，就說：「他們兩個夫妻那麼窮，紅包千萬不可以收，不可以收！」上人說：「要，要收，要收！」他很堅定地說要收，我很感恩上人當初有收下，讓我們有機會植福。德洵師父很難過，跑去社服室哭，當下我也不知道他為什麼會哭；之後才問他，他說看我們兩個一定是過著很苦的生活。

回到臺中後，麗秀開始向一些親朋好友收功德金，再交給柯王幼。我低潮了很長一段時間，麗秀一直勸我出來再創業，我才出來；但是沒有資金，什麼都沒有，又要租房子，她去向親戚、朋友借錢，在臺中第五市場賣素食，我早上幫她，下午去做我的齒輪生意。

在我們的素食攤裡，有一位客人時常來跟我們聊天，她就是鄧春治[12]，我們跟她很有話聊。麗秀對她說，去臺中分會都不認識什麼人，也沒有人招呼她。春治開始邀她去分會，從那個時候我們慢慢接觸慈濟，蕭惠特[13]

都會找我和李朝森[14]去參加活動，我們也去幫忙帶慈濟列車。

當時我心情還是很低落，覺得自己很卑微、很渺小，什麼都沒有了，每當搭慈濟列車回到花蓮，我們夫妻總是走在人群後面，上人會穿過人群走到我面前，關心地問：「你現在腳有沒有比較好？走給我看看！」我就走給他看。上人那種如母親般的關懷，永遠烙印在我心裡。

社會人脈廣 發揮善良能

1994年李朝森卸任大中區慈誠大隊長後，由羅明憲[15]接任，他常常參加慈濟國際賑災。當年，大隊長之下有很多副隊長：行政副大隊長、培訓副大隊長、總務副大隊長等等。我是培訓副大隊長，負責慈誠志工的培訓工作，李朝森一直都帶著大中區慈誠共修，所以我提供很多的意見給李朝森，他都有採納。比如男眾的外表儀容，有的兩、三天都沒有刮鬍子，包括黑皮鞋一定要配深色的襪子，這都是國際禮儀，有的人穿西裝、皮鞋卻穿一雙白襪子或紅襪子，這若在歐洲會被人家笑，我們一樣一樣幫師兄們調整；慈誠隊的紀律就在那時候建立起來。

1994年道格颱風[16]來襲，李朝森與蕭惠特為了救災，問我說：「洪武正，你以前讀軍校，有救災概念嗎？」

我說：「有，第一颱風那麼大，尤其又在翠巒和紅香都是很高的山，我們一定要建立前進指揮所，不能說我們自己開了車隊就自行前往。」李朝森問我什麼叫做「前進指揮所？」我說，找幾個有經驗的人帶著裝備，第一，坐四輪傳動車子；第二，必須先有一小部分的先鋒部隊，先搶進到某個點，一定要有無線電，在那裡架設通訊電的基地臺，然後建立前進指揮所，靠著無線電通訊了解山上的情形，傳回訊息到後方；可以上去了，後面的車隊、物資、人員才跟著上去，穩定了往前再推

1994年道格颱風後，慈濟志工洪武正和陳麗秀偕同飛鷹車隊，運送一萬二千公斤白米至紅香部落和翠巒部落。洪武正背後即是飛鷹車隊的車輛。(圖片／洪武正提供)

進，原來的前進指揮所就可以撤掉，這樣一步一步往前推，就是前進指揮所的概念。

他們當過兵，經我一解釋，馬上能理解。另外一個就是「戰備倉庫」，就是臨時要動員很多物資，又要有系統進出，並將物資送達災區。蕭惠特對我說：「洪武正！你在社會上認識很多人，是否能請人來支援？」我馬上聯絡社會上的朋友——飛鷹車隊的陳俊秀和陳俊仁兩兄弟，結合駱駝車隊。他們兄弟是我透過朋友介紹認識的，後來彼此都變成好朋友。

我對弟弟陳俊仁說：「你們都有四輪傳動，可以請你們的車隊幫忙支援送物資和送便當嗎？」聽到要幫慈濟的忙，他說：「好啊！好啊！」但是我告訴他們，慈濟沒有辦法請到油錢。陳俊仁幫我們一天後，還聯絡駱駝車隊一起來幫忙。

這兩車隊很專業，知道慈濟都在救苦難人，很認同，兩個車隊又結合其他馬力很大的卡車，加起來共四十輛的車隊，自費帶汽油，運送了一萬多公斤的白米和食用品進入南投仁愛鄉的紅香和翠巒部落，還跋山涉水協助我們從水里送一萬多份的便當進入災區。道格颱風後，李朝森叫我組織中區的急難救助隊，我就把它組織起來。

1994年的大陸千島湖事件[17]，兩岸關係緊張。北部和中部擬成立護法安全組。李朝森指定我召集組織、編組

洪武正在為慈濟靜思堂的文化走廊彩繪。(圖片／洪武正提供)

和訓練,歷年來,上人行腳期間,負責執行護法安全任務。約一年以後,我將任務交由林益明作為總召集人,林鶴年為副召集人,護法安全組迄今仍維持它的編制和組織。

再者,慈濟早期舉辦活動缺乏文宣美工,因為我在讀書階段就會美工,所以中區由我組織文宣組美工團隊,製作POP看板,運用於義賣、園遊會活動,1991年為了援助大陸水患受災同胞舉辦「用愛心擋嚴冬」大陸賑災義賣園遊會等等,以豐富的文宣,交織於園遊會或茶會現場,藉以宣揚四大志業,吸引更多會眾參與,讓活動更活絡。

各種災難 累積救援經驗

災難的概念不只是颱風、大水、土石流,也有城市災難。1995年2月15日發生的衛爾康餐廳大火事件,慈濟在火災發生後的三分鐘就抵達現場。衛爾康餐廳位在臺

中港路（現今臺灣大道）上，靠近（民權路）臺中分會（現今民權聯絡處）。事件發生當天，剛好是慈誠隊共修，李朝森帶領慈誠隊一起拜經，突然聽到「砰」的一聲，不知道聲音來自哪裡？但是感覺很近。

李朝森要我快去看看到底發生什麼事，為什麼那麼大聲？我們趕緊走出分會，仰頭看到整片天都是紅色的，有師兄說是在中山醫院那邊發生火災了，我跑到中山醫院附近，結果不是，紅紅的烈火是從對面的衛爾康餐廳噴出來的。所以我趕快回分會叫人，我、劉明燦等兩、三位師兄馬上趕過去，裡面溫度很高，也沒辦法進去，我們只能在餐廳對面的中山醫院外隨時待命，等滅完火之後，安全了，可以進去找人的時候，我們才跟著進去。得知共有六十四個人往生，師姊們立即前往臺中殯儀館助念，同時膚慰家屬，陪家屬認屍。

1996年賀伯颱風[18]發生那一天，麗秀對我說：「我趕快煮一煮給你吃，你吃飽後快趕去分會！」我聯絡急難救助隊的師兄，告訴他們：「大家都在家裡吃飽，然後帶著裝備去分會集合，準備待命。」我們的聯繫默契是：甲接到電話，又打電話給乙，乙又打電話給丙，然後又打電話給丁、戊、己……差不多四十分鐘後，將近三十位師兄已經在臺中分會集合，連彰化的都來了，我看了很感動。

結果，上人從花蓮打電話過來交代：「都不可以出

門，這時候要在臺中分會待命！因為中興新村已經淹水一公尺多，很危險，你們先待命！」我們也知道那邊已經淹水，上人叫我們不要出門，我們就沒有出門。第二天水比較退了，我請飛鷹車隊和駱駝車隊用四輪傳動車來載我們，他們對山路很熟，開始進入災區，發揮送物資進入山區的任務。

仿古蓋竹軒 小木屋再現

1996年慈濟三十周年慶的時候，羅明憲和活動組的林美蘭去臺北開會標（臺語，意為承擔）工作，就是要在慈濟大學與靜思堂中間，搭帳棚給來參加周年慶的貴賓喝茶，當作休息區。我建議，不如我負責蓋一個茶軒，羅明憲問我茶軒的模樣？我說就是蓋一個竹子房，也有正身、護龍，要休息才能真正地休息。李朝森說：「好好好，蓋茶軒是很好的提議。」他們就回去向上人報告臺中團隊要做茶軒。上人說如果要做茶軒，乾脆蓋個可以容納幾百人大小的規模。羅明憲從花蓮打電話問我可以做嗎？我說絕對沒有問題。我為什麼那麼有把握，馬上答應？其實從小我做任何事情，都是勇於挑戰，先答應再說，可能是個性使然。

他們從花蓮開會回來臺中，就說上人不只要做茶軒，還要蓋一座上人早期修行的小木屋，所以我才開始蒐集

一些資料。茶軒共有九十坪，原本活動一個月後就要拆掉了，但有慈濟大學的學生常常在茶軒裡辦活動，學生跑去跟上人說，不要拆掉茶軒，他們都會在那邊辦活動。上人說：「好，那就不要拆，給你們去辦活動，給你們去那邊用。」用了三年，因為竹子沒有做防朽、防蟲處理，是用生竹子蓋的，所以也差不多壞了。上人叫我回花蓮，問我：「如果在原地蓋一個永久的茶軒，你可以做嗎？」我就說可以，我可以做：「上人，我負責蓋一座三合院的竹房屋。」上人說好。

所以我和麗秀在1999年初，利用將近半年的時間先去蒐集資料，到臺灣中南部去參觀一些老房子，和大陸幾

花蓮慈濟志業園區靜思竹軒，是志工、學生經常聚會之處。(攝影／蕭嘉明)

個省參考一些古時候的建築工法，也去日本九州參訪了解古建築，大約籌備了七、八個月的時間。8月，我和麗秀帶領中區的慈濟志工，到花蓮籌劃蓋茶軒的準備工作；就是在花蓮靜思堂與慈濟大學中間，規劃八百多坪的地蓋茶軒，和上人早期修行的小木屋。

九二一地震 見證第一時間決策

茶軒在8月22日動工，我們開始籌備前置事項，包括竹子的砍伐和防腐處理，前後快一個月的時間。我、朱以德、余金山、林信雄等等幾位師兄住宿在花蓮靜思堂，平常因為白天工作的關係，九點半、十點左右就差不多呼呼大睡了，我和余金山師兄住在同一間小寮房，9月20日那天晚上很奇怪，我們一點睡意都沒有，一直聊天聊到凌晨一點多，突然聽到外面的風聲很大，好像在刮颱風。

余金山說：「樹好像都沒有在動！」我回他：「樹沒有在動，為什麼感覺風那麼大？」話才剛剛講到這裡，忽然間一陣大搖晃，震動得很猛烈，那一種搖晃，我們從來沒有遇過，同時靜思堂裡傳來「噹—— 噹——」的聲音，我們覺得很怪異，靜思堂裡面並沒有大鐘，怎麼會有敲鐘的聲音，朱以德還說他有聽到撞鐘的聲音。我猜靜思堂是鋼構建築，強力搖動產生金屬的撞擊聲，後

來才知道這稱為地鳴。那時候已經停電了，我們不敢再繼續聊，趕快跑出靜思堂。手機不通，我們靠一臺小小的收音機，聽到斷斷續續播出臺北、南投都有災情，埔里酒廠發生爆炸，造成火災等等消息。

到了清晨五點多，我、麗秀和師兄、師姊們趕快進去精舍，見到上人從大殿裡面走出來，神情很憔悴、很急迫，兩眼紅通通的。上人一邊走一邊哽咽地講：「想不到來得這麼快，想不到來得這麼快！」接著對我們說：「趕快！趕快！去找『組合屋』，你們趕快找人去找『組合屋』！」他用臺語講「組合屋」，我傻傻地，一時聽不出上人在講的是什麼樣的房子？上人又重複說：「趕快去找組合屋！日本大地震的時候在用的！」我才意會過來，原來就是阪神大地震政府安排災民住的簡易屋。

上人對我說：「你們趕快，茶軒的工作收一收，車子從南部開，不要從北部開，快回去參加救災！」於是我們趕快收拾，離開花蓮回臺中，我讓麗秀先搭飛機回臺中，我帶車隊，總共四部車，從花蓮往臺東的方向開，然後再從屏東恆春轉到高雄。我沿路一直聯絡，問了一些廠商有關組合屋的事，才知道組合屋就是建築工地的工地事務所。

回去的路不是很好走，沿途看到一些小災情，有一些路破損，放著路障警告標誌，但不是很嚴重，所以等於

開了一天多。

　　我們車隊開得很慢，到高雄就上高速公路，從高雄開始就看到很多賑災物資的卡車，在高速公路上一車一車掛著紅布條，有的還掛了奇奇怪怪、不同顏色的布條，寫著「南投災區物資」、「救災物資」等等，可見老百姓很熱情、很有愛心，看到這些景象，我直覺災區可能很嚴重，但因為還沒有回到臺中，還不是很清楚。

　　到了臺中，下了中港交流道，臺中市為什麼變成像一座鬼城了？我從來沒有這種感覺過，路上沒有紅綠燈，整條臺中港路（現今臺灣大道）看得到的不超過二十個人，熱鬧繁華的景象全沒了，路上只有一、兩臺車子在走，靜悄悄，氣氛很沉重。

訊息不漏接　及時救援育幼院

　　我們到臺中已經是第三天（9月23日），上人也到臺中了；我向上人請示要到災區去賑災，上人要我留下來，負責統籌中部地區的物資發放。9月24日、25日，餘震還不斷，大臺中都會區都還有許多居民不敢回家，搭帳篷在公園或空曠的地方。那時候最欠缺的是礦泉水，一瓶售價飆到一百元。我請慈誠隊師兄用小貨車載一車的礦泉水，看到住在外面的居民就分給他們。

　　其中，有位師兄（忘了名字）走到一戶人家，但這戶

人家說他們還有水可以喝，感謝師兄的好意，不過他請求我們能不能去協助臺中育幼院？他說那裡沒有水，沒有電，已經斷炊好幾天了。

師兄回來臺中分會跟我說這件事，我請他趕快去跑一趟。果然沒錯，育幼院不只斷電、斷水，院方沒有乾淨的水給孩子泡牛奶，只得拿明礬沉澱生水來泡。所以我請師兄載一小貨車的物資，裡頭有礦泉水、瓦斯桶、瓦斯爐、毛巾、肥皂、牙膏、尿布、奶粉、止瀉奶粉等等，應有盡有的生活物資，將小貨車塞得滿滿地，送去育幼院。院長和老師看到師兄載那麼多物資去送給他們，竟然跪了下來。這段插曲，也讓我們覺得還好有那位帳篷區的大德跟我們說這件事，才能讓這些孩子不至於挨餓，過苦日子。

大災難 軍旅經驗再發揮

遇到九二一地震這樣大的災難，我立即想到找飛鷹車隊與駱駝隊，這兩個車隊再次配合我們的前進指揮所，送物資進入地震的各個災區。

以前手機不普遍的時候，全省靠「木瓜」[19]無線電，無線電通訊會架設無線電站，由全省志同道合幾萬個人，這些人跟政府沒有關係，平常他們就有在用無線電通訊，他們的術語就是「木瓜」。比如大卡車有他們固

定的頻道，頻道開了以後，全省都可暢通，哪一部車在高速公路看到交通警察在臨檢，他們會互相通知：「有在臨檢你們要注意，你要注意！」所以災難來的時候，這些木瓜族[20]會傳訊息：「南投山上有幾戶被土石流淹沒，需要靠中華搜救總隊，還是慈濟能不能幫上忙？」我們就是靠這些訊息搜集到很多資料。

九二一地震造成山上的路不能通，桃芝颱風、賀伯颱風時，南投水里鄉郡坑地區的橋斷，不能過，當時的前進指揮所只能開到水里消防隊前面，再來就不能進去了。九二一慈濟救災聯絡總部設在臺中分會，前進指揮所再度發揮功能，我們逐漸搶進到水里、集集，設第一個工作站，從集集的工作站再進去，又搶通了郡坑、同富等地，這是第二站。

前進指揮所的條件，有無線電的通訊設備、具備基本的物資和車輛，飛鷹與駱駝兩車隊負責推進，後續由我們的車輛去補給。在九二一地震後二十幾天內，每一天很密集都動員了幾百車次送物資，很多熱心人士自己開著車、小貨車來分會外面待命。哪一個災區需要多少物資，志工整理好後，他們開車子過來，物資一搬上車，給他一張清單，然後搭配一位師兄或師姊，直接就進入災區了。

八百公斤青菜到位 感恩軍方救急

我負責物資，九二一剛發生後那幾天，南投埔里有一位沈順從[21]師兄打電話給我說：「洪武正師兄，我這邊現在沒有青菜，你設法幫我載一卡車青菜進來（埔里），因為每天香積都要用！」

　　可是，一下子菜市場也沒有辦法弄到那麼多的青菜。我告訴他：「我來試試看！」我打電話給在成功嶺裡面當總教官的林武忠師兄：「武忠師兄！我是洪武正，我也是讀軍校，我知道部隊一定有戰備存糧，你成功嶺有沒有青菜？大量的青菜支援我一下，我要送到埔里災區。」

　　林武忠說：「好好好！等一下，我問我們指揮官，我問我們的司令！」他去問了差不多十幾分鐘，不到二十分鐘的時間，那一位指揮官不在成功嶺，副指揮官就直接打電話給我，「你是慈濟的洪師兄？」我說是，他說：「現在我們總共清理出來的青菜，都是比我們平日的伙食還要好，不好的我不敢給你們，我請他們清理出來，從冷藏室裡面能夠拖出來的有八百公斤。」哇！有八百多公斤，那麼多，比我們預期的還要多。

　　副指揮官他問：「要送到哪裡？」我說我們的師兄會開車去成功嶺載，要直接送到埔里。只有一通電話，就調到了八百公斤的青菜，真的很感恩各界的熱心。

　　物資發放到一個段落後，上人給我的第二個任務是負責大愛屋的工地。上人在我們第一天進精舍的時候，向我提

到要趕快去找「組合屋」，我在回臺中的路程上，已用電話一一聯絡，當時臺北有東星大樓、博士的家等倒塌的災情，所以後來他們（北區慈濟志工）來支援臺中，組合屋的材料廠商就由北部的師兄直接跟營建處接觸。

快馬加鞭 蓋大愛屋安身

　　南投中興新村大愛屋的土地確定後，從開始動工二十幾天就交屋[22]了，共一百六十四戶。信義路大愛一村在整地的時候，大愛二村才正要開始，二村的預定地內有

南投縣中興新村德興棒球場大愛村工地，慈濟志工動員許多人力，投入簡易組合屋工程。(攝影／陳美玲)

一座空屋，有一天，兩位師兄開著車跑回大愛一村，告訴我：「洪師兄！二村那邊裡面有一具屍體！」我們趕快報案，那是一個遊民、流浪漢，姓名不詳，已經往生很久了，身上還有衣服黏住，還沒乾到像白骨。

警察還沒有來處理之前，兩位師兄一直用心顧著他，直到警察來。有志工問，之前還沒發現都沒人管了，為什麼要顧他？師兄說：「不顧的話，野狗會來！」有人又說：「那已經好幾年了，野狗連聞都不去聞啊？」意思是說何必顧呢！他又說：「既然已經發現了，我們要尊重生命，所以還是要顧著！」可見兩位師兄的用心和對往生者的尊重。

大愛二村還沒有結束，上人跟我說：「你趕快帶人回去花蓮，茶軒要復工了。」那是在大愛二村接近尾聲的時候，我就帶著師兄、師姊回花蓮，開始復工。所以大愛二村的啟用我沒有參加，只有全程參加大愛一村的啟用。

信義路大愛一村共蓋了三百二十戶，我們將它交給埔里鎮公所。埔里鎮公所很公平，他們以人口數去分配，只要有領到號碼的單子就是代表他們有分配到。門牌號碼是由師兄、師姊按照公所給的資料去編的。其中有一位少婦帶著五個小孩，師兄、師姊帶著她按照號碼去找門牌，到了屋前，少婦和那五個小孩都抱在一起哭，哭得很激動。

我覺得很奇怪：「怎麼有可能一個少婦，小孩子已經長得快跟她一樣高了？」我和幾位師姊一起去了解之後，原來她才三十幾歲，那些孩子比較大的是大伯的兒子和女兒，她身上背的比較小的是小叔的小孩，大伯、大伯母、小叔、小嬸、先生都往生了，小孩有幸逃了出來，她說大人都死了，只剩下她一個，所以那五個當中有她自己的孩子，有大伯、小叔的孩子，未來的路，一個女人要養五個小孩真的不是那麼簡單，所以師姊們將她列入關懷，每一個月都去家裡和他們互動。

一通電話 衛浴設備進大愛村

上人急著要趕快蓋大愛屋給災民住，但又強調不能隨便蓋，大愛一村、二村的衛浴設備，真的比豪宅還好。那是因為我打電話給三緯企業的董事長陳國昇。我說：「國昇師兄！大愛一村、大愛二村蓋好了，但是裡面的衛浴設備總共加起來要五百套，你可以去調同業，看有沒有價錢比較優惠，去調這些設備來，好嗎？」

陳國昇考慮都沒考慮，就說：「沒有關係！這個我負責！」結果將近五百套的衛浴設備都是由他的公司提供，德國進口的，一個馬桶至少要一、兩萬塊錢。我本來要帶他去見上人，他很客氣地說：「不不不，做了就好！做了就好！」有時候，不經意的一通電話，就變成

志工的全力付出，換來受災民眾重新勇敢站起來的笑容。圖為南投中興新村大愛村落成後，受災鄉親搬入組合屋，開始打掃居住環境，迎接新生活。(攝影／林鳳琪)

一個關鍵的扭轉。另外五百戶的水電裝配也是一項大工程，我立即聯絡宜蘭的師兄吳宏泰，委請臺灣省水電工會理事長，邀集全省水電技師來支援，經過各方的努力，才能讓鄉親盡快有個安身、安生的地方。

　　未加入慈濟之前，我有一種社會的心態，認為任何事都是應該的，什麼事情都是正常的，像1963年的葛樂禮颱風，和很多次的颱風，造成臺灣很大的損失，我總覺得和我沒有什麼關係。雖然年輕的時候也會和太太很熱心去參與，但那只是蜻蜓點水。自從加入慈濟之後，我找到了著力點，上人給我很大的發揮空間。

不請之師 再次救急供水電

2001年納莉颱風來襲，我看到新聞，知道大愛臺有淹水。麗秀就說：「你趕快打電話給姚仁祿[23]師兄，看是不是需要我們去幫忙？」

打了幾通後，電話最後才通。我說：「姚師兄！我是洪武正，大愛臺需要我們去幫忙嗎？」他說：「真的！現在不知道要怎麼辦？地下室全部淹水，我真的，現在真的是不知道要怎麼處理？」我說：「好！沒關係！不要擔心！明天一大早我會帶著慈誠隊和幾位專業的師兄去跟你開會，開會之後我們有共識，然後再來看怎麼做！」

第二天去到南港大愛臺的時候，姚仁祿帶我去看地下一、二、三、四樓，全部淹滿了水，一層樓有兩萬噸的水，四層樓就有八萬噸，我看了都傻了，怪不得姚仁祿也不知道怎麼辦？我們去樓上開會，當時斷水斷電，什麼事情都做不了。他說：「洪師兄！您幫我想個方法，可以供水供電，剩下的我再來整理，現在沒辦法供水供電，什麼都做不了！」我說：「好！我負責讓你供水、供電！」

我打電話請示上人：「大愛臺淹水，我現在要怎麼配合？」上人說：「你趕快去找做大電的師傅！」大電就是動力電，我請徐明祥、徐明振和林峻功他們幾位專業的水電師傅，我說：「這個動力電，以前我們有租過發

電機，去夜市找，從那邊去了解哪裡有人可以租發電機給我們用？」

不到兩天的時間，從中部運了七臺發電機到大愛臺，有的是五百馬力，有的是三百馬力，馬上就能夠供電了。但是沒有辦法供水，所以要想辦法先抽水，有人建議多幾臺抽水機下去抽，可是水位降不下來，因為一個樓層兩萬噸，真的是很大量的水。那時候臺北的師兄負責抽，七、八臺下去抽一小時才降一到兩寸而已。我說：「這樣不行，四樓抽完就已經半年過去了，消防署

2001年納莉颱風來襲，中區慈濟志工洪武正（左一）帶領志工前往臺北協助大愛臺清除汙泥，在地下室沒電狀況下，洪武正持手電筒檢查受災狀況。(圖片 / 洪武正提供)

應該有大臺的抽水機！」可是，聯絡的結果是消防署的抽水機都支援出去了。

我說國軍一定有，北部的師兄問：「國軍借得到嗎？」我告訴他：「沒關係，你們趕快，因為北部地區你們比較熟，去找軍團，聯絡部隊不一定有，一定要找到軍團！」一聯絡，有一個軍團真的有一臺出水口八英吋的抽水設備，國軍也很配合，很快地幫我們運來。進去抽水，一個小時後馬上下降了一米的水位。

為了全力搶救大愛臺，連師姊們也都從中部上來一起幫忙。臺中分會像鄭明華、林美蘭等人，我只要說一聲：「明天需要六百個志工。」她們就有得忙了，包括聯絡遊覽車的人員，備早餐，每天十二臺遊覽車到臺北，再由我來分配人力。

師兄負責清除地下室的淤泥，淤泥會產生沼氣，長時間吸入，會中毒。所以我請每位師兄身上綁著一條繩子，本來師姊不知道自己能做什麼？我說：「妳們拉繩子就好！」所以師姊就在上面負責拉繩子，師兄下去清淤泥。

我告訴她們：「妳們每過幾分鐘就要拉一下，如果下面的師兄有跟妳們互動，有在拉，代表這個人還可以呼吸喘氣，如果繩子沒有動，妳們要趕快通報看哪一條繩子下面的師兄沒有拉！」這時就要迅速派急難救助隊的師兄下去查看，他為什麼沒有拉繩子？若沒有拉繩子，

我們擔心他在地下室昏倒了，沒有人知道。大家通力合作，師兄協助清除地下室的淤泥，部分的師姊清洗錄影帶，才留住了早期的慈濟歷史。

從小到大我都不會認為什麼事情是有困難的，縱使有困難，我也認為一定可以解決。這可能是天性，也有可能是小時候在紅塵打滾，什麼事情都遇見過了，會認為這是小事情，一定有辦法解決。

三十餘年 不悔慈濟路

2003年發生SARS疫情期間，（慈濟）基金會指示中區也要成立防疫團隊，全體總動員。那時麗秀負責動員中區組隊備香積，每天供應午、晚餐，每餐大約一千份，最高達到六千多份。我是慈誠大隊長，負責調度師兄運送至各大醫院的隔離區，如臺中榮民總醫院、澄清醫院、省立臺中醫院（衛生福利部臺中醫院）、大里仁愛醫院、中山醫院（中山醫學大學附設醫院）、中國醫藥大學附設醫院和工業區的工廠、大型公司、臺中市政府、南投縣政府、婦女會，以及受隔離的師兄、師姊。還有，我也請廖德川藥師調了兩萬份的口罩，也一一提供到醫護院所。總而言之，當時慈濟發揮補給的任務，舉凡醫院需要奶粉、換洗衣物等等生活物資，都由慈誠隊護送。

任何勤務，我都做得很法喜。進入慈濟，有上人做我們的榜樣，他用心照顧普天之下的眾生；大陸賑災的時候，上人說如果物資沒有送達災區，他要去感同身受，再怎麼冷他也不穿衛生衣，所以我也從中學習把災難當作自己的事情在做。上人要發放給災區的東西絕對不隨便，一定用最好的，上人對弟子也是一樣很用心地關心。

我已是慈誠大隊長，對任何中區的慈濟事都更加覺得是自己的事，2004年7月1日敏督利颱風[24]帶來大量的雨水，造成臺中烏日、太平、北屯等地方都淹水。上人正好行腳到彰化，當天也是我們的精進日，我很擔心潭

2003年SARS期間，慈濟志工陳麗秀（合十者）帶領中區香積團隊與證嚴上人分享付出的法喜。(圖片 / 洪武正提供)

子志業園區的淹水狀況。那天早上，我打電話給上人：
「真的很嚴重，敏督利颱風很嚴重！土石流都跑進慈濟潭子志業園區的大藝廠房了。」

上人說：「你們趕快將救難隊帶走，先不要在那邊，你們趕快跑，回到家裡待命。」我正覺得奇怪，上人在彰化，又沒有看到這裡的狀況，為什麼一直要我們離開現場？

我和上人在講電話的時候，第二次的水位已經漫到腳踝，快講完時，水已經淹到小腿了，我才知道原來水來得這麼快，我跟徐明祥說，「趕快！我們趕快撤退！」他說：「我快爬上去將動力開關關掉，才不會電線走火！」他關掉總開關後，跑下來要去開車，車子已經像小木舟漂浮在水上了。如果我沒有打這一通電話給上人，如果上人沒有叫我們趕快先撤退回家待命，我們幾個人可能都會被大水給沖走了。後來師兄那一部車開到松竹路差一點就開不動了，全部都是水。說真的，水火無情，水來了，我們感覺不到，幾秒鐘內就淹到小腿了，真的很可怕。

我和麗秀加入慈濟已經超過三十年，上人的智慧和對弟子的呵護，一直令我很佩服，我不悔這一生跟著上人做慈濟。上人因人而教，三十幾年來，我個人的感受是，只要聽懂上人講的，跟著上人的指示去做，就能夠發揮得淋漓盡致。像很多師姊本來也是家庭主婦，進來

慈濟後，又能夠辦活動，又可以寫書，可以發揮很大的功能，每一位師兄、師姊只要運用上人的法，身體力行，等於將上人的基因移植到我們的大腦，隨時隨地遇到任何狀況，馬上就可以想到說上人會怎麼做，而跟著做就對了。

---

1   1949年自國民政府遷臺以來，國內的體育運動發展都納在學校教育體制中，初期的拳擊運動雖不以學校為主，但是在教育普及化以及政府單各級單位輔導下，拳擊也納入各級學校體育運動中。而1971年代開始，為了協助國內蓬勃發展的體育運動業務，民間成立體育運動總會以協助政府辦理社會體育工作，從《社會體育法令彙編》（中華民國體育運動總會，1990年）可以看到有利於各級學校培育優秀運動員的方案、實施綱要、實施計劃，如1976年已擬定運動補習班設置辦法，第一條即明言以鍛鍊國民強健體格，培養運動精神，提高運動技術水準，發展全民運動為目的。《弘光人文社會學報》第3期87頁〈以歷史與法令的觀點探討臺灣拳擊運動之發展〉。

2   中央政府遷臺初期，義務教育僅限於國小階段的六年。1968年（民國57年）以前，初中要經過考試，為消除升學壓力及有感於教育對國家建設之重要，自1968年起，推動九年國民教育。推動之初，以增班設校、師資訓練，以及提高學童就學率為發展重點。1982年修正公布〈強迫入學條例〉，正式進入九年國民義務教育的新里程。資料擷取：教育部網站教育部部史國民教育篇。http://history.moe.gov.tw/policy.asp?id=2（2019年10月7日檢索）

3   現為國立二林高級工商職業學校，創立於1937年，初名為北

斗興農國民學校，1941年改名為北斗實踐農業學校，臺灣光復後1946年改名臺中縣二林初級農業職業學校，1950年彰化設縣，校名隨之易為彰化縣二林初級農業職業學校，1966年增設工科，改名為彰化縣立二林農工職業學校。1968年8月，改隸省級，更名為臺灣省立二林農工職業學校。1970年初級部停招，改制為臺灣省立二林高級農工職業學校。1975年農科停止招生，並增設綜合商業科。1977年8月農科停招改工商科，改制為臺灣省立二林高級工商職業學校，2000年2月因精省更名，改隸為國立二林高級工商職業學校。資料參考來源：二林工商學校網站簡史篇。http://www.elvs.chc.edu.tw/ischool/widget/main_menu/show.php?id=991&map=0 （2019年10月11日檢索）

4　1949年國民政府因內戰失利而遷臺，其為因應二二八事件後的影響，並讓追隨政府來臺的軍公教人員有固定居所，故而普設眷村。居住在眷村裡的多數外省子弟，為了生存與利益，同時也為對抗本地兄弟的勢力（臺灣本土勢力稱為「本省掛」），遂聯合眷村與其他外省子弟形成團體與之抗衡。這些外省勢力的兄弟，便被統稱為「外省掛」。1955年之後，受到大陸洪門與青幫的傳統幫會文化影響，第二代的外省子弟便仿效洪清兩幫組織章程，創立四海幫、竹聯幫、北聯幫等不良少年的組織，成為後來幫派發展之基礎。這個時代的外省掛，其組織成員均以不良少年為主；雖然這些幫派活動嚴重影響社會秩序，但因其組成成員年紀尚輕，謀事未深，故尚未介入各行各業的活動。在1980年代之前，這些幫派所從事的活動，仍以傳統的黑社會活動或以幫派求生存為主。資料來源：文化部國家文化資料庫。http://nrch.culture.tw/twpedia.aspx?id=100319 （2019年10月11檢索）

5　工具機是將金屬毛坯加工成機器零件的機器，它是製造機器的機器，所以又稱為「工作母機」或「工具機」，習慣上簡稱工具機。在一般的機器製造中，工具機所擔負的加工工作量

占機器總製造工作量的40％-60％，工具機在國民經濟現代化的建設中起著重大作用。工具機主要是按加工方法和所用刀具進行分類，根據國家制定的工具機型號編制方法，工具機分為11大類：車床，鑽床，鏜床，磨床，齒輪加工工具機，螺紋加工工具機，銑床，刨插床，拉床，鋸床和其他工具機。資料來源：每日頭條，網址：https://kknews.cc/news/mgv948z.html （2019年10月11日檢索）

6　票貼，意即票據貼現，貼現Discount。銀行放款的形式，可分為放款、貼現和透支三種。貼現是銀行放款時，會先將應得利息扣除。指商業承兌匯票的持票人在匯票到期日前，為了取得資金，貼付一定利息將票據權利轉讓給銀行的票據行為，是持票人向銀行融通資金的一種方式。民間如當鋪、汽車貸款、私人借貸，也會因為資金融通需求運用之。參考資料來源：臺灣銀行網站與各相關網站資訊。

7　齒輪，是為了傳遞旋轉力，從紀元前便開始使用的重要傳動零件（資料來源：小原齒車工業株式會社）。齒輪為最常用的機械元件之一，被廣泛地使用在機械傳動裝置中，小自鐘錶用齒輪，大至船舶渦輪機用大型齒輪，它都可以確實地傳動動力，經由選擇不同齒輪的組合，可以到任意且正確的轉速比，利用齒輪組合的增減，可以自由地變換回轉軸之間的相互關係位置，可以使用在平行軸、相交軸、交錯軸等各種軸之間的傳動上。資料來源：齒輪技術入門篇。https://www.khkgears.co.jp/tw/gear_technology/pdf/gear_guide1.pdf （2019年10月11日檢索）

8　「普天三無」：證嚴上人法語──「普天之下無我不愛的人、普天之下無我不信任的人、普天之下無我不原諒的人」。資料來源：慈濟思想論述學術研究網站，http://www.tzuchi.org.tw/tcstudy/index.php/%E6%9B%B8%E7%B1%8D%E5%87%BA%E7%89%88/item/183 （2019年10月11日檢索）

9　上人俗家的養母——王沈月桂女士，也是慈濟委員，2012年2月8日往生，享壽95歲。

10　太子元帥，亦稱中壇元帥，民間常簡稱為「太子爺」，傳說他即是腳踏風火輪的「哪吒太子」，在李靖的三個兒子中排行最幼，故又稱為「哪吒三太子」。但道典之中無此說法。資料來源：道教總廟網站三清宮三清道祖道教經典，中壇元帥聖紀。http://library.taiwanschoolnet.org/cyberfair2007/mengzen/2-2.htm，另根據全國宗教資訊網中，中壇元帥是哪吒的職稱，哪吒源自梵語，本是佛經中的天神毗紗門之子或孫子。最早哪吒在佛經裡出現，原是一種文學比喻，藉由天神喜獲麟兒哪吒的情景，展現佛陀之父得子的喜悅。後來密教將哪吒化為護法神，補充以更具體的形象，成為天王的三子或孫子。此一轉化後，收入《萬曆道藏》的《三教搜神大全》，祂變成托塔天王李靖之子，更進一步和中國歷史、傳說結合。資料來源：全國宗教資訊網，https://religion.moi.gov.tw/Knowledge/Content?ci=2&cid=237 （2019年10月11日檢索）

11　狗齒，為機械用的一種零件，臺灣機械界都俗稱「狗齒」。

12　鄧春治，資深慈濟委員，曾擔任慈濟基金會總務，2005年往生後，成為慈濟大學的大體老師。

13　蕭惠特，曾任慈濟基金會總務主任。

14　李朝森，1990年~1994年擔任第一屆中區慈誠大隊長。

15　羅明憲，1999年是中區慈誠大隊長。

16　道格颱風，為1994年太平洋颱風季第十三個被命名的風暴，造成臺灣「八一二水災」。道格颱風北上引進強烈的西南氣流，造成臺灣南部、東南部及中部山區豪雨持續數日，公路多處坍方，橋梁毀損，鐵路內灣支線竹東鐵橋遭溪水沖斷，鐵、公路及航空交通受阻，電力嚴重損害。南投縣山區山洪爆發，部分地區對外交通中斷，臺灣各地均有災情，以宜蘭縣最嚴重。花蓮縣、臺東縣地區有焚風發生。全臺灣有十五

人死亡、四十二人受傷、四人失蹤、三百人無家可歸。資料來源：NCDR網站，全球災害事件簿。https://den.ncdr.nat.gov.tw/1132/1188/1204/4081/8969/（2019年10月11日檢索）

17　1994年3月31日，一個從臺北木柵往中國大陸進香順道觀光遊覽的進香團，二十四名本性樸實的佛教徒，在浙江千島湖遭到搶劫並被兇手燒死。慘案發生，震驚中外，當時為公安部督辦第一大案，並責成浙江省公安廳支援杭州市公安局限期偵破，緝拿行凶者歸案法辦。資料來源：中時電子報—二十一周年還千島湖慘案真相報導，https://www.chinatimes.com/newspapers/20150331002157-260310?chdtv（2019年10月11日檢索）

18　1996年賀伯颱風在關島東北海面形成後以西北西向臺灣前進，7月31日20時44分在基隆與蘇澳間登陸，強度開始減弱，繼續偏西進行，8月1日在新竹附近出海後，帶來強風豪雨，全臺各地災情嚴重，航空、鐵路交通全面停飛、停駛，公路坍方、橋梁斷裂，嚴重受損。中、南部沿海地區海水倒灌，臺北縣、市地區多處嚴重淹水。南投縣水里鄉、信義鄉、鹿谷鄉山洪爆發，多人慘遭活埋。全臺電力、電信受損嚴重。阿里山觀測站於7月31日單日降水累計雨量達1094.5毫米。花蓮、臺東地區於31日深夜有焚風發生。有五十一人死亡、二十二人失蹤、重傷四十七人、輕傷四百一十六人，房屋全倒五百零三間、半倒八百八十間；其中以南投縣、嘉義縣山區受災較嚴重。資料來源：中央氣象局災害預報中心，1996年颱風調查報告。http://photino.cwb.gov.tw/rdcweb/lib/cd/cd02tyrp/typ/1996/9608.pdf（2019年10月11日檢索）

19　木瓜，是無線電天線的一種，是又粗又長的高功率天線。木瓜是簡稱，因為這種型號都是像 DIAMOND 500 天線而因為當時正流行500CC的木瓜牛奶，所以火腿族都簡稱叫這種天線是木瓜。另一方面，早年無線電管制嚴格，業餘無線電（HAM，也是洋人的「火腿」）也幾乎未開放，私架天線是違法的，

尤其這麼大的，因此，如果公然高談闊論架設天線，對執法
人員構成公然挑戰，還是用代語比較不令人側目。資料參
考：臺灣無線電俱樂部。http://radio.club.tw/forum.php?mod=viewthrea
d&tid=833&page=1（2019年10月11日檢索）

20　木瓜族，在無線電未開放的年代，架設無線電的族群，以代語
　　比較不令人側目，故無線電稱之為木瓜，使用的族群則稱為
　　木瓜族。

21　沈順從：慈濟志工，1990成為慈濟會員，2017年3月15日往
　　生，享壽六十六歲。期間，他參與1994道格颱風救災，也
　　投入1999年九二一大地震救災。有發明金頭腦的他，研發
　　各種簡易泡茶器具——飄逸壺、飄逸杯，讓不懂泡茶的人也
　　能享受茶香，這些器具後來在美、日得到諸多國際發明大獎
　　肯定，在國內亦廣受歡迎，還義務幫慈濟設計許多環保餐
　　具。資料來源：中時電子報〈臺灣發明界傳奇沈順從過世〉
　　報導。https://www.chinatimes.com/realtimenews/20170317006314-
　　260405?chdtv（2019年10月11日檢索）

22　為了讓無家可歸的災民們，不致在寒冬將至之際仍僅以帳篷棲
　　身，慈濟基金會於1999年9月23日開始採購組合屋建材、9月
　　28日動工，至同年12月28日悉數完成。資料來源：慈濟全球
　　資訊網，回顧九二一大地震專題。http://tw.tzuchi.org/921/html/21.
　　htm（2019年10月11日檢索）

23　姚仁祿，1950年生於臺灣臺北，東海大學建築系畢業。知名
　　設計家，設計作品廣佈亞洲各地。二十三歲創立室內專業設
　　計公司「大仁」，二十八歲擔任臺北室內設計公會理事長。
　　1999年時任大愛電視臺總監，曾任公廣集團華視董事及慈
　　善、人文、藝術、媒體等基金會董事。並曾在東海大學建築
　　學系及國立臺北藝術大學擔任講座教授。55歲獲頒東海大學
　　傑出校友。2012年榮獲第十七屆中華民國斐陶斐榮譽學會
　　「傑出成就獎」。多年工作經驗，以「設計」、「媒體」、

「公共服務」與「學術服務」等四個領域為重心。現職大小創意齋創意長/大小媒體執行長。資訊來源：TEDxTaipei網站介紹。http://tedxtaipei.com/talks/2012-eric-yao/（2019年10月11檢索）

24　2004年6月23日，敏督利颱風在關島西北方海面生成後往西移動，6月29日晚間11時30分，中央氣象局發布海上陸上颱風警報；隨後颱風轉北，往臺灣東部侵襲，7月1日22時40分颱風於花蓮縣壽豐鄉登陸，7月2日上午由淡水河口出海。受颱風外圍環流及颱風引進的強裂西南氣流影響，不穩定的天氣狀況竟延續3天之久，致使臺灣東部、中南部地區連日豪雨，高雄市桃源區的溪南雨量站，從7月2日到7月6日累計雨量達2,030.5毫米，為全臺之冠；阿里山、中投山區等也有超過1,600毫米以上的降雨量，造成嚴重災情，多處道路坍方，並引發中部山區嚴重土石流。其實，敏督利颱風在7月2日23時30分已解除陸上警報，隨後的豪雨反而造成更嚴重的災害，史稱「72水災」。敏督利颱風及72水災共造成全臺嚴重淹水面積達65,919公頃，並有三十三人死亡、十二人失蹤，僅農林漁牧損失就高達89億元以上，也造成鯉魚潭水庫閘門掉落事件（參閱7月5日鯉魚潭水庫擋水閘門掉落），讓臺中地區從7月5日至11日分區供水達一星期。資料來源：經濟部水利署電子報。http://epaper.wra.gov.tw/Article_Detail.aspx?s=1EF2CE72394A3C21（2019年10月11檢索）

忘不掉的鋁盆

劉明燦訪談紀錄

人人皆有佛性，而此佛性猶如明
珠，若善用，則為寶物；若未善加
利用，則猶如廢物。

————劉明燦

◎訪問：林淑懷、溫忠漢
◎記錄：林淑懷、陳茂全
◎日期‧地點：2019年1月4日 慈濟臺中分會
　　　　　　　2019年2月17日 慈濟臺中分會

簡歷：

劉明燦，1959年（民國48年）出生於彰化市。1977年省立秀水高工電工科畢業，同年進入電信局（交通部電信總局）上班。1979年服兵役空軍三年，1982年退伍後再回到電信局工作。1984年結婚，1985年辭去電信局工作，跟太太經營舶來品服飾生意。1988年認識慈濟，並投入慈濟志工見習培訓，1992年受證為慈濟委員和慈誠。1999年9月1日任職慈濟基金會臺中分會總務工作，於2014年10月退休，共服務十五年，退休後繼續在南屯區當志工服務社區。

　　我出生在彰化，家裡有六個兄弟姊妹，兩個姊姊、兩個弟弟和一個妹妹，我排行第三。父母親務農，辛苦拉

拔我們長大。1977年秀水高工電工科[1]畢業後，經親戚介紹進入臺中電信局[2]當臨時雇員。服完空軍兵役三年在1982年12月退伍，剛好電信局招考正式雇員，我順利考上，一個星期後我回到電信局任職，負責外勤線路查修工作，民眾提報到障礙臺，馬上前往處理。

我太太經營舶來品服飾生意，我們在1984年結婚，她的生意不是店面，是固定到一般的傳統市集擺攤，而且不只一個地方，也到南投埔里，當時生意非常好，顧客很多，很需要有一個幫手協助，我不忍心她一個人那麼辛苦，我們商討後，1985年我辭去電信局工作，跟太太經營舶來品服飾生意。

靜思語 啟發助人一念善

我在臺中市東區合作市場擺攤做生意，1988年的一天早上，我很早就到了市場，菜市場還沒有買東西的人，我跟對面的豬肉攤老闆很熟，看到他桌上有好幾本刊物，我對老闆說：「老闆，我跟你借一本來看好不好？」我原來以為是一般社會新聞的週刊，拿來一看是一本《慈濟月刊》[3]。我翻看了後，看到一句話：「做好事不是有錢人的專利，而是有心人的參與。」這一句讓我心頭一震。再翻到最後一頁，看到有臺中據點的地址，那一天做完生意，我收一收，馬上按照地址到民權

路去找、去了解。之後,我每個月到臺中分會去捐款。

　　我們生意做得很好,我每個月繳兩千塊,一段時間以後,我就主動要求要當志工。慈濟基金會財務組安排黃汝霖當我的資深委員[4],他和他太太郭芳蘭是夫妻同修[5]。我漸漸地參加志工活動,學習手語、共修、助念等。那時候,志工人數不多,我經常利用做生意回來,下午和晚上的空檔去參加志工活動,太太看到我回家又要出去,她很不高興,認為我一天到晚往外跑,所以跟我講話的聲音開始變大聲,有時候態度愛理不理,但是我非常堅持,感覺做志工越做越歡喜。

　　中區男眾志工在1992年我受證[6]慈誠隊(慈濟男眾志工稱慈誠隊,女眾稱委員組)時,人數大約一百五十人左右,我從1988年參加志工見習[7],1991年報名培訓[8],到我受證才兩年就被推薦當中區第三中隊的副隊長,要負責大中區有關慈誠隊的事情,有訊息傳遞、舉辦共修、聯誼等。當時負責區域有南屯、南區、烏日、大雅等,包括海線的沙鹿、大甲、龍井、清水等,都屬於第三中隊。林美蘭承擔委員組的活動幹事,所有大活動都由她負責;我承擔男眾的活動組幹事,負責整年度每星期三晚上的慈誠、委員共修。來共修的有苗栗以南、雲林以北,還有南投的志工,全部的人都會到當時的臺中分會(現民權聯絡處),每個星期最少有五百人參加。

堅持志工行 安住慈濟終如願

　　我是副隊長，會接到要助念的訊息，1994年夏天有一天傍晚，大肚鄉有一位師兄的爸爸往生，必須協助找人過去助念，當我人找好了，也要負責開車載大家去。我跟我太太說：「有一個師兄的家人往生，晚上我要負責載大家去助念。」她很不高興地回我：「好啊！你去啊！你敢出去，我就馬上把門鎖起來，不讓你進來！」我已經答應人，我還是去了。回到家裡已經晚上十一點多，門真的被太太鎖了，那時候是夏天，蚊子很多，

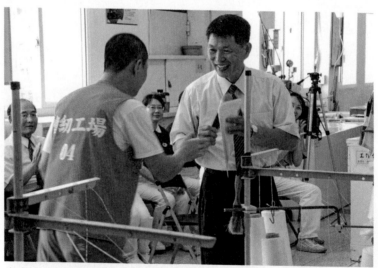

臺中市南屯區慈濟志工劉明燦，每個月固定進入臺中監獄，帶動受刑人參加人文讀書會，分享中與縫紉工場的受刑人互動，並鼓勵他把握行善、行孝的機會。(攝影 / 溫忠漢)

我整個晚上在車上供養⁹蚊子。隔天一早，我揉一揉眼睛，一樣到市場做生意，因為生意很好，不能不去，怕客人會找不到。

太太阻礙我去當志工的心非常強烈，從1994年開始一年多，她往左，我往右，我們之間的距離越來越遠。岳父母疼惜女兒，所以打電話給我的父母，對於我太投入志業而疏忽家業頗有微詞……在那種環境下，太太不贊同我去做志工，讓我心裡有點難過。後來我轉念頭，每天早上要出門做生意前，我跟佛菩薩上香說：「我希望將自己的身心安住在慈濟，祈求菩薩成全，讓我太太某某人起歡喜心，不再反對。」人家早上做「早課」，而我是去做「早市」。

1985年到1995年，十年間我們做生意存了一些錢，也認識很多朋友，在朋友的建議下，投資公司、買股票，甚至借錢給朋友，結果連本帶利都沒拿回來，保守估計至少虧損有數百萬元。我心地很善良，我很愛家、很孝順父母親，也很尊敬岳父、岳母，就連投資失利，我也沒有怪罪太太，我將它視為繳學費去上課；若再出聲音，家庭會不和睦。

大女兒跟二女兒讀國小時，我就帶她們到臺中分會，參加兒童精進班活動，當時太太沒有表示什麼，其實她最反對的是我，因為她不希望我太投入。上過兒童精進班後，兩個女兒都會跟爸爸、媽媽說感恩，用餐完會幫

忙洗碗，也會主動跟熟人打招呼；這時候我太太因為投資失利，而我帶孩子參加慈濟活動，她有感受孩子的成長與改變，孩子變得乖巧又懂禮貌，她感觸到慈濟團體的不一樣。1999年8月我向她提出：「要不然我去分會（慈濟臺中分會）上班。」她居然沒有反對：「要去，那你就去啊！」當時我很興奮，她竟然沒有反對我去慈濟上班。當我聽到這句話，心都放鬆了，我的心願終於實現，無論事業或是志業都能安住在慈濟。所以一大早我還是要幫忙她，將貨物載到市場擺好，等她忙完家務，再來換我去上班，因為離家近的市場長年固定，較遠的地方大都排在假日，所以不影響上班。

加入職工 街頭為土耳其勸募

1999年9月1日，我到慈濟臺中分會總務組報到，第二天到花蓮總務處報到，因為當時的總務處主管蕭惠特，要我先回到花蓮學習，認識總務的各項工作。1999年8月17日土耳其發生大地震，9月3日花蓮本會啟動街頭勸募，我剛好參加那一次募款活動。

總務處同仁二十位分成三組，我這一組六位，兩位拿舉牌，兩位捧勸募箱，兩位同仁各跟在勸募箱旁邊；我抱著勸募箱，隨著一起到花蓮市區為「馳援土耳其‧情牽苦難人」募款。連續三天，每天會回到花蓮靜思堂，

大家分享勸募的心得。但是募款成績並不理想，上人一直呼籲要「愛心動起來、愛心動起來」。因為我是新人，有一次分享，有一位我不認識的同仁，他分享被路人指指點點：「臺灣不救，為什麼要去救國外？」「土耳其在哪裡，你比給我看啊！」我聽到同仁分享時，心裡很難過，當時上人有表達海外的地震，並不是不可能發生在臺灣，臺灣人的愛心一定要動起來！一個星期後，我回到臺中，正式到慈濟臺中分會上班。

世紀大災難 愛心總動員

9月21日凌晨1點47分，忽然天搖地動，我在睡夢中驚醒，震得很可怕，左右搖晃又上下震動，實在很嚇人。我馬上從床上起身轉身到書房，跪在書桌前，書桌上剛好有上人著作的書籍，有上人的法像，我口中一直念：「南無大慈大悲救苦救難觀世音菩薩……救救臺灣！救救臺灣……」念了好多聲。

後續的餘震都很大，很嚇人！到了第三次餘震，我跟太太說：「不能再待在家裡了，快將小朋友打理好，我帶妳們到外面空曠的地方去！」我騎著機車，太太開著到市場做生意的自家小貨車，載著四個才國小的女兒，我們還帶枕頭、涼被，一家六口到附近公園停車場（現在的Costco），我帶她們到公園，免得再被餘震驚嚇。

到了公園，四處黑暗，只有車燈照射，我看到公園裡全是人，都是附近民眾，不敢住家裡，大家逃到戶外避難。

我安頓好女兒和太太，時間已經凌晨兩點多，我趕緊騎著機車到臺中分會，從五權西路轉往美村路，經過昇平街：「唉喲！怎麼這麼嚴重。」向上國中旁邊，一棟三角窗的七層樓倒塌傾斜，路被壓了過不去，我趕快繞道從向上路趕到分會，平常從大墩路家裡到分會只要十二分鐘，這一次繞往美村路多了兩到三分鐘。

我記得非常清楚，到分會看到彰化五位師兄在值班，有林石、林坤祥、林耀勳、楊天財、柯吉隆，還有基金會總務主任蕭惠特，他也來到分會，他剛好9月20日到臺中出差，因為地震，趕緊從家裡到分會來看看。

外面是烏黑一片，臺中分會還好有一臺發電機，正好可以派上用場。透過發電機照明，我跟蕭主任用手機分別聯繫志工，主任負責聯絡委員組，我負責聯絡慈誠隊，林石在一樓負責聽收音機，只要聽到災情，馬上告訴大家，消息很迅速，一下子聽到埔里酒廠爆炸、一下子哪一棟大樓倒塌、一下子又是⋯⋯越聽越知道災情相當嚴重，這時臺中市全區停電，電話也完全接不通了。

清早五點多，天色慢慢亮起來，志工林美蘭、郭翠花、溫春蘆也陸續到臺中分會關心災情，商討該如何應變，像霧峰、東勢、埔里、中寮都有大災情傳來。到了

晚上林碧玉副總從臺北趕下來，得知災情嚴重，由於全面停電，無法到銀行取得現款支應緊急救助，怎麼辦？她緊急用電話聯繫，為了要籌現金，要在最快的時間幫助受災民眾，最後好在順利調度了急難應急金[10]。

難忘第三天 揮不去每一幕

第三天（9月23日），我跟林副總準備送急難金往南投、埔里、中寮進行發放。林副總跟我說：「劉師兄，你要幫我顧好（錢）喔！」上午十一點，我和林副總搭上營建處主任陳明雄的車，前往東海大學坐直升機到埔里。

慈濟向國防部申請直升機，因應發放受災民眾急難應急金，直升機上有林副總和我，還有榮總醫院骨科醫師和護理師，他們帶著一批醫療器材要到災區救援，我們四個人坐上直升機飛往埔里。

我生平第一次坐直升機，從東海大學起飛，自草屯往埔里飛，經過九九峰時，我往下一看，哇！怎麼這樣？原來整座山是綠油油的，現在竟然整個都脫殼、光禿禿，我在飛機上哭了。還好地震後沒有下大雨，如果來兩天大雨，土石流一沖刷，真的不得了！

經過十五分鐘飛行，直升機降落在埔里國小，時間已經是中午，醫師和護理師由救護單位接去災區報到，我

原本鍾靈毓秀的九九峰，九二一地震後一夜白了頭，只留下一片荒涼。（攝影／王志宏）

和林副總直接到慈濟埔里聯絡處。聯絡處緊鄰埔里國小，當地志工已經關懷過受災家庭的狀況及傷亡，所以準備為往生者的家屬與受傷者發放急難應急金。

接著當地志工聯絡駱駝車隊，車隊成員邱鑫瑩[11]開著四輪傳動的車，載著我和林副總、饒慧萍[12]和一位當地志工前往中寮；邱鑫瑩一邊開車，一邊與車隊聯繫，才知道哪一條路線可以行駛，哪一條路不通。車子行駛中，我往外看，橋斷的斷，路塌陷的塌陷，災情非常地慘重。

繞著、繞著，抵達中寮重災區已是下午三點半，在當地志工帶領下，我跟林副總她們分開走，林副總、饒慧萍、當地志工走一條路線；我一個人走另一條，我之前到過中寮，看到以前是三層樓的店面，全部剩下一樓，房子前面都有車子被壓扁。那天黃昏四、五點的時候，有一次「餘震」滿大的。在中寮，我看到國外的救難隊帶著搜救犬，往生者太多，屍袋又不夠，大體一具一具

放著，一旁則放著冰塊；冰塊會融化，整個地上變成泥濘。

我親眼看到一戶人家，剩下兩個小朋友，差不多是小學三年級和五年級，哥哥長得高，弟弟比較矮，跟著一位道士。地震時，他們家樓上像三明治一樣壓下來，他們知道爸爸、媽媽是在床上。第三天時，重機械開始進場，當重機械進去後，把彈簧床拉出來，但是沒辦法，床粉碎了！拖出來只剩下幾坨肉，那孩子就用一個鋁盆端著，盛著那幾坨肉，寫了名字放在廣場上。中寮好恐怖，到晚上沒有電燈，我聽到「吹狗螺」[13]（臺語，音 tshue-káu-lê），狗叫得好淒慘。二十年了，那一幕至今讓我無法忘懷，真的是徹悟人生無常！

見證賑災 決策臺中靜思堂

傍晚六點左右，我和林副總、饒慧萍，坐著邱鑫瑩的四輪傳動車從中寮回臺中，原來車程只要一個小時抵達，因為地震後路況不好，回到臺中分會，已經快九點了。看到上人也在臺中分會現場，與溫春蘆、甘美華、林美蘭等多人談話。

上人每天一大早到災區，下午回來馬上召集志工到六〇三教室[14]開會。上人從指揮到親自前往災區巡視，整天忙碌得片刻不敢停歇，尤其到了晚上，只要有任何一

個志工還沒有休息，他也不敢去休息。半夜，有人開貨車要把物資送往災區，被上人知道了，上人怕大家對山上的路不熟發生危險，要大家停止晚上出去，希望保護別人的人，也要懂得保護自己。

上人的腳步非常快，人家還沒想到的，他就想到了。他親自去巡視災區，一個地方、一個地方接著去。有一次，我跟上人外出到中寮，看到外面放著很多的礦泉水、鋁箔包、豆奶，上人立刻指示這種東西絕對不能曬到太陽，趕快分發給所有的鄉親。

從第一天開始，會眾送到臺中分會的物資，可以說是琳瑯滿目，有工具類、食品類、衣物等不斷湧入，我是總務，我必須分門別類，每一筆都得登記，這些物資隨時在進出，尤其食物不能久放。9月24日（農曆8月15日）是中秋節，分會收到許多民眾送來中秋月餅，每天彙報時有提出報告，上人聽到後叮嚀：「要趕快處理，不能讓它壞掉，壞掉的東西絕不能吃。」上人怕受災民眾吃下去可能會拉肚子，在醫療資源缺乏的災區，增加治療的不易。

上人很心急，受災民眾沒有地方住，孩子沒有學校讀，他到集集國小、集集國中看到學校倒了，他認為教育不能等。到埔里、中寮、南投、東勢等地方時，除了安身需要大愛屋[15]（簡易組合屋）盡速完成外，並指示舉辦「祈福晚會」，帶領災民一起祈禱，安住他們的

心。

職志合一 顯良能

民眾送來的物資中，有吃的、用的實在很多，臺中分會可以說擺放到水洩不通。在1999年初取得彩虹屋[16]，它原計畫是要做志工的宿舍，7月剛好修繕完成，遇到9月21日發生大地震，空間剛好可以堆積物資，同時提供給來協助救災的志工住宿；那時還好有彩虹屋，它在當時發揮功能。

我跟林大壹同一年受證，我們兩個都在總務組服務，我負責物資，他負責水電。地震後全面停電，臺中分會是全臺中的救難總指揮中心，一定要有電，而且上人說：「我們的餐食要二十四小時供應。」餐食要二十四小時供應，當然電力也要二十四小時充足，當時只靠臺中分會一部發電機。要讓這一部發電機全天發揮供電的功能，林大壹臨危不亂，不敢鬆懈，幾乎二十四小時守護著它，還要隨時補充柴油，整整一星期日夜不停運轉；過程中，發電機一度因為過熱，致使油管軟化，只能靠林大壹的專業，這不是不熟悉的人能處理的。

九二一地震發生後，我連續三天忙到沒有回家，沒有躺在床上睡覺；第一天晚上我在分會，大廳全部都是物資，我跟副總去災區回來差不多凌晨了，我是抱著睡袋

蹲著睡。其他時間累了，就找一個地方瞇一下讓眼睛休息，再繼續忙碌。那段期間，除了上班，假日放假也到大愛屋幫忙，記得1999年9月28日，第一座大愛村在南投德興棒球場動土，鄰近中興國中（中興新村光明南路），我10月2日進去幫忙，那時的窗戶還用鐵框，因為沒有經驗，很多人不知道怎麼做，也沒有所謂「組合屋」的標準作業方式，又是第一個點，所以一群志工大家摸索了很久；10月3日在那裡舉行第一場「用愛心建家園」祈福晚會[17]，最後一百六十四戶的組合屋總算在10月25日完成。現在回憶起來，我還是感觸很深，那時大家心安住在當下，效果真好，也是從那一年開始，我們延伸每一年年底都有歲末祝福[18]。

建設大愛屋到後期，速度變得很快，組裝起來又好看，很多女眾們一齊投入，因為藍天藍褲制服都一樣，安全帽帶上，真的分不出是女的還是男的，這些女眾不管是爬高、爬低，完全不輸給男眾，所以大家互相勉勵，「女人當男人用，男人當超人用」這一句話因此傳開，作為大家互相鼓勵精進的佳句名言。

走在最前 做到最後

蓋希望工程時，我並沒有承擔什麼工作，因為自己已是慈濟的職工，只能利用假日參與，職志合一。志工們

掃地，我就跟著掃地；鋪連鎖磚，我跟著鋪連鎖磚。

　　九二一地震賑災，我們做到最後面，剩下的睡袋或是任何一項物資，我們都有效地處理，除了分送給需要的受災鄉親，如安身計畫的大愛屋住戶都受惠，還有送給安養院、十方啟能[19]等需要的機構，我們絕不浪費每一位捐贈者的愛心。

　　希望工程完成後，學校的簡易教室、民眾暫時居住的大愛屋，這一些完成階段性任務後，2001年開始，我們陸續把資材拆回來，放在安和路的一個很大的廣場，那是歸我們（總務）管理的。我們非常善用那些資材，像

劉明燦身兼慈濟職工與志工身分，常利用休假日到臺中志業園區出坡，出坡前誦唸除草偈：「我今除草除舊業，一切眾生悉迴護；若於鋤下喪其形，願汝即時生淨土。」（圖片／張廷旭提供）

各地環保站要成立，都是從這裡取材料過去再利用。

　　我非常感恩，在生命過程當中，遇到世紀大災難後，能用真情去付出，讓我有更深的體會——生命無常，國土危脆。上天其實是疼惜臺灣，九二一大地震以後，剛好沒有下雨，如果真的下兩天雨，臺灣就融化了。你看九九峰全部都脫殼，若再下雨，土石流就不得了。我1988年進來慈濟，這三十幾年不悔來時路。我能夠深入苦境，拔苦予樂，更看見了世間的無常，從中學到了無所求的付出後，得到的是輕安自在與法喜。

　　在臺灣，我們要從這一個災難中醒悟起來，要敬天、愛地。上人一直在呼籲，臺灣像一葉扁舟，我們共乘在這當中，需要一股穩定的力量，這股力量來自人心，人心能夠安，臺灣才能夠祥和。從九二一以後，慈濟志工所肩負的使命沒有減少而是更多！因為地球暖化，人心浮動，上人最擔心的是「來不及」。

　　自從2011年水懺演繹[20]，全臺啟動社區讀書會至今，自己慢慢感受，也常常反省自己，選擇進入慈濟修行，為何會受到家庭障礙？或許我過去生也對家裡的人不好，這一生才會走得這麼辛苦。悟達國師十世果報，都能堪忍懺悔，我自己小小的阻礙算什麼，所以我更努力在家庭事業和志業經營，一點一點的時間都不浪費。現在，我每星期二承擔社區讀書會導讀，社區導讀仍以慈濟靜思叢書《法譬如水》、《衲履足跡》、《藥師經講

述》等，其中我對《法譬如水》體悟很深。

　　每個月一次到臺中監獄「人文讀書會」，我也是承擔導讀，讓受刑人有機會了解慈濟理念，知道人生真正的價值。我導讀《塵盡光生》[21]，對受刑同學身陷囹圄我很同情，為什麼他們沒有好的環境、好的因緣、做好的事，落得現在生活自由被控制。人人皆有佛性，而此佛性猶如明珠，若善用，則為寶物；若未善加利用，則猶如廢物。我感受眾生平等，人人皆可離苦得樂，每當我導讀結束，受刑人很願意說出心中的感觸。

　　有一位陳同學分享，「心念會影響行為，心念想好，就會做好；念頭不好，當然就像現在進來坐（監獄）在這裡；顧好一念心何其重要，心清淨、不亂想，心自然平靜。」我覺得改變心念，就能改變面相，經過讀書會的薰陶，受刑人自我修練，很多人的相貌變得更柔和，這也是我退休前願意在上班時間請假承擔的原因。我每星期三拜經不缺席，不只要傳承上人的法髓，還要肩負淨化人心的使命，時時自我提醒做對的事，而且做應該做的事，絕不讓上人擔憂，秉持初發心堅持，積極永不懈怠。

1　　秀水高工，創立於1937年，是一所技職學校，現今全名「國立秀水高級工業學校」。資料來源：秀水高工網站，https://

www.ssivs.chc.edu.tw/home?cid=1037 （2019年9月3日檢索）

2　電信局，交通部電信總局，現今的中華電信前身。

3　《慈濟月刊》，創刊於1967年7月，發行時是以徵信為目的，後隨時代需求演變為報導慈濟足跡與傳達佛教理念。

4　資深委員，為已受證之慈濟志工，負責陪伴有意願參與志工行列的民眾。

5　夫妻同修，夫妻兩人都是慈濟志工稱之夫妻同修。

6　受證，經過證嚴上人親自頒證與祝福成為正式編制的慈濟志工。

7　見習，參加慈濟志工培訓前，必須先上見習課程，了解慈濟理念與精神，認同後再進階上培訓課程。

8　培訓，要成為正式的慈濟志工，要上過完整的培訓課程，對慈濟的四大志業與八大法印要有充分的認知，對佛教儀軌也會有相關課程。

9　供養，是指奉獻供物，令對方感到欣喜。佛教語彙，此處運用是以不殺生，戶外蚊子多，讓其叮咬。

10　應急金，為能解決災民倉惶逃離，對現金需求及迫切的需要，在立即發送原則下，慈濟基金會陸續調度一億六千萬元經費，1999年9月21-30日動員慈濟志工兩萬人次進行全臺受災區的居家慰訪，了解受災民眾個別狀況，親手發送應急金，以解決受災民眾突如其來的困境，提供安身、安心的照撫。
資料來源：慈濟全球資訊網「回顧‧九二一大地震」。http://www.tzuchi.org.tw/featured/2017-09-14-01-28-52/%E5%9B%9E%E9%A1%A7%E3%83%BB921%E5%A4%A7%E5%9C%B0%E9%9C%87 （2019年8月6日檢索）

11　邱鑫瑩，當年是駱駝車隊成員，負責開車，後來也加入慈濟，受證成為慈濟慈誠隊。

12　饒慧萍，慈濟基金會臺中分會職工，負責人事、人醫會業務，

目前任職於臺中慈濟醫院人事主任。

13 吹狗螺，狗悲鳴。狗發出淒涼而綿長的嚎叫聲。古人以為狗發出如同吹螺般的悲嚎是因為看見鬼魅，故為不祥之兆，也用來表現淒涼或恐怖的情景。資料來源：教育部臺灣閩南語常用辭典，https://twblg.dict.edu.tw/holodict_new/result_detail.jsp?source=5&in_idx=15ue1&n_no=3001&curpage=1&sample=%E5%90%B9&radiobutton=1&querytarget=2&limit=20&pagenum=1&rowcount=10（2019年8月6日檢索）

14 六〇三教室，臺中分會地址原為臺中市西區民權路314巷2號。後來因業務量及會眾增加，共修空間嚴重不足，上人慈示將緊鄰的房舍購入，當時編定地址為314巷6號。所以就有601、602作為常住眾寮房，603為多功能教室，讓慈誠委員共修精進或者中小型活動場地。

15 為了讓無家可歸的受災民眾，不致在寒冬將至之際仍僅以帳篷棲身，慈濟基金會於9月23日開始採購組合屋建材，9月28日動工，至同年12月28日悉數完成。慈濟大愛屋以「人性化」為考量，兼顧環保理念，並用建構「自己的家」的心情來為災民建造；每戶十二坪，三房兩廳含衛浴，並致贈每戶流理臺、廚房吊櫃、排油煙機及靜思茶葉，另外還提供先前各界的捐贈品，包括收音機、緊急照明燈、棉被、毛毯、礦泉水、泡麵、毛巾、米糧等，讓受災者一搬進物資齊備的大愛屋，就有家的歸屬感。大愛屋援建種類含括住家、簡易派出所、消防隊臨時辦公室、簡易圖書館、簡易守望相助亭及佛寺等，於臺中、南投、雲林擇定三十一處興建。動員人力超過五萬人次，完成1,776戶21,705坪。資料來源：慈濟全球資訊網「回顧・九二一大地震」。http://tw.tzuchi.org/921/html/21.htm（2019年10月11日檢索）

16 彩虹屋，原本是位在臺中舊分會旁邊，連著一間老臺中人熟知的彩虹屋，最開始是彩虹屋咖啡廳，彩虹屋是違建，1999年

年初臺中分會取得產權，經過整修後運用為教室、會議室，也作為志工晚上睡覺的地方。目前改建為慈濟臺中文史館。「彩虹屋」三個字，是因當時「彩虹屋咖啡廳」之名而來。

17　1999年10月3日至16日，慈濟基金會在十四個災區地點舉辦十四場「用愛心建家園」祈福晚會，會中由同為受災戶的慈濟人現身說法，鼓勵災民勇敢重建家園，並藉藝文表演及燭光同心祈福，慰撫重建區民眾，為重建家園而準備。資料來源：慈濟全球資訊網「回顧‧九二一大地震」。

18　歲末祝福，1999年九二一地震後的第一個年關，慈濟基金會在六處慈濟大愛村舉辦歲末祝福，安定安撫災民的心。爾後，各社區聯絡點、會所，延伸每年歲末都會舉辦歲末祝福，感恩過去的一年，並為來年祈禱平安。

19　十方啟能，為臺中十方啟能中心，以推動智能障礙者啟智教育及啟能訓練，俾其有自力更生能力回歸社會，減輕家庭負擔和社會問題為目的。資料來源：自臺灣公益資訊中心，非營利組織名錄：http://www.npo.org.tw/npolist_detail.asp?id=4797 （2019年10月11日檢索）

20　2011年慈濟成立四十五週年，證嚴上人感恩全球會眾用愛鋪路，同時鄭重呼籲「大懺悔」。2月起，全臺各社區推動讀書會，3月「法譬如水」經藏演繹人員陸續到位，透過一次又一次以法共修，漸漸理解上人希望人人「大懺悔、入經藏、滌心垢、去習氣」的用心。8月6日到28日，全臺二十四場「法譬如水」經藏演繹於高雄、臺北、臺中及彰化公演，演繹現代社會的生態，比喻和見證眾生無始以來的習氣，皆能藉由清淨法水洗滌心靈垢穢；預估超過二十五萬人接受這場法筵洗禮。演繹法會隊形融合了上人平日說法與期許，透過藝術表現形式，讓深奧的法海經藏淺顯易懂，活躍有層次，讓觀眾心領意會，印象深刻。包括臺上臺下入法的十萬人，半年來齋戒，以清淨無染的身心祈福。「法譬如水」經藏演繹更

積極的意義，是帶動人人掘出心地清泉，以志同道合的善念共振力量，守護世間的清淨。資料來源：《慈悲三昧水懺演繹》經典雜誌出版。慈濟人文喜悅書院。https://store.tzuchiculture.org.tw/index.php/book/book-6/a109-001.html（2019年8月6日檢索）

21　《塵盡光生》，結集證嚴上人在各平面媒體上，曾發表過的專欄文章，多針對時事、社會現象、人心問題；有部分論述佛典故事，以古鑑今。內容分成四大篇：智慧之塔—人生篇；智慧之財—法財篇；智慧之泉—大愛篇；智慧之光—修心篇。以期建立正確的人生觀與金錢觀，啟發人人本具之愛，培養智慧，保持身心清淨，成就誠正信實的品格。慈濟文化出版社200111出版。慈濟思想論述學術研究網站介紹，http://www.tzuchi.org.tw/tcstudy/index.php/%E6%9B%B8%E7%B1%8D%E5%87%BA%E7%89%88/item/191（2019年8月6日檢索）

顧好發電機 緊急供水電

林大壹訪談紀錄

要做好事，不是等待有時間，而是
要隨時隨地，把握當下，即時投
入。

　　　　　　　　　　——林大壹

◎訪問：林淑懷、陳麗雪
◎記錄：林淑懷、蕭秀美
◎日期・地點：2019年3月12日 慈濟臺中分會

簡歷：

林大壹，出生於1950年（民國39年），臺中潭子人，
1966年初中畢業。1971年當兵，三年後退伍，退伍後
做「塑膠射出」。1975年結婚。1976年改行從事水電
工作。1996年4月1日進入慈濟基金會臺中分會總務組
任職，負責水電。於2015年六十六歲服務滿二十年退
休。退休後繼續做慈濟志工。

　　我們家世代務農，爸爸有九個兄弟姊妹，他排行第
七，我從小在大家庭中長大，伯父、爸爸、叔叔都住在
一起。大家庭人口多，大伯十三歲時往生，二伯持家，
所有家庭大小事都是二伯做主，一家光靠農作物的收成
要養家很困難，因此累積了一些債務。

分擔家計 不敢考高中

我十七歲的時候（1967年），剛好伯父、爸爸、叔叔要分家，每個人都必須承擔家裡的債務。我是長子，後面還有一個弟弟、三個妹妹，為了減輕爸爸的負擔，我不敢繼續考高中，就待在家裡幫忙種植菸草，讓弟弟、妹妹們可以完成初中、高中學業。

菸草屬於一年生，種植很耗費勞動力。秋季播種，冬季收成。怕東北季風、怕凍霜，田埂上必須做防風牆，用老甘蔗葉一片一片組裝成防風牆，保持溫度穩定，讓菸草不因冷天氣而凍傷。一直到它成熟，菸草不是等整株都成熟才一起採收，而是每成熟一片葉子，就要採收一片，還要及時做曬乾處理，整個過程非常繁瑣，一整年都很忙碌。過年的時候，看好朋友都放假遊玩，我卻必須跟著爸爸、媽媽繼續採收、種植菸草的工作。在我入伍當兵之前（1971年），家裡的債務總算還清，經濟漸趨穩定。

水電技能 結緣在慈濟

當兵時我認識陳坤典，他有一個妹妹、一個弟弟；他和弟弟陳坤山，兄弟倆都是做水電工程的。二十四歲我退伍（1973年）後，跟陳坤典做「塑膠射出」，合股兩

年，人家說「三腳豬殺無肉」（臺語，意為三個人合夥做生意，人多嘴雜很難成事），就拆開了。

後來，我跟陳坤典妹妹陳金花結婚（1975年），兩個大小舅子各有所長，陳坤典，專精電路配置；小舅子陳坤山，專門做公家機關的案子，包括學校、電信局、警察局等新建築的水電工程。所以無論水管、電路細節我都學，也學會修理紗窗、補地板、馬桶漏水維修工作。

太太陳金花的自助餐生意才做兩年，因為太累，傷到肝而結束營業。生病期間，她到家裡附近的松竹寺拜拜。後來發願固定到松竹寺插花供佛，無意中看到《慈濟功德會的緣起與展望》黃色小冊子，她非常認同證嚴上人做慈善的理念，可是也不知道要如何加入。陳金花的妹妹陳金治在市場做生意，她的好朋友吳佝佸是受證的慈濟委員，要邀她做會員。陳金治告訴她：「我姊姊跟姊夫很發心，妳去跟他們募……」

吳佝佸介紹林富卿（受證委員）跟我們認識，因而輾轉從會員開始，她經常跟我們互動關懷。1991年中國大陸發生華東水災[1]，11月3日慈濟在臺中市向上國中，為大陸賑災舉辦一場「用愛心擋嚴冬」的義賣園遊會。我們一起加入義賣活動，義賣很多攤位是現煮現賣，需要接電和水管，還有舞臺的麥克風等，這些水電工程都是我能幫得上忙的。義賣現場我認識李錦源、曾益冰，他們邀我投入到環保，參加慈濟的活動、出坡[2]，也幫忙

指揮交通或跟著去訪視。

　　我跟太太都是利用假日參與志工工作，1992年我和太太一起受證成為慈濟志工。1995年，慈濟臺中分會總務組要請一個做水電的，當馬桶壞掉、電燈不亮、水管不通時，才有人維修。總務李錦源[3]知道我做水電二十幾年，要我到臺中分會總務組上班，我的意願不高，因為這跟水電公司上班不一樣，公司有老闆、有七十幾位師傅一起做，還有八個會計，在慈濟只有我一個人，要負責裡裡外外的水電和維修，我感覺責任很重，很怕自己做不好，不敢答應，而且我還在我舅子的水電公司上

2018年10月9日，林大壹熟練地在臺中花博外埔園區大愛環保科技人文館內進行電線鋪設，要趕在20日送電前，將電線全部拉好。
（攝影／陳麗雪）

班。我跟他說:「給我一個星期,給我考慮看看。」

經過一個月,我去繳功德款被李錦源看到,他說:「林大壹,你答應我一個星期,結果現在超過一個月了,沒有給你考慮的餘地,來來來,來去組長那裡。」那時候的組長叫陳惠美,他強把我拖去:「先簽了,先簽再說。」我就先簽名了。

簽的時候,我想說試看看,做合適就做,做不合適再說。

我有責任 把這個家照顧好

我到臺中分會總務組報到,第一天(1996年4月1日)我一個人從一樓到五樓頂樓放水塔的地方巡視一遍,結果發現這裡也壞,那裡也壞,需要修理的地方很多,各層樓廁所,有馬桶漏水現象,一樓財務組辦公室、餐廳、廚房地面磁磚破損,二樓、三樓、四樓的紗窗也有好幾個地方破洞,每件都要修理,每件都要做,就被綁住了,就這樣一直做下去。

紗窗壞掉的真不少,這些紗窗跟「福田窗4」裝在一起,一小格一小格,打開福田窗只要用手一按,它會往外翹開出去,這一層紗窗可防止蚊蟲進入室內。我心裡覺得很不捨,不忍心不來這裡上班,臺中分會需要我固定去維護。想想自己已經是受證慈誠志工,我更有責任

把分會這個家照顧好,那一念心,忽然間變得非常強烈,所以我決定要將身心安住下來,不作離開的打算。

1999年8月17日土耳其發生大地震,上人心繫六十多萬災民,8月28日發函給全球慈濟人,希望大家啟動「愛心動起來」募款活動,立即有志工捧著愛心箱走上街頭募款,也有人向會員勸募,我和我太太都利用收功德款的時候,向會員募款,同時向他們解釋我們募款的緣由。

有一天我們到臺中北屯舊社,跟一位經營塑膠射出的會員收功德款,我太太向老闆娘募款的時候,鄰居一位女士跑出來說:「臺灣都救不完了,還救到外國去……」當時被她這麼一說,我聽了心裡很難過,為什麼這麼沒有慈悲心?而她在氣頭上,我們不敢多說什麼!

發電機 維繫緊急供電

我跟我太太總共有五百多戶的慈濟會員,可以說,幾乎每天都要安排時間去收款、互動。住比較遠的臺中市區或者其他外縣市,都利用晚上下班或者假日,我們夫妻一起去收;離住家潭子鄉比較近的,我太太一個人能到的都由她去收。會員繳善款,他們住得再遠,我們一定會去。

1999年9月20日我和太太從潭子出發到臺中市復興路，開車將近五十分鐘，向住在樹仔腳[5]的會員收功德款。收完功德款，我車子接著開往忠孝路夜市，一個會員在夜市做生意，等她收攤，我們收完款就快十二點，回到家已經是21日凌晨一點。我剛洗完澡躺到床上要睡覺，一下子地震！上下搖晃得非常厲害，我想要逃跑，但是根本站不穩。

　　一下子！全停電了，我馬上想到，地震這麼大，又停電，那分會一定也沒有電，我從房間往窗外看，外面一片黑漆漆，路燈也熄了，手機打不通，我不敢再睡，心裡很著急，跟太太說：「分會一定也停電，我不放心，還是去看看好了！」我推開家裡的鐵門，牽著機車出來，從潭子出發，沿著崇德路，經過進化北路，再轉往民權路到臺中分會，道路兩旁黑漆漆，什麼狀況也看不清楚，只是不斷地聽到救護車的呼叫聲，宛如一片死城。

　　我一直擔憂分會也會停電，摸黑地憑著機車那道光抵達臺中分會，車程超過三十分鐘，到時已經是凌晨三點多了，分會燈光亮著，那一臺發電機啟動了。劉明燦、蕭惠特主任都已經在現場，而且救災指揮中心也已經成立。

　　我趕快到一樓「電氣室」，電氣室有一臺發電機和分會空調、電源都在裡面。我平時有固定保養，發電機的

運轉確定沒問題，只是柴油不夠，各地災情不知道多大，也不知道會停電多久，電力公司什麼時候維修好也不知道。我趕緊轉身出去買發電機用的油，先決條件是將油準備足夠。為了讓發電機運作順暢，我每天固定早、中、晚要帶三個三十公升的桶子出去買油料。同樣是做水電的徐燁能，他會到臺中分會跟我輪流買柴油和加油。

水是大生命 急難大考驗

油量充飽了，發電機不停地運轉，當時沒有電也沒有水，唯有靠發電機發電供應。廚房外面有一口井，水井的抽水馬達靠的是一般電源；停電了，電源沒辦法供應電量，我把發電機的電源接一條線到馬達，抽水馬達才開始轉動，繼續抽水供應廚房、洗菜區，以及廁所的清洗。

顧著發電機，我算一算一桶三十公升只能用兩個小時，我不敢掉以輕心，有事要離開也不敢大意，兩個小時內一定回到電氣室，隨時補充油量，不能讓發電機停下來，它如果停了，所有電源跟著停。清早六點天亮後，我趕緊到五樓水塔看看，水塔有沒有怎樣？結果兩座水塔，一座有五噸大、二米高，底座平的水塔，完全好好的沒有被震壞。

反倒是1996年才建完成的六〇三教室[6]，樓頂上面有三個水塔，一座兩噸，三座六噸，底座裝設四支支撐重量的腳，受地震一搖晃，承載不了，腳歪了，水塔倒了，也破了，我把它拆掉，補好破洞，再用水管接水給樓下用。

　　9月22日早上八點多，我再爬上去巡視，結果又來了一次餘震，搖晃的力量很大，我人在五樓上面，看著那兩座有五噸大的平底水塔搖搖晃晃，五噸又大又高，搖起來的聲音很大，叩叩叩地響，我心裡真的很害怕，「糟糕！若再震倒，那麻煩就大了！」已經壞了三座，再沒有水塔怎麼辦？幸好這次餘震中，水塔完全沒有損壞。停電時要知道所有災情，只有靠聽收音機的廣播，我後來聽收音機廣播才知道這個餘震芮氏規模達6.8。

　　第四天（9月24日）早上，負責環保站的林金讚打電話來：「我有回收三個水塔，看起來是好好的，但是，不知道會不會漏水，你要不要？」我回他：「好好好，載來、載來，剛好六〇三上面那三個震壞了！」真的很幸運，他好像知道我正需要水塔！地震後，很多家庭的水塔壞了，連材料行都叫不到貨，我心裡盤算這三個先將就用看看，過些時間真的不能用，再來買新的。

　　災難發生最怕就是停水停電，停電還算好，水是大生命，沒水真的不行，我將水塔清洗好、裝好，再把管子接好，只是一點點會漏水，會漏水沒關係，這不嚴重，

至少底座好好的。會漏水的地方，我用矽利康黏一黏，好了！很高興可以用了，我也只黏過那一次矽利康，到現在二十年了，水塔還好好地在用。

二十四小時沒停 油管融化了

好在分會有備一臺發電機，油量足夠，二十四小時持續發動著。但是沒想到第二天，哇！回油的那條管子熱到融化了！我很緊張，回油的管子為什麼會融化？檢查結果因為柴油倒入發電機的管子裡面，發電機沒有辦法全部吸收，有一些油量會自動回流到另一條管子內，因為不斷運作，致使溫度過高，回流的管子才會融掉。管子融化，電氣室滿地都是油答答，都是從回流管子裡流出來的油，怎麼辦？若是管路漏油讓發電機停了，所有的救災工作會停擺；我趕緊出去買一條新的重新裝好，發電機才能持續發動。

電氣室溫度過高，主因是排風系統沒有運轉，我發現電氣室溫度高居不下，只靠電風扇散熱不夠，我趕快將排風系統的電源接到發電機，才有了排風扇，熱度才慢慢降低下來。我第一次遇到這樣，被油管融化嚇壞了，我很小心、很注意，趕快聯絡姜丕國，他在臺中市建國市場專門賣高壓管，我請他來看看管路，順便帶一條新的、專業用的油壓高壓管來換。姜丕國用捲尺量一量

尺寸，再將我買回來裝的那一條拆掉，管子雖然還是新的，但是它不是專業用品，不牢固，所以我決定換專業用的油壓高壓管，發電機才能平順地二十四小時持續運轉。

姜丕國裝好高壓管，我問他多少錢，他說：「自己的工作，不用錢！」讓我很感動，他將慈濟的事，當成自己的事，出錢、出力、出時間，這就是慈濟人的精神。從換過那一次高壓管到現在，已經二十年了，現在還在使用。

第三天（9月23日）上人來了，他坐鎮臺中分會，指揮現場所有的慈濟志工賑災，上人每次出門到災區巡視回來，第一件事，就是召集志工們開會，還好發電機發電順暢一切沒問題。地震後一個星期，電力公司才全面恢復供電。上人進駐臺中分會三個星期，我將臺中分會所有該處理的水電、水塔、電機室裡面的電源、空調，全面再做好安全性的檢查，直到各層樓都沒問題。

九二一地震停電那段時間，靠一臺發電機，發電供應整個臺中分會，要不是它，我們救災沒辦法那麼順利。香積二十四小時供應熱食[7]，便當盒包那麼多。發電機的系統作用，不只提供香積使用，還有消防系統，消防系統絕對不能斷掉。地震後那一段時間，我將近一個月，每天晚上十點多、十一點才回家，早上七點之前又到分會。我很小心地顧著發電機，絕不能讓它故障，要

讓發電機發揮最大的良能。

全力趕工 進駐大愛一村

我將臺中分會的水電安置妥善，已經是地震一個月以後，總務組組長陳惠美才讓我去埔里災區，協助大愛一村的水電配置。我到埔里跟羅明憲報到，他要我協助組合屋的水電工程。埔里信義路要興建三百二十戶的「大愛一村」，10月1日動工，羅明憲負責總協調，他調派人力、協調現場人員工作，人力、物力，他一個人忙不過來，特別到星期六、星期日，至少有上千位志工到現場，羅明憲打電話催促我好幾次，要趕緊過去幫忙。

我還沒有去之前，大愛一村的水電窗口是徐煒能和他弟弟徐明振兩兄弟負責，後來才換我去接。因為地震，很多客戶家裡的水塔壞了，徐煒能他們要回去維修，他們兄弟進駐在大愛一村快一個月了，沒辦法再留，現場又不能沒有水電專業人員，才要我趕緊進去。

我要負責備料、管理及購買材料，還要分配工作、巡視工程、驗收。水電配置驗收缺失或者不合格，都必須馬上處理，譬如，插座沒有電源，為什麼會沒有電源，因為電流沒有通，電流量通順，住戶才有電使用，這些都是要親自去驗收。

遇到馬桶漏水、電燈不亮、熱水器熱水出不來等，這

些問題也是我要去做的。不是說大愛屋蓋好了，交給受災民眾就沒事了，要等到大愛屋移交後，一切使用都沒問題，我才能放心離開。雖然只是暫時住的大愛屋，給受災者住，也要如同自己使用的才可以，所以品質安全絕不能馬虎，因此我的工作很多。

我家住臺中潭子，距離埔里開車來回至少要兩個小時，感覺太遠了，通勤不方便，而且工作很忙，為了讓無家可歸的人們不用住帳篷，所以志工都很努力趕工。我考慮後決定住下來，晚上睡在我的廂型車裡，我也要照顧現場的材料和物料。住在工地的人雖然不多，但是在大愛一村裡面已經有派出所了。派出所也在地震時震倒，我們先建好讓警察人員搬進來住，有派出所在旁邊，有警察他們，所以我住在工地很安全，前前後後我住在那裡也將近一個月。

大愛村趕工 宜蘭水電老闆「逗腳手」

那時候趕工，宜蘭志工謝來文，他也是水電出身，年紀比我大，現在應該也有七、八十歲了。他發動宜蘭電氣公會的師傅來幫忙，這些師傅都是自己開業的老闆。幸虧有他們，我只要告訴他們哪裡要配管、埋管、加設水龍頭開關，再將材料準備齊全給他們，他們到現場一看馬上很清楚，不用我們教，所以大愛一村很快就完

成，縮短很多時間和人力，而且一個多月的時間，每星期六、日兩天，都固定有兩輛遊覽車的志工前來支援。

男眾能做的事，女眾也一樣可以；鋪塑膠地磚，地磚一才一尺四方，她們用白膠在地磚的反面抹均勻，然後輕輕地貼到地面，貼得非常整齊，完全不馬虎，這種工作不能坐著，都是全程蹲著貼，到現在我還記得很清楚她們努力的身影。

志工很像螞蟻雄兵，平常有好幾百人在工地現場，到假日是上千人，大家不畏辛苦，希望儘早完成。工地旁邊的軍營區，阿兵哥們也在興建組合屋，跟志工一樣都沒有經驗，營長看到，他問我：「哦！你們人怎麼這麼多！」我說：「我們這些都是志工，沒有薪水，也沒有做過……」阿兵哥跟志工一樣也沒有經驗，但是志工身邊隨時有專業人員指導。後來我請專業師傅過去營區跟阿兵哥解說，教他們怎麼做，營長很高興，慢慢熟悉後，速度也變得很快速。

九二一地震是突發狀況，我也是第一次碰到，剛開始志工也都沒有經驗，用摸索的，慢慢熟悉、知道方法和技巧，速度和品質改善得越來越好。一個多月的時間，三百二十戶建好了，我自己的成長和收穫最多。

總務榮退 繼續當志工

我在分會上班還身兼講師，為其他同仁上消防訓練教育課程，半年一次，一次四個小時。這是臺中市消防局規定的課程，因為有消防常識，遇到緊急狀況，第一時間才能做最妥善的處理，否則等到專業人員來了，那災難一定不可收拾。

　　如果沒有講師，也要請專業講師來授課。當講師授課，要經過考試，我參加考試的時候，蒐集臺中分會有關消防的相關資料，然後將資料送到消防局。如果消防局有採納，表示我的資料很完整；若資料不齊全，消防局就有得跑，所以我光送審資料就跑了三次，才順利通過審查！

　　我2015年從基金會退休，我將臺中分會水電工作做好交接，全心回歸社區當志工。我向總務組長陳惠美說：「若遇到較困難的工作，同仁不會處理的，只要打一通電話通知我一聲，我會儘速回來處理。」當時我的總務主任蕭惠特也說：「如果沒找到人，你就要繼續做，做到不能做為止。」

　　世間無常、國土危脆，一般人較缺少「無常觀」，九二一地震的發生，讓曾經在我們面前說「臺灣都救不完了，還救到外國去！」的那一位女士，她是做塑膠射出會員的鄰居，當我們再去收功德款時，她一聽到我們的聲音，很快跑出來：「師姊，那一天跟你們講那些話，是我錯了，我不應該這樣說：『臺灣救不完了，還

上圖/九二一地震二十周年「見證希望工程──阮義忠九二一攝影展」前置作業，林大壹與其他志工將展示架送到臺中火車站預定展場。(攝影 / 陳麗雪)

下圖/2018年7月29日，林大壹帶領具有水電專長的志工，至外埔園區大愛環保科技人文館進行水電排管埋設工程，一旁挖土機配合施作。(攝影 / 林峻功)

救到外國去。』真不好意思！」她驚覺自己說錯話，當下很懺悔，也捐款給我們。

我太太也跟她解釋：「我們要祝福臺灣平安，能去造福救人是福氣，要自我祝福，不要講臺灣都救不完了，還救到外國；絕對不要詛咒救臺灣，因為我們是有福的人，有福的人是幫助人的人。」無論被排斥、毀謗，上人教我們學佛，首先要學習堪忍，不能跟一般人有同樣的心念，才不會被牽著走，否則修行路會走不下去。

唯有人人把自己的心念顧好，縮小自己，不能自大，做好本分事最重要，而且要敬天愛地。經過九二一，我更懂得知福、知足，要做好事不是等有時間，而是要隨時把握當下即時投入，人生道路才能走得輕安自在。

1　華東水災，1991年5、6月間發生於中國華東地區的嚴重自然災害，也是中華人民共和國歷史上第一次大規模、直接呼籲國際社會援助的中國自然災害。

2　出坡：藉由身體的勞動或是種種作務，安僧度眾、弘揚佛法。出坡，不論尊卑上下，年齡大小，一律要隨眾勞動，墾荒掘土，種菜、栽竹、劈柴等。

3　李錦源，慈濟基金會臺中總務組職工。

4　福田窗：早期在臺中分會舊會所蓋好以後，建築師用木作裝修出好多一格一格的木框窗戶。看起來好像是田，志工每天擦拭像是在耕福田，所以稱之為「福田窗」，而負責擦拭、維持清潔的志工，因而稱之為「福田志工」。

5　樹仔腳：是臺灣臺中市南區的一個傳統地域名稱，位於該區西南部。

6　六〇三教室：原臺中分會地址為，臺中市西區民權路314巷2號，後因業務量及會眾增多，共修空間嚴重不足，上人慈示將緊鄰的房舍購入，當時編定地址為314巷6號。所以就有601、602（常住寮房），603教室講堂的由來。

7　志工動員熱食服務：慈濟志工動員逾十萬人次，至少服務二十六萬災民，熱食服務逾一百三十萬人次。資料來源：慈濟全球資訊網http://tw.tzuchi.org/921/html/11.htm（2019年8月15日檢索）

主婦志工 要做到最後一口氣

高麗雪訪談紀錄

家屬看到自己的親人受災，哭得很
傷心，沒有人教我們，我們都會
自動自發去膚慰，這對慈濟志工來
說，都是很自然的舉動。

———高麗雪

◎訪問：張麗雲
◎記錄：張麗雲、林秀貞、陳香如
◎日期・地點：2019年3月11日 高麗雪家

簡歷：

高麗雪，1949年（民國38年）出生於臺中外埔區大甲東，家裡兄弟姊妹五人，排行老二。父母務農，她和兄弟姊妹都要幫忙父親下田種稻、除草，只讀到小學畢業。婚後，在國中補校進修。1986年接觸慈濟，1987年和先生李朝森一起受證為慈濟志工。

　　1949年我出生於臺中縣大甲鎮（今臺中市大甲區），在大甲外埔中間的大甲東村，是非常鄉下的地方。雖然有豐原客運，可是若生病要看醫師，必須到大甲鎮上才有診所。爸爸是做農的，家裡兄弟姊妹一共有五人，我排行老二。爸爸小時候因為阿公往生，讀到二年級就沒有錢可以讀，小學沒有讀畢業。

農家生活難 讀書不容易

　　在鄉下要上學很辛苦，要讀書很困難，爸爸是單純的農夫，要供給我們五個兄弟姊妹讀書不容易，所以那時候鄉下孩子可以去上學就很不簡單，我最大的哥哥都沒有辦法讀國中，我也沒有讀，我只有國小畢業而已。

　　雖然是小學畢業，其實在家也沒有時間讀書，我爸爸都要我們去幫忙割稻、除草。從小學三、四年級開始，凌晨二點多就被爸爸叫起床幫忙用風鼓篩除稻殼，一直做到天亮。長大後我對嫁給做農的都很排斥，曾有一個同村莊的長輩，一直要我做他的媳婦，他兒子也很喜歡我，可是想到要做很多農事，到後來我就不敢，因為小時候做到怕。

　　我和先生李朝森[1]也是同鄉，我嫁給他是因為他是公務人員，不用到田裡做農事。我們是經過村裡一位姑婆的孫姪女介紹認識的，她嫁給李朝森的哥哥，我們算是遠親。1969年（民國58年）我跟李朝森結婚後，他在宜蘭縣政府上班，收入還可以，公婆讓我們住在宜蘭。李朝森很照顧我，小孩子還沒出生時，他跟我說你去讀國中補校，他幫我報名去讀國中補校，讀了差不多一年，不過沒有學歷。

夫唱婦隨 為工作到處搬遷

上圖/高麗雪在臺中大甲東老厝做裁縫，旁站立者為先生李朝森。
(圖片/高麗雪提供)

下圖/高麗雪與李朝森攜手同行慈濟人間菩薩道近半世紀，不論是
募會員、做訪視，牽手做慈濟，從沒有「難」這個字。(攝影/周士
龍)

1970年大兒子在宜蘭出生，李朝森請調臺灣省住都局[2]（現內政部營建署城鄉發展分署），負責測量工作，測量隊要四處跑，有哪個地方要做道路，就要去測量；要做測量，我們就還要搬到那個地方去。我們帶老大四處搬家，也曾住過野柳，去過很多地方，半年或七、八個月就要移到另一個地方，一直在搬遷、租房子，生老二時也是這樣子，最小的女兒在雲林北港出生，那時候李朝森剛好在北港測量。

孩子慢慢長大，到了大兒子要上小學時，李朝森想說孩子要讀書，沒有一個固定住的地方不行，所以我們才搬到臺中，在北屯國校巷買一棟透天一、二樓的房子。

大兒子讀國中時，他調到臺北，在臺灣省政府住都局任職，負責林口地區的國宅，星期六、日回來看小孩子一次，小孩不乖時他也捨不得罵。因為兒子讀國中的時候比較叛逆，我先生覺得孩子比較怕爸爸，所以申請調回來臺中，一樣是在住都局測量和道路設計，但也都在外面跑，只是時間比較能活用，每天都可以回來家裡，也可以協助教育孩子。

慈音寺學誦經 巧遇慈濟因緣起

1986年，李朝森開始學佛，同事介紹他去慈音寺學誦經，他拖我一起去，我們在那裡認識駱月桂[3]。每個月

初一、十五誦完經，都看到駱月桂匆匆忙忙急著離去，李朝森覺得很好奇，問她要去哪裡？她說要去慈濟臺中分會聽經，第一次問我們要不要去，李朝森並沒有跟著去。有一次，她又急著離開，李朝森才開口說要跟去看看，他騎著摩托車載我到民權路的臺中分會（今為民權聯絡處）。

那天是端午節的前幾天，到分會時人很多，上人在講《四十二章經》，李朝森聽上人講：「念佛是要『身、口、意』一起念佛。」他跟我分享說，他從來沒有聽過有師父這樣講，但我其實沒有什麼大感受。每次上人來臺中，我們幾乎都會去聽開示。

李朝森自從去聽上人開示講經之後，知道上人做慈善助人，他也想發心募款。當年只要經過師父的同意，相片寄去花蓮靜思精舍，精舍那邊就會寄委員證來。他剛開始募款，都是在慈音寺招募會員，有的是他的同事。我是家庭主婦，我的小孩還小，要顧小孩，比較沒有參與。1987年和李朝森兩人一起受證成為慈濟志工。因為他希望我能跟他一樣一起做慈濟，我一向很尊重他，他決定的事，我一定順著他。

克難功德會 佛七打動心

1988年，慈濟周年慶在花蓮靜思精舍舉辦「打佛

七」，他鼓勵我參加，那也是最後一次舉辦。那時候打佛七，人很多，舊的佛堂容納不下，上人請人在旁邊搭帆布（棚子），裡面溫度很高，沒什麼人要去棚子裡，天氣很熱，真的很累。大家都要窩在比較涼的中庭。

上人說，他搭這個道場要讓大家來共修，用的是精舍常住師父一年所存下來的錢，結果大家都不愛去帆布區，上人沒辦法用個舒適的（道場）給大家來共修；上人講到哭，大家聽了也都哭得唏哩嘩啦，後來沒人敢說不要去。其實常住師父也真的很用心，棚子上面還用可以隔熱的黑網子蓋著，買冰塊放在臉盆裡，再用電風扇吹出涼風。當時除了熱以外，晚上也不夠睡，半夜起來去洗手間再回來就找不到路了，也找不到位子睡。

不管是臺北或是臺中的委員，若要回精舍都會買一些乾貨，如香菇、金針、木耳等，帶回精舍給師父們煮，都不敢讓上人知道，因為上人都教導弟子要自力更生，再辛苦都不能回家裡拿錢，也不願意接受供養。其實我們拿東西去，上人都知道，上人在打佛七時就講，大家回來精舍都帶大包小包，你們回來就不要帶任何東西回來，反正精舍吃什麼，你們就跟著吃什麼，要我們就像吃他（上人）的肉，啃他（上人）的骨一樣，就是要跟緊一點。他講得讓大家哭得很慘，最後一天朝山，大家都祈求讓上人身體健康。

從那次打佛七後，我就很認真地投入了。花蓮慈濟醫

院啟用後，1989年到1990年間，我開始去花蓮當醫院志工，醫院志工要先受訓，要學習如何與病患互動和膚慰病患與家屬。

好壞事都會有 當志工沒有選擇

1991年中國大陸華東水災賑災，我們沿著街道，一個店家、一個店家走進去募款，大部分的人很樂意捐，但也遇到有人罵：「你們慈濟人太閒了，要拿錢去給大陸買炸彈打我們？」他們罵我們，我們還是笑笑地說：「好啦！好啦！」

一路走過來，做慈濟，好事、壞事我們都遇過。1990年4月12日臺中外埔的鋐光實業瓦斯爆炸慘案，我被分配去榮總探視傷患，看到他們的臉腫得好大，皮膚燒得捲起來，好像老鼠被剝皮那樣地慘，知道他們的皮膚接觸到空氣會很痛。這是臺中第一次急難救助個案，上人也親自去大甲慰問傷患。

1995年衛爾康餐廳發生大火[4]的那一年，那時李朝森去泰北參加扶困計畫，當時我還沒有當組長，火災發生在晚上，並不一定每位師姊都敢去，我跟幾位師姊相邀一起去到現場。看到六十具屍體，皮開肉綻，燒得骨頭都彎曲了，家屬拜託我們帶他們去認屍，我們是志工，是要去膚慰家屬，不能說我不敢去。晚上回到家後，接

到訪視組陳秀鷹的關心電話：「慈澈5，妳一個人敢住嗎？」我說：「敢啦！我又沒有怎樣！」我本來什麼都沒有想，被她這樣一問，晚上一直想那一具具燒得焦黑的臉，想得我整夜睡不著。

之後我們分享給上人聽，上人說：「你們這些人膽子很大！」身為慈濟委員，不是我要去或不去，而是負責哪一件個案，就必須去關懷。早期慈濟委員的工作以看個案居多，與個案互動次數多了，遇到災難時，自然知道如何去安慰。家屬看到自己的親人受災，哭得很傷心，沒有人教我們，我們都會自動自發去膚慰，這對慈

2001年7月桃芝颱風襲臺後，李朝森（右）與高麗雪（左）到南投信義鄉地利村勘災。(攝影／施龍文)

濟志工來說，都是很自然的舉動。

1996年發生賀伯颱風，我們去南投埔里煮熱食給鄉親吃。李朝森是訪視組幹事，我們去煮熱食也都是用輪流的。賀伯颱風發生的時候，道路都很難走，洪武正聯絡駱駝車隊來協助送便當進去災區。有的受災民眾會來現場領，國軍也都用直升機載人下來，停在空曠的地方，我們將餐盒送到那裡去給他們。我們也會送茶水去給救難人員，他們把人送下來，我們就上前去扶他們下來，在那裡膚慰他們，接應他們，大概前後一個星期的時間。有了那次的經驗，總覺得一碗熱熱的稀飯或是湯麵，溫暖災民的胃，吃飽了就有體力，這是同理心，況且救難人員沒有早餐吃，要去買又不一定買得到。

救援土耳其 臺灣在哪裡

1999年，我們還住在國校巷的透天二層樓房子，女兒在外地上班四年，剛好回到家休息一年；我家老二李彥學與阿貴（謝景貴，時任慈濟基金會宗教處副主任）、陳竹琪（時任大愛電視臺新聞記者）和負責錄影的陶凱倫，他們四個人去科索沃國際賑災[6]，結束後即將回來臺灣，結果遇到8月17日土耳其地震，我兒子打電話回來說，上人請他們轉到土耳其去勘災。

那時候土耳其胡光中[7]還曾經寫了一篇文章〈救援土

其，臺灣在哪裡？〉[8]。其實，第二天，他們抵達土耳其，在那裡就只有他們四個人，真的很忙。

當時我是臺中市東北屯地區的組長，為了幫助土耳其災民早日恢復家園，我和組員們拿著募款箱到大坑登山步道，向登山的朋友說：「請幫忙土耳其，十塊錢也能救人喔！」被一些路過的山友罵：「土耳其在哪裡？為什麼要去救他們，臺灣都救不完了，還要救到土耳其去！」

大難前的安靜 天空泛紅灰濛濛

九二一地震造成臺中縣豐原市樓房地基震垮，房子變成危樓。(攝影／林昭雄)

9月20日傍晚，臺中整個天空灰濛濛，整片天都是紅色的，很安靜，很安靜……與往常很不一樣。21日凌晨，發生地震是上下震動，搖得很厲害，以前發生地震，我們會躺在床上，讓它去搖。那天女兒剛好在家，我和李朝森喊著女兒：「思慧！思慧！快躲到床底下去！」但是當時搖動不停，我警覺到這次的地震與往常不同，不能再繼續躺在床上任它搖，應該要跑出去才對，所以趕緊下床，我們倆和女兒全都往外跑，跑出去後緊接著也停電了。

　　我們是透天厝，家裡狀況還好，大約凌晨兩、三點的時候，接到從慈濟臺中分會打來的電話，是慈濟基金會總務蕭惠特打的，他家離臺中分會很近，所以馬上趕到分會，救災總指揮中心也成立了。他在電話中說：「精舍有打電話來，上人講，叫大家快打電話給社區的每一位師兄、師姊，問他們有沒有平安？」其實當時很多地方的電話都不通，只能靠聽收音機得知災情。我們在車內聽收音機的時候，北屯路和太原路上的救護車一直來來去去，「嗚咿——嗚咿——」地叫。

　　大約清晨五點多，又接到蕭惠特來電要我們去臺中分會開會。我對李朝森說：「我們沒有去了解自己社區的狀況，如果他們問，我們什麼都不知道，這樣不太好！救護車好像是從中臺（現今臺中科技大學）那邊開去，我們出去看一下好了！」

於是，我和李朝森換上藍天白雲的制服後，開著車往大坑的地方走。從收音機中，得知中臺的山底下有一些平房倒塌，但是並不知道（大坑）軍營經補庫也有一片透天厝倒了。到的時候快接近六點，太原路往中臺的廊子路已經被封了，只給救護車通過，但是警察看到我們穿藍天白雲制服，知道是慈濟人，就讓我們過去。

救急第一 借八卦灶煮熱食

廊子路上有個土地公廟，停著許多部救護車，新社、清水巷、濁水巷等附近的傷患也都被送了過來，有的從大坑山上不斷運下來，讓救護車送到醫院。

臺中市議員曾朝榮對大坑山上很熟，我打電話問他太太盧瑞貞（慈濟委員），她說大坑山上有一座湖，附近的土角厝或磚頭蓋的房子也都倒了，壓到不少人，救護車沒辦法進到山區，他們多是務農，所以他們自己用發財車或鐵牛車載傷患下山來。我們到的時候，看到一個現象，馬路雖然隆起，還是有人在那裡賣早餐。我對李朝森說：「他們（救災人員）應該還沒有吃，我們是不是來準備早餐給他們吃？」

李朝森同意我的建議，我想到我的組員邱玉華的住家靠近中臺，對附近比較熟，立即撥電話給她：「邱玉華，妳那邊可以借到寬闊一點的地方嗎？我們要煮熱食

送去給救災人員吃。」

　她回我：「我來問問正覺寺[9]，師父有一個大灶，看能不能借我們用？」我將這件事交給她去負責，又聯絡王碧雲，請她聯繫香積人手，我自己跑去軍功菜市場，想要買些菜，結果什麼菜也沒有，尤其發生地震，更沒有人會出來賣菜。

　還好邱玉華借到了正覺寺，住持道明法師很慈悲，他說：「沒有關係，你們可以來這裡使用，我們這裡都有菜。」師父拿出他們全部的菜，師兄、師姊也從自己家的冰箱裡把菜都拿到正覺寺，師父任由我們自由使用正

九二一地震當天，臺中縣豐原市慈濟志工即時為災民煮熱食。(攝影／林昭雄)

覺寺，可是停水又停電，讓我們傷透腦筋，沒有水很不方便，那怎麼辦呢？

後來我輾轉打聽到謝許雪（慈濟委員）的兒子在消防隊上班，她請兒子載一整車的水倒進正覺寺的水塔，才解決水的問題。至於沒有電，正覺寺一向是燒柴火，他們有一個八卦灶[10]，所以沒有電並不影響煮餐。一切慢慢就緒，差不多早上八點多、快九點的時候開始煮，我請師姊們煮鹹粥比較快；十點多煮好，馬上請師兄送到土地公廟和軍營（目前九號步道旁）先給救難人員和災民吃。

軍營是戰車部隊駐紮的地方，地震後闢為九號登山步道的停車場，軍營的對面是軍功國小[11]，校園也因地震而造成地面拱起（目前保留地震發生時的原場景，為地震公園），學校前面有一片透天房子也倒了，包括小孩共有十一個人往生。

慈濟基金會在軍營成立社區救災中心，救災中心由李朝森負責。有很多人是從新社國小、大坑下來，在軍營暫時搭帳篷過夜，我們看到受災民眾都睡在地上，李朝森請分會管理物資的楊明達，在9月21日晚上送來一些涼被給受災民眾使用。

煮好第一餐的時候，差不多十點多了，我請王碧雲趕快聯絡人手去買菜。隔天（9/22）我們開始準備中餐、晚餐的便當給軍營的人吃。豐原地區的災難也很大，師

兄、師姊沒辦法顧到新社，新社只有一位委員邱周寶珠和一些環保志工，還有一些種香菇的民眾很發心，請他們每天統計便當數，報回給軍營的救災中心。由當時第四中隊隊長黃元杰統一指揮，請師兄們一一送到新社，有一次則送到豐原。

我們在正覺寺煮了一個星期的熱食，中秋節（9/24）也在寺裡過。我和李朝森都在外面忙訪視和發放。王碧雲負責正覺寺的香積，很多發心的會員，有的拿菜來，有的出菜錢，有的來幫忙揀菜、洗菜、切菜，共同一心，就是希望先安災民的民生問題。

不忍眾生苦 涉險上山訪視

同時我們也開始發放和訪視，每一個社區都忙得焦頭爛額，沒時間回去分會。本會社工通知先視情況而定，發給傷亡者慰問與急難救助金。我們負責大坑地區的發放，包括受災民眾、軍營的弟兄和大坑圓環的警察人員。

有一天（9月25日）早上大約六點多，我和李朝森去分會和阿淨（陳麗淨）算錢，因為我們要繼續發放，有師姊來跟我們說：「上人叫你們去夾層[12]。」我們心裡很急，東北屯組裡師兄、師姊在等我們拿錢回去發放，這下子被上人叫去，不知道要多久？進到夾層，上人第

一句話就說：「你們在外面趴趴走，一直衝、一直衝，都不用回來跟我報告嗎？」

我心想也對啊！弟子們在外面勘災、救災、煮熱食，沒有回來向師父報告外面的消息，而且當時餘震還是不斷發生，他當然會擔心大家的安危。剛剛我們和阿淨在算錢的時候，又來了一陣很大的餘震，把所有人都嚇壞了，怪不得上人會這樣擔憂。

上人交代：「去把大家叫回來！」我趕快請訪視幹事羅立勝聯絡師兄、師姊回到夾層，向上人報告災情和受災民眾的狀況，報告完後，才繼續去發放。當時上人為了大家的安全，禁止我們上山，有的師兄、師姊還是會偷偷上山去。臺北的陳美羿[13]為了寫一本有關九二一的書來到中部採訪，可是不知道到哪裡去找人訪問，而社區的定點熱食已慢慢在撤了，她在分會找不到任何線索，正在苦惱，聽到我們向上人報告訪視後的情形，抓住機會，拜託我們帶她去訪問，於是我們帶她上大坑去採訪災民。

結果，有一天在分會，有人在問我這件事，我不小心說溜了嘴，上人的耳朵很靈，走在前面馬上轉過頭來：「我不是叫你們不要上山，禁止你們去山上，結果你們還是去！」我立刻回他：「沒有沒有，我們沒有去！」因為有人到山上去訪視或勘災，沒有讓上人知道。上人曾經這樣說：「你們這群肉雞仔（臺語，餵養飼料的

雞）想要去關懷土雞仔（臺語，自然放養的雞），人家是見青就有得吃，那你們呢？」意思是說，住在山上的人，靠山吃山，他們拔山菜就能填飽肚子，看到地表上的植物，就知道什麼可以吃、什麼不能吃，我們這些都市人，到山上去哪能與山上的人體力相比呢？這是上人擔憂我們安危的原因。

上人就像我們的父母，做人家弟子的，應該讓他安心，讓他了解勘災的經過才對，所以之後不管去訪視、勘災、推任何一項活動，只要有溫馨感人的故事，我都會向上人報告，也很想與上人分享法喜。

安生告段落 續安心安身

一星期過後，臺中市政府家政中心來煮葷食給軍營的災民吃，我們回分會向上人報告，上人要每一區定點熱食的負責人開始撤，他說：「我們退回來，後面的工作還很多，要去訪視、去調查受災民眾要不要住大愛屋？」我們第七組負責大坑和新社的訪視，陳麗秀是第八組的組長，來跟我們要工作做，李朝森是大臺中的訪視組長，他請陳麗秀負責新社地區，大家一村一村去統計鄉親住大愛屋的意願。

新社是鄉下地方，村與村間距離遙遠；新社中興嶺軍營的軍人去新社幫忙救災、抬大體，晚上害怕得睡不

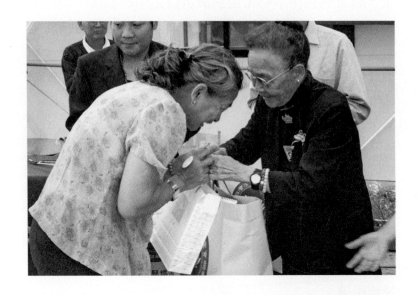

上圖/新社九二一大愛村組
合屋完成後，1999年11月
3日，受災民眾從王沈月桂
（師嬤）手中接過大愛屋的
鑰匙，有了安身的處所。(攝
影/范毓雯)

右圖/新社大愛村住戶在領到
鑰匙的那一刻起，安居的夢
想終於成真。(攝影/范毓雯)

著，教官到指揮中心希望慈濟可以去中興嶺辦一場祈福晚會。當時的大愛臺總監姚仁祿到新社場勘，看到師姊們走過一村又一村，他回來對上人說：「看到師姊真的很敬佩，中午這麼熱，她們不怕曬，很有耐心，一家一家去問他們住大愛屋的意願。」

慈濟在新社鄉東興路上蓋了二十二戶大愛屋，有一戶已自行去購屋，只剩下二十一戶入住。大愛屋由臺北的慈濟人來負責蓋，我們三大節日和過年的時候會和居民互動。臺中慈濟人負責埔里的大愛屋，一起輪流香積，也到援建的學校煮茶水；那兩年真的很忙，我和李朝森幾乎每天都往工地跑，不是煮茶水，就是忙香積，或是鋪連鎖磚。

人生無常 自己的人生自己走

還有人問我：「妳很內向，又很依賴李朝森，怎麼知道要如何膚慰這些災民？」李朝森是很呵護老婆的好先生，平常都是他載我進進出出做慈濟，大家都會覺得是他在照顧我。

2017年李朝森往生，他身體還健朗的時候，我們同進同出做慈濟，我不會開車，也不會騎摩托車，需要靠他載。他卸下慈誠大隊長後，每個月去泰北扶困計畫，我獨自做慈濟、獨自生活，但是實際上，學獨立也不是那

時才開始。李朝森退休前在臺北上班,每週回家一次,我獨自帶三個子女,從那時候已經開始學獨立了,我不是很愛講話的人,反正做就對了。

有一次我去中國大陸賑災,精舍德融師父看李朝森好像失魂落魄的樣子,融師父說:「是你在黏師姊,不是師姊黏你!」

李朝森身體不舒服的時候,一直想去向上人討祝福。臺中慈濟醫院醫護同仁場次的歲末祝福,我帶他去大廳接上人,要上人給他祝福。上人直接上了五樓,我們跟著上去。我只說:「他要跟上人要紅包,所以來到五樓!」李朝森自己卻很坦白:「我要跟上人要祝福!」上人裝作沒聽到,只問:「要幾個紅包?」他說:「五個。」上人說:「五個就好?你女兒、你媳婦呢?」李朝森又重複:「我要跟上人要祝福!」上人在他肩膀輕拍了三下說:「要靠自己,你要靠自己!」聽到上人這句話,我深深體會到,到後來一切都要靠自己。

農曆大年初三(2017年),兒子和媳婦、女兒都回到他們工作崗位去了,晚上李朝森發病,抽筋到整個臉部發黑,不省人事,孩子不在,看到他這樣,我嚇壞了,一直叫他:「朝森!朝森啊!」心裡想這下子完了,雖然他後來又回過神來,但是有幾天都吃不下,住進心蓮病房,農曆十四(2017年2月10日)往生了。

李朝森最不放心的是我,住進心蓮病房的時候,我看

他應該是好不起來了，對他承諾：「今天我給你誦一部
《地藏經》，你不用擔心我，如果阿彌陀佛要帶你走的
話，兒子會照顧我，我會去臺中慈院做志工，你就放心
地跟祂走吧！」隔天一大早七點多，李朝森終於放下地
走了！

　我一直認為不管誰先走，另一位就得靠自己活下去。
現在我每週三天到慈院做志工，看到那些躺在床上望著
天花板，不能說也不能動、眼睛張得大大的病患，或
年紀輕輕中風，什麼事情也做不了的病患，我對孩子們
說，一旦哪天無常來時，請他們不要給我急救，我要做
志工到最後一口氣。

1　　李朝森，1963年（民國52年）高中畢業參加臺灣省經建特考，
　　　19歲奉派宜蘭縣政府服務，1965年考土木工程普考及格，
　　　1966年到1967年服兵役，1969年與高麗雪結婚。

2　　臺灣省住都局，1969年12月，臺灣省政府建設廳公共工程局
　　　增設「臺灣省政府建設廳公共工程局都市計畫規劃總隊」。
　　　1973年10月，公共工程局都市計畫規劃總隊整併公共工程局
　　　市鄉規劃組，成立「臺灣省政府建設廳公共工程局市鄉規劃
　　　處」。1979年3月，「臺灣省國民住宅興建委員會」與「臺灣
　　　省政府建設廳公共工程局」合併改組為「臺灣省住宅及都市
　　　發展局」。1999年7月1日配合臺灣省政府組織員額調整，省
　　　建設廳（四科）、都市計畫委員會、住宅及都市發展處與本
　　　署整併，為就地安置與本署整併之省屬員工，分別設置內政
　　　部中部辦公室（營建業務）及臺北第二辦公室，並辦理原省

府移撥業務。原省屬新生地開發局、市鄉規劃局及重機械工程隊等機關亦改隸營建署。其中重機械工程隊於2008年1月1日奉行政院同意裁撤；新生地開發局及市鄉規劃局於2008年8月22日組織修編整併成立「城鄉發展分署」。資料參考：內政部營建署城鄉發展分署-分署簡介-分署沿革。https://www.tcd.gov.tw/about.php（2019年8月15日檢索）

3　駱月桂，早期勸募志工。

4　衛爾康餐廳位於臺中市西區臺中港路二段52、54、56號，1995年2月15日晚間七時發生大火，共造成六十四人死亡，十一人受傷。

5　高麗雪的法號，皈依後的慈濟志工有時會以法號相稱呼。

6　科索沃，位於歐洲東南部巴爾幹半島的科索沃，是一個長年主權爭端紛擾的國家，境內的阿爾巴尼亞人與塞爾維亞人，矛盾衝突歷經數個世紀。1998年10月，南斯拉夫軍隊協助塞爾維亞警察，進行大規模軍事行動，致使數十萬阿爾巴尼亞人淪為難民。慈濟與美國騎士橋國際救援組織合作，由慈濟提供運費，於1999年4月10日協助將一批價值三十萬美元，約四千六百磅，包含成人及孩童抗生素的緊急藥品，送到阿爾巴尼亞難民中心。1999年6月與世界醫師聯盟（簡稱M.D.M.）合作，展開為期五個月的「關懷科索沃難民計畫」。

7　胡光中，1999年土耳其大地震發生之初，當地臺商胡光中曾投書臺灣媒體，發出「救援土耳其，臺灣在哪裡」的質問；此因緣讓胡光中與慈濟牽上線，從協助慈濟救援土耳其災民的臺商，變成慈濟土耳其聯絡點的負責人。資料來源：《慈濟月刊》423期2002年2月25日報導。

8　土耳其災情傳出後，國際組織紛紛進駐救援，胡光中受訪時說，自己當時很不能諒解臺灣明明有能力，為何卻沒有伸出援手，於是寫了一篇文章〈救援土耳其，臺灣在哪裡！〉投書《聯合報》，當時他沒想到，慈濟在第二天就從科索沃

派人赴土耳其賑災了。資料來源：取自中央通訊社登文：
2012/09/21 。

9　　正覺寺創建於1956年，以茅草搭建而成，是一座純女眾的
道場。正覺寺以觀音法門為依歸，故正殿又叫圓通寶殿，
供奉的是觀世音菩薩。資料來源：正覺寺網站。http://library.
taiwanschoolnet.org/cyberfair2007/daken/a5131.htm （2019年8月15日
檢索）

10　　正覺寺鎮寺之寶的八卦灶，是傳鐘老師父的智慧，在料理齋
菜的大廚房，每餐可提供千人流水席食用。一個廚房可以容
納十多人，一面作菜一面聊天說笑，煮出來的飯菜特別有人
情味。「八卦灶」是指八個爐灶圍成一個八卦形，「八卦
灶」呈八角形，共有四大灶、四小灶，每個灶爐上，都有水
龍頭，火源分開獨立，各自炒菜煮飯，但調味料可相互支
持，方便卻不擁擠，條理分明，獨特又實用，簡單又不佔空
間。其設計兩個爐灶之間有一個凹洞，可讓廚師站在上面，
人手不夠時，一個廚師甚至可負責兩個爐灶。三十多年前善
正法師到此擔任主持後，香火日漸鼎盛，正覺寺重新改建，
供奉的觀世音菩薩因威名顯赫，每年三次廟慶，各地信徒
紛紛前往禮拜，許多信徒指定要在寺中用齋飯，為解決這麼
多人吃的問題，善正法師於是在廚房內創建了今天的「八卦
灶」。資料來源：正覺寺網站。http://library.taiwanschoolnet.org/
cyberfair2007/daken/a5131.htm （2019年8月15日檢索）

11　　軍功國小，位於臺中市北屯區軍福十三路300號，成立於1920
年（民國9年，大正9年）4月1日，原名軍功寮公學校。1999
年9月21日，臺灣發生九二一大地震，學校不幸於地震中震
毀。全校師生先是寄讀於賴厝國小，後遷回位於十期重劃區
內之簡易教室。歷經近兩年辛苦重建，終於在九十學年度遷
入新校舍上課，並在九二一地震兩周年當日舉行校舍落成啟
用典禮。資料來源：臺中市政府教育局全球資訊網。https://
www.tc.edu.tw/school/list/detail/id/748 （2019年8月15日檢索）

12　臺中分會（今為民權聯絡處），一樓通往二樓佛堂樓梯的後面，設有上人的寮房，寮房外有上人行腳至臺中時，會客或師徒溫馨座談的地方，慈濟志工慣稱它為「夾層」，此處亦是九二一地震後，上人決定救災、援建等重要決策之處。

13　陳美羿，1949年出生於花蓮。臺灣師範大學社教系畢業，任職國小教師二十五年，1986年加入慈濟當志工。自小愛閱讀、愛寫作、愛音樂，愛品味生活，探索人生。早年寫作散文、詩歌、小說、童話及報導，後以慈濟題材為主，寫作不輟。作品集：《微塵心蓮》（1993慈濟文化）、《感恩的心》《愛的陽光》（1996南宏）、《不死鳥》（2004靜思文化）、《紅塵好修行》（2008靜思文化與時報文化）、《咫尺幸福》（2013慈濟道侶叢書）。資料來源：慈濟人文志業道侶叢書網站。http://web.tzuchiculture.org.tw/?book=9030&matao=1827 （2019年8月15日檢索）

忙碌的救災專線

溫春蘆訪談紀錄

經歷過九二一，看到人世間的悲歡
離合，深深覺得要把握當下，去做
對的事；二十年後再回眸，還好有
做。

————溫春蘆

◎訪問：洪素養
◎記錄：洪素養、賴蕙捷、林素玲
◎日期．地點：2019年3月20日 慈濟臺中分會
　　　　　　　2019年7月24日 慈濟臺中分會

簡歷：

溫春蘆，1949年（民國38年）出生在雲林縣崙背鄉，四個月大時，父親病逝，三歲時隨著母親改嫁，搬到雲林縣北港鎮的一處小村莊，母親忙於農事，早出晚歸。七歲起帶著弟妹，照料三餐，學會獨當一面的本領。婚後育有一子二女，1986年成為慈濟志工。

　　我在1949年（民國38年）出生於雲林縣崙背鄉，四個月大時父親病逝，三歲隨著母親改嫁到雲林縣北港鎮一處小村莊。我是家裡唯一姓溫的孩子，從小就有寄人籬下的孤單感。

　　我媽媽再結婚以後，生了兩個弟弟、兩個妹妹，我比大妹大七歲，從她出生，媽媽去做工，我要帶妹妹，她

是我背長大的。其實從我懂事以來，我就有一點叛逆，覺得媽媽不應該帶我來這邊，我心裡想，我是寄養在這裡的孩子，我並不是他們家的孩子。

獨當一面 姊代母職照料弟妹

媽媽去田裡工作，我要帶弟妹之外，中午都是我在煮飯，到最小的妹妹出生，那時我十五歲，就出去學做裁縫。我的個性獨立，是小時候磨練出來的，到現在媽媽對我有一點不好意思，我跟著他們吃了很多苦。但是我很感恩，如果沒有當時的磨練，我應該不會那麼獨立。

其實我在家像個小霸王，但不會無理取鬧，只是不要讓我抓到把柄，我會借題發揮，情緒上我會將對大人的不滿，故意整弟弟、妹妹，繼父跟媽媽都拿我沒輒。我從小心態是不平衡的，因為他們都姓吳，只有我姓溫，我對人情世故特別敏感。

我十九歲嫁給大十八歲的外省軍人潘年和，為了要

溫春蘆。(攝影／黃格致)

報答媽媽，不管她是要嫁女兒，還是要賣女兒，我都答應，而且多一筆聘金，改善家裡的經濟，我就不欠他們了。過去家中的事情都是我在處理，包括弟妹的婚事也是我在張羅。所以，我繼父跟堂叔堂伯們，如果有任何的問題磨擦，雖然我已結婚了，大大小小的事，一定會叫我回去排解。

我許孩子 一個圓滿的家庭

當年很不甘願，我那麼年輕嫁給完全不是自己想要的對象，所以我很會鬧脾氣，要讓先生受不了，但是偏偏碰到一個我怎麼「盧」（臺語，意為糾纏不休、無理取鬧），他都無動於衷的人，他做該做的事，對我的無理取鬧，都沒有感覺，他的個性很好，包容力很大，儘管我怎麼「番」（臺語，指不可理喻、有理說不清之意）也「番」不起來。

有了孩子以後，我告訴自己必須接受先生。我從小缺少父親在旁邊，對家庭的不圓滿，我有一點遺憾，對媽媽也有一點不諒解，等到我自己有了孩子，我不再讓我的孩子受委屈，我一定要讓孩子在很圓滿的家庭中長大，這理念支持我去接受。第一胎是女兒，名字就叫幸兒，我希望她以後都很幸福。

我們婚後隨著先生的職務遷調，大女兒六歲，先生調

到臺中烏日成功嶺工作，我們一家就在附近租屋。先生快退休，就在春社里眷村頂了一間軍眷房。到孩子長大，先生才買到臺中西屯區大肚山上的房子。我除了做家庭加工，還跟老闆配合，他打海灘鞋的樣本，我幫忙成型，配合得很好，做了很長的一段時間，做到進慈濟才辭掉工作。當時，先生也退休，又再去工廠上班，是很肯拚又負責的好先生。

夜黑風大 車上避難

臺中市還沒有縣市合併前，西屯區大肚山山上是最邊緣的地方，交通非常便利，不管一高、三高，跟快速道路，五分鐘就到了。我們住那裡很方便，山上深夜風很大，卻是很靜。

1999年9月19日我二女兒訂婚，隔天，我們區開組隊會議，我帶很多喜餅分享給組員，剩下的就放在車廂裡。那一天晚上，開完會出來一看，怎麼滿天紅紅地，風滿大，天氣就一點詭異，覺得有點怪，不過，回來還是照常睡。21日凌晨，我被一陣天搖地動給震醒。守衛趕緊廣播叫所有的住戶下樓來，才一會兒就停電，我趕快拿手電筒，看看樓梯有沒有損壞，樓梯的牆壁有沒有裂痕？因為怕樓梯斷掉，手電筒先照亮前面的人，再一個跟著一個下樓來。大家很驚慌地逃到中庭，有的人穿

內衣,有的人身包棉被或被單,非常狼狽。我們是穿著睡衣到樓下,因為緊急,不會有時間換衣服。

我們的房子共十六層,我們家住九樓,地震家裡除了幾個大花瓶,沒有什麼東西掉下來。這裡共有兩百多戶,守衛害怕地說:「你們就不要再上去了,等地震穩定了,你們再上去。」大家都到東大路避難,那裡比較空曠,但是風又很大。我女兒剛好前天才訂婚,她跟未婚夫還住在家裡,他們的車子停到地下室車庫,我的車子停到外面,還好有那一部車,我趕快開來路邊,大家都躲到車子裡面,要不然好冷!可是我們家這麼多人,我兒子趕快開他的車,我們兩部車停在東大路的路旁,我們就躲在車子裡面去。

我還沒有跑下樓就接到陳秀鷹[1]的電話,她說:「妳如果可以的話趕快來,因為這邊已經有很多人都已經來了。」我說:「好!現在我要怎麼去?」想一下又說:「那麼晚要怎麼去?」電話就斷訊了。

天微微亮,回到大樓,有發電機發電,我就安心地趕快上樓去與陳秀鷹聯絡,秀鷹問我:「妳那裡有沒有怎樣?地震搖得很厲害。」我回答她:「我這裡還好,三更半夜不知道情況,但是聽收音機,西屯區沒有傳出災難。」她告訴我:「我在臺中分會,妳要趕快過來,蕭惠特[2]已經來了,這一次災難很嚴重。」我把衣服拿一拿,自己開車出去,我注意到周遭的房子都很完整,可

是聽收音機，聽到東勢、埔里的房子倒得很多，非常嚴重，我想還是到分會再說。

電話不斷線 分會接聽忙不完

我趕到臺中分會，已經有很多人，看到大家很忙、很亂，我平常負責志工的工作安排，可是當時我們沒有分得很清楚，事情太多，我們什麼都做，我看到需要搬的我就跟著搬。一開始物資沒有固定的人管理，像兩百件棉被進來，就堆放在那裡，需要的人自己拿，算是亂中有序，動中有律，沒時間去說要如何規劃。

原本停電、通訊不良，有電之後，電話也通了，打進來的電話中，不斷有災情和需求報來，有缺帳篷、尿布、乾冰、棉被……什麼都缺。我就接了很多通電話，內容很複雜。有人說他家住哪裡、他需要什麼東西；也有人說有物資要怎麼捐？有人說要做志工，要怎麼參與？真的是包羅萬象，接聽電話人力真的有限。

原本分會電話有四、五條線路，但電話只有三支不夠用，蕭惠特找來很多支電話接上線；電話放在大廳的櫃臺上、後方的架子上都有，也有坐在地上接的，甚至有的志工直接趴跪在地上，一邊聽一邊寫。每個人都上緊發條跟對方應答，接到電話先登記訊息再轉達出去，一邊找人送物資到災區，看誰可以支援，就由誰過去看，

非常地忙碌。

路阻橋斷 調度人車常不足

但是運送物資的人力不夠，去一趟災區，路途都要好幾個小時，像志工開車到東勢，結果橋斷了，無法過去，打電話回來求救，我們就聯絡熟悉當地的志工協助，問問還有哪一條路可通行，類似這樣的問題很多，所以人力或是車子常常不足。

第二天，陸續來捐錢的人就很多，但是我們沒有辦法跟會眾多聊幾句話，因為太忙了。櫃臺的志工會開收據給會眾，會眾也是匆匆忙忙地離開。若是送物資來分會，也會開物資證明的收據。好比有人捐帳篷一百頂，我會寫捐帳篷一百頂，證明有人拿這些東西來給慈濟。

愛心人士一直送物資來臺中分會，有帳篷、水、奶粉、罐頭、衛生紙等，什麼都有，他們看哪裡有空位，就往哪裡擺，分會幾乎連走路的地方都堆滿了，堆到民權路的人行道上都是，像帳篷等大型的東西都放人行道上。我們接到電話，需要什麼物資就去找，剛開始都沒有歸類，也沒有排好順序，只是東西送出去都有登記。

9月21日天亮後，我們也不曉得外面情形到底是怎樣，我就跟陳秀鷹開車出去繞一圈，繞到大里已經快中午，我們看到大里金巴黎[3]整棟大樓倒塌，大樓很四

慈濟臺中分會前，志工、教聯會老師、慈青及社會大眾合力搬運大量物資，準備運送至各災區。(攝影／林炎煌)

方、又寬，那麼大棟的新大樓也會倒，下層埋在底下，上層倒在別的房子上，倒得斜斜地在巷弄內，真是太震撼！

走訪外部災情 火速啟動煮熱食

　　大里金巴黎壓到很多人，死傷也是最多，凌晨一點多，阿兵哥就在那裡一直救。當時，民眾都在街上，我看到救難人員進進出出，猜想他們一定是從一點多開始就一直沒有休息，我想到車上有女兒訂婚的喜餅，趕快拿出來，給熱心的左鄰右舍切一切，讓大家止飢。我們

又去商店，想要買一些水給他們喝，來到便利商店，結果水都被搶光，連餅乾乾糧、罐頭等，全部的食物都被買光光。

　　大里金巴黎壓到旁邊五戶透天厝，整個氣氛像死城一樣死氣沉沉；救人的人，被救的人，這樣有氣無力，受傷的家屬很著急，真的非常慘重。看到災區情況，我們回到分會後，緊急動員香積組，開始煮熱食供應災區不足的部分。慈濟人有默契，災難發生在住家附近，就會從家裡搬些食材湊一湊，趕緊煮個鹹粥，給救災人員吃。

臺中縣大里市「金巴黎」社區大樓倒塌現場封鎖，國軍維持秩序及安全。(攝影／蔡啟章)

我的印象中，認為舊的房子才會倒，往生大德被抬出來的時候，連一塊布都沒有蓋。有的人只穿內衣褲、穿睡衣，讓人感到心痛，我看到有家人、鄰居，把被單拿出來，幫大體遮蔽一下。看到那棟倒塌的新大樓，我回到家真的會怕，我差一點都不敢上去家裡，還好我們的房子很堅固。

當時上人已經有指示，先給每戶應急金，讓受災民眾可以趕快買到生活必需品。我跟陳秀鷹拿好幾百萬元到大里、南投等地，依需求給當地負責的窗口去發放。

上人抵臺中 安定人心理頭緒

震後第三天，上人來到臺中分會，看到大家那麼忙，忙到亂成一團，精疲力盡的樣子。他要大家先靜下來，趕快把白板拿出來，寫每個災區的狀況，把所有接到的訊息通通歸類寫出來。

上人告訴我們，趕快將捐贈物資歸類，裡頭嬰兒用的、食品會壞的，都要看它的時間，有時間性的優先送出去給人家，不要囤積讓它壞掉。所以我們趕快請志工整理，而且分類得很好，這樣方便找物品。

有一次，從災區傳來，需要嬰兒吃的特殊奶粉，我們趕快去找，結果沒有，委員趕快一個告訴一個，把訊息發出去，或是有人載東西來就先問：「裡頭有沒有奶

粉，我們現在需要！」所以，特殊奶粉很快就有人送來。

運送物資的部分，上人覺得志工貿然進入災區太危險，所以要我們先聯絡當地就近的志工，先去了解狀況，去的人每天都一定要回報訊息回來；回報人現在在哪裡？看到的情形？需要人力嗎？還是需要東西？大部分災區的狀況，當地複查回報後才比較確定援助方向，分會再安排人過去，大家互相接力完成任務。

經過上人一一指導後，慢慢有專人負責，像是林玉雲負責志工的調度，分配有人在這裡分類東西、哪裡需要助念，她就找幾位去助念。有很多人要來當志工，我們都收，只要來幫忙的，我們每天發背心，帶去殯儀館助念或是在分會整理物資。

我記得有一天下午，因為災民急需物資，所有物資都上車準備好，要趕快送出去。上人看到就講不行：「你們現在不要出門了，晚上出門很危險，因為越走越遠，路況如果不熟，天黑又看不到路。我很不放心！」上人的考慮比較周全，他講不行，絕對不讓大家出去，上人站在大門阻止：「晚上通通休息了，不動作，明天一大早，可以四點去都沒有關係，因為一大早，吃了早飯出門，路會越走越亮，路會越看越清楚，這樣子才會安全。現在下午三、四點鐘出門，會越走越暗，到越遠的地方，路況越不熟，這樣太危險。」上人捍衛弟子生

命，就像母親愛護孩子一樣，大家都乖乖地留在會所工作，不敢衝出去。

上人作了有系統規劃，明確指引，所以不管物資還是人力分配，全都上了軌道。

南北志工聚 隨遇而安有秩序

我大概一個星期沒回家，反正家裡的事孩子會自己搞定，其他的志工有回去的也是天亮馬上就過來。我負責志工調度，林美蘭平常負責活動規畫，我們兩個人在分會，天天在一起。那時餘震不斷，真的回去也不見得敢睡，我就乾脆都在分會，每晚有睡又好像沒睡，想睡就瞇一下，不想睡就起來工作。

從南到北的慈濟人都會來分會住，大家抱著小棉被，有地方就躺一下、睡一下。臺中分會本來就沒有寮房，都是在三樓、四樓共修的走道，大家睡得滿滿的，如果團體來的人比較多，臺南的就住這裡，臺北的就住那裡，有多少人就畫多少個位子睡。

大家都要來賑災，身邊沒有帶貴重的物品，旁邊有櫃子就放，沒有櫃子可放的物品，就擺地上擺整齊。三樓、四樓就這樣睡，多睡幾個、少睡幾個都可以，變成是開放的地方。外面也是進進出出，每天有人來煮飯，有人來打包物資。

過了十幾天，我們已經上軌道，很多愛心人士依舊每天來分會，進進出出好幾百人，有的人已經到災區蓋學校，有的在蓋組合屋。但是有的志工不適合到工地，要留在臺中分會。這些人沒工作，我就想讓他們有工作。

人人有事做 巧思針線縫大愛

　　此時，大家心裡都有數，要蓋大愛屋、要蓋學校，需要很多經費，所以大家能賣的，盡量都拿出來義賣，也趕快去募款跟宣導。我跟林美蘭找大家商量，要找什麼工作給志工做，您一句、我一句的，我想到開一個手工

九二一地震援助結束，慈濟中區的巧藝班繼續延伸發展。(攝影／周秀鳳)

藝班，手工藝要有一雙巧手，需要技巧與專業，是一種藝術，所以請拼布老師來教學。我趕快買剪刀、尺等基本的工具，看誰家裡有不要的衣服，通通拿來，要教會這些人先做一些小袋子，筷子袋大家都可以用得到。

大家開始用針線縫布包，要做漂亮點才可以義賣，我找三個老師負責教學，第一個想到的是王淑姿，她是在做中國風的衣服，她一個人要教那麼多人沒辦法，我們再去找一位藍梅瑜，豐原也請一位拼布老師。我很感恩老師來幫忙教，但是絕對不能賣私人的東西，材料一定是回收的布，完成一定是歸公，因為如果拿來賣，做好是你的，這樣就不是志工，會變成是一個訓練所。所以一定要用我們的東西，做了適合可以義賣的，到後來也帶動社區的志工，開始做各種布包、拼布、卡片等手工藝品來義賣。大家都很拚命做，像小型加工廠，為的是多募一些善款。

九二一地震援助結束，慈濟中區的巧藝班4就是這樣延續出來的。那些參與的志工慢慢延伸，沒有中斷，現在各社區都有巧藝班，就像東大園區也有一間巧藝班。很多委員都是當時的巧藝志工，都是當年震出來的菩薩。

心繫災區 眾人齊心來圓滿

其實，臺灣本地災難很頻繁，各社區的慈濟志工都有

救災經驗，只是沒有遇到過這麼大的災難，我們一時也是亂了方寸。

災難過幾天之後，很多愛心都湧進了災區，像寺廟、餐廳……各種團隊都進來，他們也會提供一些食物。一個星期後，上人講：「你們關心一下，看這個點，若沒有其他資源，我們還是需要提供熱食。」像比較小點的，也要煮餐，熱食其實不光是稀飯，有時候也會煮飯菜，災區的服務據點都會提供像自助式的供餐，誰都可以來打餐。

那段時間常常下雨，受災民眾大部分在校園裡睡帳篷，帳篷底下是草皮，高高低低，有的太低，稍微下雨，底下全浸水，根本不能睡覺。

上人每天都很憂心，心情都很沉重；我常常看到他走到窗戶前望著，看看天氣問：「會下雨嗎？有聽到新聞說，會下雨嗎？」我講：「不知道！天氣好像有報會下雨。」上人又問：「帳篷區，下雨能住嗎？」我講：「不知道！我們再去了解看看，還是請委員趕快去關心。」上人指示：「妳們去關心，那裡的地勢如果下雨的話，我們應該怎樣應變？」

上人很擔心帳篷區地勢本來就很低，稍微有水就會很不方便。旁邊有很多男眾回應：「上人！您放心，我們去找板模，有的板模都還很好，不會很髒，我們去收回來釘，把它墊高，帳篷在上面有一定的高度，就不會浸

到水。」看到上人那麼憂心,我們為了要讓上人放心,決定好的事,我們就一定盡快完成。

體民眾苦 蓋安身組合屋

天氣冷時,上人心不安,他不願穿得暖和,他要試著沒有衣服穿時,冷的感覺是怎樣?肚子餓沒東西吃的感覺是怎樣?他都親身感受災民的苦,然後用行動帶領弟子,他要安受災民眾的身,要蓋組合屋,我們大家趕緊到各個災區去訪視,去勘查究竟有多少人?房子全倒,需要蓋幾戶組合屋?從南到北的志工來幫忙,大家都知道,哪裡要蓋組合屋?有多少戶,都來認領。

外地來的志工都以地區別集中在一個點,他們同一區比較好統籌調配,要來、要回去也比較方便,連煮飯的團隊都自己帶過來。像臺北整團來負責的工程,要蓋幾百戶的房子,不但男眾來蓋,女眾也來蓋,香積的茶水都自己帶過來,這樣各區負責統籌,才不會分散掉。

我屬於西屯區,整區在副組長陳滿帶領下,負責南投體育場的大愛屋,我去蓋組合屋現場,偶爾還會有餘震,震得傾斜的牆壁都會倒下,我還是感到膽顫心驚。雖然有餘震,志工也是天天要供應熱食。

我看到上人關心的事,都是長遠的,興建大愛村簡易屋,我聽上人開示:「發生災難,給受災戶一個完整的

家，雖然小一點，全家住在一起才有力量打拚。若是住不下，東一個、西一個，四處寄住別人家，家裡的力量也會分散。」所以一定要六個人就有六個人住得下的房子，兩個人有兩個人的，房子的坪數依成員而定。家庭成員共同來維持這個家，在一起同甘共苦。

簡易屋完工後，受災的人只要帶著衣物進去住就好，其他的生活物資必需品，我們都有準備，例如冰箱、電鍋、棉被……什麼都有，為了是讓他們無後顧之憂，好好地為未來打拚。

大愛村村民住在一起，我們還考慮他們的互動，所以每一個大愛村，都有蓋一間活動中心，一個可以聚會的地方，大家吃飽飯，可以坐在外面聊天，小孩子在裡面打球，總是有一個凝聚的地方。像埔里大愛村的活動中心，都是木造的，旁邊又有景觀設計，很優雅，我看了也好歡喜。

教育不能等 合力讓學生沒有遺憾

組合屋蓋完要建學校，建學校一間一間的因緣不一樣，各學校的校長一直來，上人聽聽，這位校長來講也好，那位校長來講也好，旁邊的委員就很心急啊！「上人，已經好多間了！這樣子要花很多錢。」我在旁邊聽了也很急，但上人總有他的考慮與想法。上人認為既然

有那麼多地方需要，若要等政府，還要很多的手續，這段時間孩子不能正常上學，有的再兩、三年就畢業，他哪有時間這樣耗？這一帶的學生不就沒有同等的實力跟人家去考試，怎麼辦？所以不能等啊！大人再怎麼苦，小孩子上學絕對不能等。

要蓋學校的時候，我們西屯區負責五福國小、霧峰國小。蓋霧峰國小前，王郁清[5]帶領志工到霧峰國小進行座談，看學校的需要，怎麼配合？霧峰國小林淑瓊校長講：「霧峰國小也算是百年學校、老學校，又很大，現在倒下去了……」林校長有教學理念，她除了多少班？

霧峰國小景觀工程，成一條人龍的「慈濟雄兵」傳遞著一塊塊連鎖磚。(攝影／鄧和男)

多少教室？她還希望有音樂教室、資訊電腦教室。王郁清聽了都暈了，心想：「我們認養這麼多學校，也沒有花這麼多錢。我們沒有錢，妳要求這麼多。」她跟上人報告，霧峰林校長要求很多，她要音樂教室，也要資訊電腦教室。

上人馬上回應：「妳錯了！這個校長我欣賞，這個校長不是人家怎麼說，她怎麼好，她是有理想的校長，她想培育好的學生，她才會需要這麼多，這個校長，應該讚歎！妳還嫌人家？」見解就是不一樣。

要建學校很辛苦，但是我們志工心裡也都有數，上人一直答應下去，我們做委員的，一定要很拚命去募款，既然上人覺得有這需要，我們都沒話說。上人站出來，就是要解決所有的問題。

上人的眼光不一樣，他講：「我們培養的就是下一代好的學生，校長如果沒有理想的話，光給他好學校有什麼用？也培養不出好人才。」我們聽了嚇一跳，同樣的話，為什麼上人有智慧去決定這個事。為什麼上人講：「百年學校絕對不能倒，因為現在我們要蓋千年學校。」真的一個學校能千年？它是一個期許、一個號召，就是一定要比一般的房子更耐用。學校是公共地方，白天有很多學子要上學，這個災難，如果發生在白天就不得了，一間學校有多少學生？損傷不曉得會多少？所以上人講：「雖然我們有災難，但是一定要往好

上人抵達臺中，關心希望工程進度。（圖片／廖碧玉提供）

的地方想，你才有力量，趕快把傷痛，儘快地讓它走過，讓它復甦、恢復，讓學生沒有造成遺憾。」

走過大災 人生莫計較

九二一災難，讓我的想法改變很多，災難之前我常常到國外賑災，只覺得當地的生活很辛苦；可是看到自己同胞受災，我們每天生活、長大的地方，怎麼變成這樣子？像走進埔里、走進中興新村，整條街房子倒的倒，沒有倒的也都是破碎不堪，家裡、路上根本沒有什麼人，整條街都沒有生氣。平常我們出去能看到、聽到很多熱鬧聲，可是那時完全死寂，一點聲音都沒有，少數幾個人在做事情，在那兒走動而已，整個城死氣沉沉，很陰森。

這麼大的災難，大家都很苦呀！都很悲！那一種氣氛，讓人看了會很害怕，原來大災難是這樣子。這種毀滅性的力量，怎不叫人敬畏！前兩天大家都好好的，過得很快樂，突然之間，整個都變調。所以我感受到人有

什麼好計較？經歷過九二一，看到人世間的悲歡離合，深深覺得要把握當下，去做對的事；二十年後再回眸，還好有做，自然有得。

1　陳秀鷹，慈濟志工，負責訪視幹事工作。

2　蕭惠特，時任慈濟基金會總務處主任，發生地震時，第一時間在臺中分會駐守運作。

3　大里金巴黎大樓，位於臺中市太平區中平九街八十五號，是九二一大地震中全國死傷最嚴重的大樓，早期地質屬「沼泥地」，卻因都市發展，建商拿來蓋成十二層高的集合式大樓，地震發生時，十三棟大樓倒了四棟，歷經多年研議，市府2011年（民國100年）將此闢為金城公園並設日托中心，取名「希望家園」，提供地方休憩。資料取自《中國時報》網站2016/03/08報導。https://www.chinatimes.com/newspapers/20160308000401-260102?chdtv（2019年8月14日檢索）

4　巧藝班，1999年因九二一地震發起的巧藝拼布，義賣所得作為九二一善款。後來環保站收到的碎布、舊衣，經過洗淨整理，再由巧藝志工縫製後，就能化為一個個美觀實用的布包或手機袋。

5　王郁清，慈濟志工，任組隊組長之職，跟其他志工、建築師、營建處同仁與霧峰國小及家長代表開援建學校說明會。

一碗師公飯
陳忠厚訪談紀錄

經過大災難以後，才看清了：原來
我們付出，收穫最多的是自己。

——————陳忠厚

◎訪問：蔡鳳寶、黃南暘
◎記錄：蔡鳳寶
◎日期・地點：2019年3月22日 苗栗慈濟三義茶園

簡歷：

陳忠厚，1949年（民國38年）生於南投埔里務農之家，家中九個兄弟姊妹，排行第七。1967年埔里高農（現為埔里高工）綜合農藝科畢業，1976年與黃瑞年結婚，育有三個女兒，他是位專業的木瓜農。1994年受證慈濟志工，1999年九二一地震時承擔慈濟「中區慈誠大隊」第八中隊長；第八中隊包含埔里、草屯、南投（市）、竹山，以及彰化芬園一帶，當時慈誠中隊員有一百二十餘人。

　　我聽爸爸告訴我，他二十幾歲時，剛好碰到二次世界大戰（1937~1945年）的前段，那時臺灣人吃的米飯都要配給，農村的經濟落後，我們雖然是佃農[1]，但自己種的米卻不能吃。

我是1949年（民國38年）生於南投埔里務農的家庭，家中九個兄弟姊妹（三女、六男），我排行第七。兄弟姊妹多，我們從小是窮怕了，所以大家長大後，開始賺錢時，第一個就是積蓄財產；不是錢，財產是不動產。我們兄弟每個人的目標，就是希望幾年內可以買田地、買房子。

1971年以後，買一甲的土地，可能沒有買一間房子增值得快。從我高職畢業，當兵、退伍後開始工作，曾做過林業領班，後來應父親召喚，回家跟著兄弟一起種木瓜，做起職業瓜農。上班也好、作農也好，我一有賺錢就不怎麼買土地，偏喜歡買房子，因為房子增值快，而且我們兄弟對於購屋投資都很有興趣。

1976年我經由爸、媽的朋友作媒，與黃瑞年結婚，婚後育有三個女兒；日子在農忙生活中，日出而作、日落而息，平凡無奇。

花蓮之旅 震撼發願

我弟弟就住在我家對面，弟弟的岳母楊木香是慈濟委員，時常來找他收功德款，我太太也跟著每月繳三百元，就這樣成為慈濟會員。1991年有一天，親家母因為大陸華東水災，來向女婿募款，說：「師父要救大陸，你趕緊捐一些錢。」平時弟弟對岳母很好，這一天手

上正忙著把木瓜裝箱，直接回說：「啊！無閒啦！（臺語，音讀bô-îng，沒空、忙碌之意）」我剛好在場看在眼裡，想給老人家臺階下，於是向太太說：「去拿一千塊錢給親家母。」從此，親家母覺得女婿難度，度我好像比較快。

隔年，親家母來家裡問我：「你捐款那麼久，要不要去花蓮看看？」我本來想一個月才捐三百元，要去了解什麼？但又想到正好可以去花蓮做木瓜市場調查，於是就答應了她。當時很多人都搭慈濟列車到花蓮慈濟參訪，因為埔里沒有火車，所以是搭遊覽車去。

1992年5月17日，遊覽車從埔里開往花蓮，費時大半天，一路上，車中播放「幸福人生講座」的錄影帶，剛

開始我沒有注意看，只是一路上聽著、聽著，我覺得聽這位師父講的和我在其他寺院聽到的不太一樣。埔里是個佛教修行道場密度很高的鄉鎮，平時我也接觸過一些出家師父，但錄影帶中的師

一生以農維生的陳忠厚，在慈濟三義茶園，親近大地萬物。（攝影／蕭耀華）

父，不是講經，卻說要如何將一念悲心落實生活來幫助人，聽起來感覺有些契合我對人生的看法。

遊覽車抵達花蓮時已近傍晚，我們不是去風景區，而是先參觀慈濟醫院。隔天清晨五點多進到靜思精舍，在大殿後方的中庭，在搭採光罩的戶外空間下，有一位來自臺北的紀靜暘在分享，我看見證嚴上人，那時是坐在一旁破舊的藤椅上打著點滴。一會兒，上人對眾開示：「我昨天晚上很痛，痛到跟佛陀祈求可不可以分期付款，讓我今天能跟大家見面。」原來上人罹患帶狀皰疹，一整晚都痛到無法安眠。

就在那一刻，讓我心裡很震撼：「昨天參觀的醫院這麼大、這麼新，怎麼沒有讓師父去住VIP病房？怎麼沒有醫師、護士隨侍在側？」那一刻的感動，讓我在心中許下一個願：「如果我要走進佛門，就是這裡！」接著兩、三個月內，我兩度帶著全家人一起到精舍拜訪。

人少個案多 積極力邀鄉親入慈誠

回到埔里後，我就開始自動跟著資深志工一起訪貧；當時訪視的範圍包含整個南投縣，有些志工年紀大了，有些沒有交通工具，所以能進入山區看個案的人力有限。最多的時候我要負責兩、三百個新、舊個案，當時是抱著檔案在訪視，一次還接連跑了九天才看完。除了

農忙之外，太太黃瑞年也會跟著我一起做慈濟，1994年我們同時受證為慈誠、委員。後來父親中風、母親臥病在床，需要我們兄弟輪流照顧，我和太太也沒有放棄做志工，只要時間排得出來，貨車開著就出門訪視或勘災。

　　1995年南投縣慈誠隊正式成立一小隊，當時只有七位慈誠師兄，我算是以最資淺的資格和經歷，於那年5月31日承擔小隊長。我認為既然要做，就做到最好。當時各區慈誠隊都要排班到臺中分會輪值值夜，才七個人如何擔得起來？迫於現實的壓力，我就開始積極招募師兄；不管是其他師姊的先生或環保志工等，只要有可能

1996年賀伯颱風釀災後，陳忠厚與徐瑞宏（左二）、陳松齡（右一）在8月2日到南投縣信義鄉勘災。(圖片／陳忠厚提供)

的對象，我就登門拜訪。我說：「你給我一個師兄，我還你一尊菩薩。」鼓勵太太們布施先生出來擔任護法金剛的使命。1995年9月，我開著車子穿梭南投縣各個村里；只要有希望的地方，我就前往介紹慈誠隊，回到家時往往是半夜兩、三點了。

「精誠所至，金石為開」，在積極尋人和陪伴下，慈誠隊員快速地成長，至1997年，南投縣已有八十六位慈誠師兄了，並因此由一個小隊而茁壯為一個中隊，我擔起了中隊長的任務。所有的規模和成就，都是所有師兄背後努力付出的成果和累積，這些成績，絕不是一個人所能完成的。我兩年多的時間裡，共買了六十五條慈誠隊領帶與人結緣，期許他們戴上領帶後，可以擔起慈誠隊的責任！到1999年九二一之前，慈濟中區慈誠大隊第八中隊，包含埔里、草屯、南投（市）、竹山，以及彰化芬園一帶，慈誠中隊員有一百二十餘人。

臨危不亂 先安頓左鄰右舍

1999年9月4日為了援助土耳其和科索沃，全臺慈濟志工同步上街募款，我在貨車上裝了一組擴音器，是廣告用的那種有喇叭的麥克風，在路上巡迴廣播勸募。因為那時認識慈濟的人畢竟有限，上街頭募款，靜靜的行列不容易吸引店家出來，用廣播車引導，總是容易吸引住

家的注意力。

誰都不會想到，9月21日發生大地震，那夜一陣天搖地動後，馬上就停電了。我和太太跑下樓，走到屋外，在我眼前是左鄰右舍的房子有的倒了，我住家附近的電視大樓（中投有限電視——埔里公司）倒塌後直接壓垮它後面的房子。我心中立即想：「這麼嚴重，鄰居、親戚朋友，有沒有怎樣？」

那天我兩部貨車沒有停進車庫，放在露天的停車位；我家附近有一塊大空地，還沒有建房子，我第一個動作就是先把貨車開到那塊空地上，把車燈打開，請住在對面的小弟管這部貨車的燈，在暗夜中為大家照明。

埔里那時候都用桶裝瓦斯，大家日常習慣就是打開以後就不關，包括洗澡的、廚房的，都沒有關。我想到家裡瓦斯不知道有沒有關，此時不能點蠟燭進去看，因為曾經有人點蠟燭進去看，發生爆炸了。趁著餘震不大，我溜進家裡去關緊瓦斯開關，也提醒左鄰右舍要關緊瓦斯。

我們夫妻倆分頭把左右鄰居叫出來集中到空地上，有些老人家沒有辦法快速地跑出來，出來的人就幫忙找。那時候餘震不斷，為了找附近鄰居，有餘震時就趕快跑出來，停了再跑進屋裡去，把左右鄰居、附近的親戚都叫過來集中在一起，點名後知道有人受傷，很萬幸的沒有人被壓死。那時，已經超過凌晨三點了，我想到師

兄、師姊，不知有沒有怎樣？住最近的就是陳松齡和吳翠屏夫婦，他們年紀比較大，我開一部貨車去看看他們家，幸好他們一切無恙。

前往臺中求援 沿路慘不忍睹

安頓好鄰居親友，我們決定開車前往位於中正一路的埔里聯絡處。我住在建國路，離鎮上要道的中山路很近，車子一進到中山路，只見每一個十字路口的店面，幾乎都倒了，要從北環路轉也轉不出去，尤其中山路的

連接南投縣草屯鎮和臺中縣霧峰鄉的烏溪大橋，因九二一地震斷成數截。(攝影 / 郭以德)

幾棟大樓全部都垮在路上。

　　哇！這麼大的災，太嚴重啦！同時我也發現一個現象，聽不到任何救護車的聲音，也沒有消防隊的聲音。原來消防隊也被壓垮了！我開著車子走著、看著，知道有人受傷、有人往生了……

　　手機打不出去，電信都中斷。我本能反應要先到臺中求救！因為災難太大，我們救不完！我開車往臺中去，當車子出了愛蘭橋²的時候，看到很多往生者被抬出來放在路邊；到了柑仔林，快接近福龜附近，中潭公路整條斷斷裂裂地，車子沒有辦法開快。

　　快到柑林隧道的時候，又遇到一個大震，路旁的土石被震到掉下來。停下來不走會被壓到，前面是隧道，進去的話，會不會被困在隧道裡面？此時必須馬上抉擇，我告訴自己：「趕快進去吧！至少不是馬上被壓死。」當時幸好安全穿過隧道。現在回想起來若是進隧道被壓死，不就連身體都找不到嗎？

　　過了柑林隧道，到了福龜，災情更嚴重，死的人整列地排在路邊，沒有白布可以蓋，全部用三合板或鐵片擺著，就是地下墊一個、上面墊一個；一個接一個、一個接一個……一路上就看到死了很多人。到福龜，天已經露出魚肚白了，我們遠遠地就看到「九九峰」山頭所有的草木全部都滑下來，一片光禿禿的。在那一點點光線之下，大地顯得一片死寂，看起來真像是世界末日。

上圖/九九峰山頭的植被在九二一地震時隨土石崩落，裸露出土壤。(攝影／蕭錦潭)

下圖/經過二十年的復育，九九峰再現蓬勃生機。(攝影／陳榮豐)

為了到臺中求援，車子就只得一直往前開，開到藝術村加油站，看到加油站已經動用他們自己的汽油發電機。我停車問一位員工：「你們這邊的電話還能不能打？」他跟我說：「剛才還有打電話回報總公司，辦公室那支電話還沒有斷，你可以打。」所以我一進去就先打給臺中分會。

我電話一打通，就跟分會總機說能不能請「大咖」的人來聽啊！剛好蕭惠特師兄在電話旁邊，我跟他說：「這次地震，埔里非常嚴重，你們若要進來，要想辦法調底盤比較高的車子，不要用轎車，因為路況很不好。」蕭惠特回說：「臺中也一樣這麼嚴重啊！」他說臺中已經開始動員救災，那時大約清晨四點多。

通訊交通斷 心掛法親不畏難

當他跟我講完，掛了電話以後，我不知道為什麼靈光一閃，竟然記起

大地震後，南投縣竹山鎮平坦的道路慘遭地牛震裂、隆起。(圖片／慈濟基金會提供)

「03-8266779」那支電話的號碼。因為以前很少跟精舍聯繫，那時我就強迫自己撥過去。撥通以後，我就跟總機的師父說：「師父，我們埔里已經變成土耳其[3]了。」講到這裡，再一震，電話斷了，就再也撥不出去了。

臺中無法去了，我就開車到草屯去找簡棋煌[4]，我們直接到他家，看到房子沒有倒，他人不在，跑出去了。還看到他家旁邊的房子是向上隆起，而且二樓壓到騎樓。一時找不到簡棋煌，我就轉去找曾明松（草屯區慈誠隊員），我們一起去訪查草屯區所有慈誠師兄的災況，還好，都沒有傷亡，我心中感到比較安心，至於其他慈濟人的情況，就請他們就近了解。

我和瑞年打算轉往中興新村，但中興新村已經沒有辦法開過去。於是轉去南投（市），因為南投（市）也有很多位師兄，到了南投（市）的軍功橋[5]，橋頭斷了，對面的南投酒廠爆炸起火了，車子過不去。那時南投（市）各區慈誠師兄的主要聯絡窗口，草屯有簡棋煌、南投有曹永東、竹山有莊正飛，既然出了埔里，想一一把他們找出來，確立自己人的受災情況。結果路不通，沒有辦法再進到市內去。

此時是早上五點多，我才想到我的孩子在哪裡？我趕快轉往彰化去老么她就讀的學校。到彰化的時候，手機訊號就通了，老么已經跑去投靠臺中的大姊，她大姊那

時就讀東海大學。我告訴她現在災況很亂，暫時不要回來埔里。知道老大、老么兩個孩子平安，我們就打算回埔里。

在回埔里前，我想起住在魚池鄉的達宏師父[6]，他的「寂照蘭若」即將落成。他一個人孤單地住在那裡，先去看他是否平安，所以我轉往魚池先去看達宏師父。幸好他的房子好好的，但也有很多東西倒了。告別了師父，回到埔里聯絡處，已經下午一點多了。

廣播繞行 提供救援資訊慰鄉親

南投縣埔里鎮慈濟志工為受災鄉親煮熱食。(攝影／童芳文)

從凌晨三點多，開車從埔里、草屯、南投（市）、彰化再到魚池繞了一大圈，回到埔里聯絡處的時候，已經有外地的師兄進來協助救災，當天埔里的師兄、師姊動作也很快，早上六點半就開始煮稀飯給鄉親吃。

　　我們開始張羅緊急救災，發現到幾個嚴重的問題有待解決，當天晚上災民已經沒有地方住了，即使有房子，因為餘震不斷，很多人也不敢再進去住。最嚴重的就是沒有廁所，也沒有水，因此埔里聯絡處一樓的廁所都已經滿出來，連要洗廁所都沒有水。還有救災要煮東西，家裡能夠搬出來的瓦斯，通通都號召搬出來了。所有師兄、師姊都出來救災，從白天一直做到凌晨三點（9/22），已經疲累到受不了；當大家都回去休息，我和瑞年兩個人若也走，聯絡處就沒人留守。所以當晚我就把車子開到聯絡處旁邊的樹下，想說可以睡一下，沒想到才剛睡下去，就有受災民眾來到聯絡處求援。

　　很多人沒有經歷過災難，受到驚嚇後晚上睡不著，肚子餓沒有東西吃，也買不到，他們白天在慈濟有飯可以吃，所以才凌晨三點半就有人來問：「你們這邊有飯可以吃嗎？」瑞年就起來把稀飯熱一熱讓他們吃。

　　這就讓我想到了，怎麼樣才能讓受災民眾知道慈濟有救災資源，大家都沒有經過那麼大的災難，比較遠的地方怎麼會知道？我想起為土耳其地震募款時，用的麥克風（擴音器）事後就擺在家裡，我趕回家去把它拿出

來。地震後第二天（9/22），一整天我開車在全埔里鎮跑，一直跑、一直廣播。我廣播主要兩件事情：第一哪個地方有飯吃，第二哪裡有醫療服務站。

那時候不單是埔里聯絡處有提供熱食，還有很多臨時服務站都有煮熱食。我家旁邊的空地，政府有用帆布搭了幾個可以遮風蔽雨的棚子，我把家裡的瓦斯桶搬過去，我們社區志工在那邊架起瓦斯爐，食物從聯絡處拿過來煮，蔡燕宗也在他們家附近煮熱食給鄉親吃。提供熱食卻另外延伸沒有碗的問題，原本我們聯絡處備用的碗一下子就被拿完了，我在廣播的時候就順便告訴鄉親：「不管你們到哪個地方去吃飯，希望都要拿著家裡的電鍋內鍋、鐵鍋或其他鍋子，去盛回家吃。」

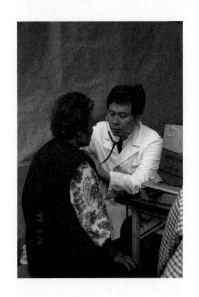

慈濟已經設有四個醫療站，埔里聯絡處、埔里基督教醫院、埔里高工、育英國小；不只是慈濟醫療體系，還有各方的醫療人員也都進來，雖然醫療設備還不是很

花蓮慈濟醫院緊急成立四十人醫療團隊前往災區，服務受災鄉親。圖為王本榮醫師在南投縣埔里鎮為病患看診。（攝影／許錦鳳）

齊全，但就是可以緊急搶救一下。只是很多人沒想到地震那麼嚴重，醫療人員一進來，大多無法馬上退場。所以我就廣播讓大家知道：「如果有需要，就到最近的醫療站看診，都不用錢。」

白天一直開車繞，一直廣播；到了晚上，我發現很多受災鄉親坐在家裡或在臨時帳篷裡有點兒恍神，因為大家不知道該怎麼辦。所以第三天，我同樣開車繞著全鎮，一直廣播，就想要給予受災鄉親一些心理建設。我告訴他們：「大家不要在家裡面憂心，是不是出去走走？看哪個地方有東西可以吃，哪個地方有醫療站。」然後也告訴他們哪個地方有物資可以拿，這些東西都不用錢。「我們大家互助合作，大家共同勉勵，大家共同來度過苦難的日子。」我就這樣反覆地說。

愛心物資 有需要的就給

各地物資湧入，另外一個問題出現了，就是我們缺乏人力來搬運。雖然鎮公所地震時倒了，但原地旁邊還是有人駐守，所以外面的物資進來會先送到埔里鎮公所，在那裡也設為臨時物資的集散中心。那時候路況很差，往往從外部送到埔里就已經是下午五點以後，人員幾乎都下班，就只留一個人駐守在那邊，物資送達後，公所的人就會說：「慈濟有在收啦！你們把物資載到那邊下

啦！」因此，很多物資五點以後陸續下在埔里聯絡處，那誰來搬？誰來整理呢？師兄、師姊已經累了兩、三天了，怎麼辦呢？

所以我們準備了慈濟志工的背心，只要有人來排隊拿物資的時候，我就說：「一個人穿一件背心，大家自助。等一下東西卸下來以後，幫忙把它排好，要拿東西的時候，你們就優先。」這樣帶動了許多受災民眾一起協助安置物資。

最大量的一次，就是上體下通法師7號召一家報社，送了十輛板車的礦泉水來。十輛板車的礦泉水，量很大，

慈濟救災服務中心緊急提供棉被、毛毯、衛生紙、電池等民生用品，給九二一地震災民應急。圖為9月26日南投縣埔里鎮的發放畫面。(攝影／許錦鳳)

而且非常重；埔里國小後門圍牆邊排滿一整排的礦泉水，就是他們送來的。當時我就請要來領物資的民眾，協助把礦泉水放在圍牆邊，然後把它們排好。所以慈濟救災的第三天開始，礦泉水是免費讓人家搬的。有人來問，我們就說：「你們若需要水，那就隨意搬。你搬得動，就搬回家吧！」

其他物資也是一樣，人家要來領東西的，就請他們幫忙把東西整理好，然後告訴他們：「你們要回家的時候，每樣東西各拿一件。要睡袋你拿一個，要棉被你拿一條，要泡麵你拿一箱，要麵條你拿一包……」就唯一沒有帳篷，因為帳篷很快就沒了。

在物資發放當中，也發生一些爭執。因為埔里的師兄、師姊都沒有大型救災的經驗，當很多物資到的時候，有人會認為：「你來領東西，要不要登記？」有的人說要登記，有的人說不要登記。有人說：「你沒有登記的話，會養成他們的貪念，反而拿得越多……」

我認為這些物資都是人家自動拿過來的，不是慈濟去募來的，有些還是沒有地方下貨，然後送到慈濟這裡來的；他們會給慈濟，因為他們相信，慈濟會發出去。所以在那種情況下，我認為能夠發出去就發，不是把它放著，放著也沒有用啊！所以從第四天開始，我就把所有物資全部整合在埔里聯絡處前面，然後用桌子圍起來。鄉親從仁愛路走進來，從我的面前走過，然後從中正一

路的小巷走出去。我們志工就告訴鄉親說：「每一樣東西，你手上帶得走的，只能帶一件。」

如果有人不夠，那就到後面再去排隊。要排隊，拿幾次，我都不管。因為那時候，仁愛路繞五圈，從頭排到尾，要兩個半小時以上，才能拿一次。在那種情形下，若說要登記，怎麼登記呢？而且我們又怎麼能夠去判斷誰多拿了，誰少拿了？

唯一有管制的是嬰兒特殊奶粉，嬰兒特殊奶粉很多志工都沒有辦法管，我就說：「那我來管。」我就把嬰兒特殊奶粉蓋起來，然後問來領的人：「你家是吃哪一個牌子的？」第一他要講得出牌子來，第二我翻開看，有，很簡單，就給一罐，就拿回去；沒有，就沒得給。

救災奶粉，人家捐的多數是大孩子的奶粉，而小孩子的特殊奶粉是不能隨便吃的。因為我大女兒小時候就是必須吃特殊奶粉，所以我知道有差別性。因此，就只有這種特殊奶粉有管制，其他的物資都沒有管制。尤其那時的物資堆積如山，有人來領就給了。

第四天的物資發放，我把動線和數量分配整合好，就不再像第一天、第二天那樣不知如何掌控。白天人來人往，忙得天昏地暗，到了晚上，我就和瑞年守在埔里聯絡處，並用車子堵在路邊，有人要卸東西的時候，就由我去把關。因為有人送很多肉品，我們慈濟不能處理、不能接、不能發。我還告訴他們，慈濟什麼東西不能

接，什麼東西可以接。

一天，不知道臺北哪個人在電視聽說「災區欠衣服」，所以埔里聯絡處被倒了堆積如山的衣服，大多是舊衣服。我認為這個要先帶走，因為衣服不可能在這個地方放那麼多。而且都是舊的，銷不出去。衣服的量有多少呢？後來拜託彰化區的志工來載，他們開了十輛回收的大卡車才全部載出去。

在這麼緊急救災當中，沈順從師兄與埔里國小協調，把禮堂借給慈濟置放堪用的救災物資。因當時埔里國小的禮堂沒有倒，而且剛好就在聯絡處的對面。那時多數是置放一些食品、內衣褲，還有簡單的救助物品。

堅持發帳篷 為鄉親擋風遮雨

第四天的發放當中，有一個很重要的插曲，就是帳篷。宏碁公司用一輛板車卸下幾個棧板的帳篷，它是從泰國進口來的，可以住四人的帳篷，有四百六十多個。送到的時候已經晚上，大約九點鐘卸好貨。那天晚上已經吹起東北風了，天氣也開始下起毛毛雨。鎮上還有很多鄉親都沒有帳篷，有師兄就認為這個帳篷現在很珍貴，大家都很缺，所以必須要有證明是受災鄉親才可以領。

當時在現場有八十一位鄉親看到慈濟有來了帳篷，我的看法就不一樣，便跟當時接管帳篷的師兄說：「今天

這個帳篷如果沒有發出去，明天可能會出問題。因為人家回去會說：『慈濟有帳篷，但沒有發。』而且這個帳篷他們很需要。」

眼見開始下雨了，讓我很堅決要「即時」發送帳篷。我就跟在現場的陳瑞成師兄和我太太說，趕緊開兩部車子過來：「你們把車子開過來，留下八十一個帳篷，其餘的，一車各裝一半。一車向南往河堤南路走，一車向北往和平東路外環走。只要你們看到有人睡在路邊卻沒有帳篷，就告訴他：『我們是慈濟，我們有帳篷，你要不要？』需要的話就馬上給一個。」所以他們就帶出去繞一圈，當然很快就把帳篷發完了。

同時，我就跟那八十一位鄉親說：「你們一個人先拿一個帳篷，但是大家暫時都不能走，因為我們必須把這些東西都載出去以後，你們才可以回家。否則你們回家一說慈濟有帳篷，若說成一千個，那我們實際沒有啊！就會暴動。」當載帳篷的車離開後，我就說：「這邊現在都沒有帳篷了，你們也都知道了。你們帶回去就自己用，但不要再告訴人家說慈濟還有帳篷。」

帳篷的事，就這樣解決了。當然有人會有意見，但是我認為：「在那個當下，不這樣處理，怕後續無法解決。」此外，慈濟留著帳篷或慢慢地發，而災民卻在淋雨，情何以堪呢？所以當時我也不顧反對意見，就堅決地這樣處理了。第五天，埔里聯絡處照常發放物資、煮

熱食供應，晚上我和瑞年一樣守著聯絡處。

挨家挨戶訪視 發放急難救助

在救災的同時，中區志工林雪珠等人進來埔里支援訪視，他們是帶著救災的錢進來的。大家分配路線後，由埔里當地的志工帶路，兩個或三個人一組，一邊訪視關懷，一邊發放急難救助金，同時也造冊登記受災情況。最主要就是鎮公所倒了，民政課剛好在一樓就壓在底下，他們也沒有什麼名冊可以提供，所以全部都是憑著志工的經驗去把它處理到最好。

我也有自己的訪視路線，訪視的範圍是蜈蚣里那一帶，我的方式是：「死亡的馬上給救助金；房子倒的，暫時沒有給；就是傷亡的先做。」像賀伯風災（1996年）救災的時候，上人都親自指揮或親自到災區。他給我們一個觀念：「救災不是救貧，救災要及時；要救，就要一次救到活。」

這是為什麼我什麼東西都發得出去，不要只給一點點，該給的就給。因為物資是大家捐的，有時效性，當時不發，以後就沒有用了；再者，災民有需要就給吧！一次把他救到活。那是上人在賀伯風災時教導我們的觀念——要救，就一次救到活。

我有一個非常好的朋友，他兩個兄弟分家的時候，分

到舊式的三合院。他年紀很大才生了兩個兒子，娶了媳婦以後，他把客廳的兩邊用夯土加蓋兩側的廂房給兒子媳婦住。其中一個媳婦生兩個孩子，一個生一個孩子。結果地震的時候，他客廳旁邊的夯土牆就往兩邊倒。我朋友那一家同時死了五個人，就是三個孫子、兩個媳婦同時往生了。

我去送慰問金的時候，朋友帶我去翻那個冰櫃，因為還沒恢復電力，那時是用發電機的冰櫃。他說：「忠厚啊！你來看，我的兩個媳婦啊……」我看到在冰箱裡的孩子還很小，他媳婦死在裡面，是一邊各抱一個孩子……那種情境，情何以堪啊！

在訪視當中，我看到很多傷亡人家的房子，地震來時，不是上面塌下來，而是女兒牆先垮下來。雖然現在沒有夯土的房子，但是常常在樓下的樓梯旁邊，建一個女兒牆，因為它沒有用 RC（鋼筋混凝土）連著，就直接用磚牆扶著這樣蓋下來。人是脆弱的，不需要多少斤，兩百斤就把人壓扁，不是壓死而已，而是壓扁。所以，我後來在重建住家的時候，就全部一體成型，整個鋼筋全部連起來。

見上人親臨 弟子釋放傷痛

9月25日中午前，上人從臺中進來南投勘災，一路到

1999年9月25日，證嚴上人親臨南投縣埔里鎮，陳忠厚（左）等人
向上人報告志工多日來的救災行動。(攝影／陳朝鏞)

了埔里，在進聯絡處之前，他已經先到埔里鎮市區繞了
一圈才進來。見到上人，弟子們難掩悲傷的情緒，有人
掩面而泣，有人默默拭淚，有人轉憂為喜……千頭萬
緒，總是覺得「終於，上人到了！」多日來，心中的壓
抑好像找到了釋放的缺口。

　上人一進來先看到熱食區與發放區，他巡視煮熱食的
情況，那時候師姊都煮羹飯，飯比較單純，但羹是熱騰
騰地在冒煙。師姊們從早煮到晚沒有停，一鍋接一鍋，
已經連續煮了五天，大家都累到兩眼發紅。羹很大桶，
一抬起來是四、五十斤重，上人站在旁邊看了就說：
「這樣很危險！」他怕大家在筋疲力盡的時候，若一個

倒下去，就不得了了。所以上人說：「如果有別人是專業在煮的，我們就放出去，讓人家煮。」救災初始，國軍弟兄也是有來吃慈濟志工煮的熱食，等到他們正式在組合屋那邊下營，慈濟就把煮熱食的工作交出去。因為國軍一出來，他們就有設備齊全的炊具，比我們臨時找來的鍋灶還好用。而且，我們的志工也多數是災民，師兄、師姊的壓力已經夠大了，何況當時埔里聯絡處沒有正式的廚房，就只在廣場上架起一個個的鍋爐來煮；所以，該放的時候，就放給別人做。

為了廚房的事情，很多師姊向上人建議：「是不是先建一個廚房？」包括沈順從師兄也附議要建廚房，但我都沒有講話。上人把我和沈師兄兩個人叫到牆角邊去，上人第一句話就說：「你們兩個不要常常爭吵，要『和』一點。」因為我們會為了發放物資要不要登記、要不要限制……意見不同，就吵起來了。當時的埔里聯絡處，只是一個只能容納百人以內的共修處，還不是正式的聯絡處。在那種兵荒馬亂的時空下，沒有正式的聯絡處，卻要先建一個廚房，是一件顛倒的事。所以上人一直都沒有答應，也沒有表示意見，他聽到最後，就問我：「陳居士！你的意見怎麼樣？」

我跟上人報告：「其實像這種天災很少，不見得會常常有。先有正式聯絡處，就會有廚房；沒有正式聯絡處，不用先建廚房。尤其我們在救災的時候，救災可能

幾天而已，那就饅頭吃一吃，開水配一配就好了；吃的問題，應該沒有那麼嚴重啦！」

上人就跟我和沈師兄兩個人說：「對啦！我們做慈濟，不要那麼看重吃的事情。」聽了上人這麼說，從那個時候開始，每一餐不管飯碗大小，我都只盛一次飯。就是想著上人所說的：「不要那麼重視吃的事。」也因為這樣一段過程，舊的鐵皮廚房就留著繼續使用，直到八年後（2007年）佛堂蓋起來以後，埔里聯絡處才有了正式的廚房。

一碗分四碗 再苦有師父陪你

上人來到埔里聯絡處時，我排在發放最前面，上人直接在我的面前下車。他一下車看到我，就跟我說了一句話：「你這樣發物資，是對的。」我當時沒有反應過來，後來我才意會到，一定有人跟上人報告：「陳忠厚在埔里發物資、發帳篷，都沒有登記，都沒有做紀錄，直接就把物資發出去。」

很多人認為大災難的救助，應當要記錄我們發了多少？什麼東西發多少件？發給誰？要一一記錄。」但我認為，在那個當下，如果樣樣事情都要這樣做，除了沒有效率外，來領東西的人，他們從來沒有遇過這麼大的災難，會對我們不諒解。所以我決定不登記，讓大家需

要的就拿走，不去考核人家有沒有重複拿。不過，可以肯定的是帳篷的事，是沒有人重複拿，因為一次發出去就沒了。

上人那一天來了以後，就給弟子們很多的慈示與關懷，也肯定志工這些天的救災模式。而那天，卻是我在做慈濟的生命裡，一個最重要的轉捩點。上人要我帶路到埔里國小去看存放的救災物資。當我們一行人走過了圍牆，看到整個埔里國小校舍都倒了，我站在上人旁邊，其他都是隨師的，上人跟我說：「在外國，社區的學校是救災的中心。那麼，你們這一次在災區，所有的學校都倒了。如果以後我們有因緣幫他們建學校，我們要把它建成千秋百世都不倒的救災中心。」那一刻，我見識到大修行者的大悲心。我知道，上人已經萌起了要建「希望工程學校」的念頭。

那天中午午齋的時候，上人給我「一碗師公飯」[8]的啟示。就是那天中午十一點多，我在廣場發放時，上人要我一起進屋用午餐。我拿著環保碗上樓時心想：「師父很疼我，知道九二一我們每天吃羹飯，他一定從臺中帶很多好吃的東西來慰勞大家。」上二樓後，我以為有很多人，結果只有上人跟兩位精舍師父。一位師父從一個灰色的環保袋裡面端出一個大碗公，上面蓋著一層保鮮膜，裡面只有一碗「師公飯」。

精舍師父把那一碗師公飯分成四碗，因為我帶的環保

碗比較大，就分最多。每個人分一碗，上人只分半碗。然後從頭到尾，上人只講：「我們來吃飯。」沒有再講第二句話，四個人坐在那邊默默地把那一碗飯吃完。

我在上人面前，忍住所有的眼淚。那一刻，其實我內心非常明白，上人要告訴我：「無論你多辛苦，都有師父陪你走過去，即使只有吃師公飯也一樣。」這也是影響我做慈濟後半段這二十年來的核心精神。

用完餐要下樓時，上人跟我說：「你等一下跟我去看一個地方，要建救災的大愛屋，你跟我去量一量。」跟在上人後面，我站在埔里聯絡處二樓的樓梯口上，我往下望，上人那一襲長袍灰衣襯托下的背影，消瘦的肩膀，我看到他必須擔起全天下眾生的沉重負擔。當下，我再也沒辦法忍住眼淚。我在內心告訴自己：「無論怎麼樣，都要幫上人分擔，即使剩下一碗師公飯，自己也要甘願承擔下來。」

災民非難民 救災屋非難民營

然後，我就和上人、林碧玉副總去看地，就是信義路9那一塊臺糖地，有三甲多。還沒有地震以前，那是我想要標來種木瓜的地方，因為那塊地四四方方，又有水源；它的面積多少，我都很清楚。

去了以後，上人就說：「你等一下去把它量一量，

九二一地震後，慈濟援建的南投埔里大愛村全景。(圖片/慈濟基金會提供)

看看全部多少，然後傳給我，我們要準備在這邊蓋房子。」我跟上人說，那個地方我太熟悉了。我就說：「那塊地，若像建工寮一樣，把它建成十寮；一寮一百間，剛好可以建一千間。」

上人看著我，看了很久，然後說：「他們是災民，不是難民。你說的那種，以後會變成難民營。」我又跟上人說：「救災階段的房子，這樣連過去一百間最快。鐵架一直架過去就蓋好了。」上人很耐心地跟我解釋：「我們蓋給人家的，都有規定的坪數。如果你把它連在一起，戶與戶之間沒有空間，很快左右鄰居的孩子就吵

架。」他又跟我強調說：「他們是災民，不是難民。我們要蓋的是那種有尊嚴、有隱私的救災屋，而不是難民營。」

那時候我對雙併的、別墅型的房子沒有什麼概念，上人說：「你找人把土地的尺寸量起來，然後傳給我。」我回答說：「師父，我等一下回去找我師姊來，尺寸量一量，我就傳給您。」

上人又看著我說：「在這種救災的時候，你不要每件事情都自己做，要把所有的事情分給大家來做，不是你一個人攬著做。」

我永遠記憶深刻，上人到埔里救災的第一天，真的是從頭教我教到尾，重的話、輕的話，該講的話，都直接講了。從那天早上十點多到下午兩點多離開，我一直都跟著隨師團隊在走。那一天對我來講，是做慈濟七、八年來，整個生命當中一個非常重要的過程。

危機即轉機 助他人也幫己

自從上人來了以後，埔里的師兄、師姊就有目標了。緊急救災階段過後，接下來就是建大愛村。位於信義路的大愛一村是當時規模最大的，共有三百二十戶，後來還有西安路上專為原住民建的大愛二村，也有一百零六戶。其實在跟鎮公所等相關單位談埔里組合屋的時候，

大愛村建造期間，各地慈濟志工馳援。圖為陳忠厚與其他承擔交通機動指揮的志工，在南投大愛一村入口前合影。(圖片／陳忠厚提供)

南投（市）中興新村就已經動工了。

蓋大愛村，來自全臺各地支援的人非常多，就產生「吃飯」的問題，因為很難統計。尤其是星期六、星期日，或者放假的日子，有多少志工要來幫忙？可能當天才知道人數，所以「煮飯」就變成埔里志工的夢魘。

剛開始的午餐，由外縣市志工來支援，到後來他們就進到埔里住。每個地方來輪流做三天香積，但是善後的部分，還有生活茶水是由埔里志工來做。這就衍生另外一個問題：「我們自己的家破碎了，還有很多事情要善後，沒有人怎麼辦？」沒有人，就要找人啊！於是社區

志工開始產生了。

我們去找可以來幫忙的人，地震以後很多人沒有工作可以做，把他們請來後就告訴他們：「你就來這邊吃飯、煮飯、揀菜、洗碗、做功德等等。」像陳炎麗、胡瓊丰師姊，她們也是那時候找過來幫忙，後來成為慈濟委員的。因為外邊來支援的人總是有限，就這樣，埔里社區志工的人數，就有明顯的成長。

積善之家 必有餘慶

建大愛村需要採買很多小零件，埔里大家都受災，都需要採買重建的工具，所以很多五金行沒有辦法讓慈濟簽帳，而是要現金。那時我擔負起採買的任務，欠幾個螺絲、欠幾條皮帶、欠幾支掃帚等，都要去張羅，但我一個人又裡又外，就請志工去買。當時埔里人沒有習慣開正式的發票，所以開出來的發票就隨便寫個「慈濟會」、「慈濟功德會」……然後晚上我回到工地，會計一看到就說：「陳師兄！這疊你拿去換。」剛開始是連這種「發票不會開」的事情都發生。因為埔里小，鄉下誰管你一定要寫十五個字的「中華民國佛教慈濟慈善事業基金會」，所以換發票這種小事，都要一個專門的人去處理。

這當中，有一家五金行（現名：國棟五金有限公

司），他們主動跟慈濟聯繫，從建組合屋到希望工程期間，讓慈濟志工隨時都可以簽帳。所以九二一過後，他們成了埔里第一大家的五金行。想想，慈濟的希望工程那麼多間、組合屋規模那麼大，而且這種善的循環大家會看到，都跑到那家去買，所以他們就變成了生意最好的一家。

領補助或住組合屋 抉擇難取捨

組合屋建好了以後，牽涉到一個問題是誰進去住？當時九二一救災的條例中有一條是房屋倒了以後，政府會給二十萬，但是給組合屋的時候，那二十萬要放棄。組合屋可以住到重建完畢，那時候估計是兩年，後來延到三年，其實全部遷走大約三年多。

本來馬上可以領二十萬，但是進到了組合屋就不能領，這是人性的考驗。那個時候要說服有這種想法的人才是困難，因為有人會想說是不是去領二十萬，然後另外找一個人的名字去住組合屋。但這對很多人就不公平，所以在那當中就折衝很久，後來由政府（鎮公所）出證明，即「放棄不領」的證明。因此，組合屋是跟政府合作，他們不領二十萬的救濟金，才能撥給他一間組合屋。

大愛村的房子蓋得很快，還未過年受災鄉親就已經搬進去了；住進去以後，因為房子比預期的好很多，產生

很多善的循環，像陳秋甘、潘麗娘師姊也是因為住進大愛村，後來受證成為慈濟委員。大愛村是一個善的居住環境，幫助非常多人，但是時間一到，搬離開大愛村後，有些受災鄉親，經濟生活上仍有問題，因為地震後百業蕭條，有些人的家到現在一直沒有重建。

包括我自己也曾住進志工區的大愛屋[10]，我曾想過，如果那時候組合屋不是建在公共的土地上，而是把它建在我家的土地上，甚至我吸收那些建材，那麼我們就不必離開。這樣，地震以後我重建的路程會順很多，因為我自己有土地。尤其在埔里鎮住進組合屋的人，百分之九十九都有自己的土地。那些建材以後都不用拆掉，可以讓人住個三年、五年，如果保養得好，可能到現在都還不會壞掉；我在重建的過程裡面，就不必那麼急迫。當然現實上是不可能的。

所以到了莫拉克風災，慈濟所建的永久屋就是一個很好的概念，就不用再轉移一次。因為臺灣有一句俗諺，叫做「一年移栽，三年枯黃（臺語）」。就是說，你只要換一個環境，可能需要用三年的時間才能修復，才能重新再開始。

希望工程 地湧菩薩善效應

組合屋完成了，接著就是希望工程。認養援建希望工

程學校是上人不忍孩子教育受中斷，因為教育是人生的希望，也是社會下一代的希望。但希望工程的援建也是讓埔里慈濟志工人數得以倍增的重要一環。

埔里鎮上有七所希望工程學校，埔里國中、國小，大成國中、國小，中峰國小、溪南國小、桃源國小。除了溪南國小和桃源國小，其他五所都是埔里鎮上的大學校，大學校就變成了所有埔里社會中堅分子，像二、三十歲、三、四十歲的家長，他們國中的孩子、國小的孩子必須面臨馬上沒有學校就讀的窘境，但慈濟在很快的兩年裡面讓學校全部落成。

在重建的過程中，動用很多志工，包括校園景觀、鋪連鎖磚，還有香積的支援。兩年裡面，善的循環，讓很多家庭知道慈濟在做什麼，希望工程援建帶給社區重大的影響；因此，希望工程全部完工以後，慈濟埔里的志工人力倍增。

地震後遺症 百業蕭條難復原

九二一地震時，除了我三哥的房子沒有倒以外，其他三個兄弟倒了七間，我自己倒了四間，包括爸爸留下來給我的祖厝也全倒了。兄弟中，我受災最嚴重，因為我買最多的是房產。我認為在高經濟時機，很多人用槓桿原理去買房，就可以賺到錢，當時貸款買房子，往往有

上圖/南投縣埔里鎮大成國小。(攝影/徐明江)

下圖/九二一大地震後,失去家園的陳忠厚和黃瑞年(後排左三、左四)搬進慈濟援建的組合屋,農曆過年期間,志工前來關懷與祝福。(圖片/陳忠厚提供)

一塊就貸九塊。買的是預售屋，在建造完工時幾乎就賺一倍了。

地震後，房屋全倒當時一戶補助二十萬，而且要把房子全部挖掉[11]；如果選擇住進組合屋就沒有全倒補助金。土地如果是自己的，房子挖掉至少還留下一塊土地，但我買的都是大樓公寓，土地是共同持分，不是個人的。此外，建商很會精打細算，地震前購屋是三百多萬的房子，重建時，一戶就漲到七、八百萬。在這種情形下，很多受災戶都沒有辦法再買回來，只好放棄。選擇放棄，就只剩權利金；尤其大樓土地的持分很少，權利金當然少，只有十分之一或二十分之一左右。我不得不選擇放棄，但以前的貸款還是要繼續繳納。

受災已經沒有錢了，房子都倒了，經濟上又因地震效應，賺錢比較少；還有三個孩子的教育費，當時兩個在上大學、一個讀高中，加上不得不展開的重建經費等等，一連串的事件，對我都是極大的壓力。

《九二一震災重建暫行條例》中，其中有一條就是「貸款可以慢六年再繳」[12]，但沒有說這六年的利息是免掉的。因為我是向銀行貸款，銀行就把那六年的利息累積，加到本金。六年後，我本來欠的不是那麼多，再加上六年的利息，那就雪上加霜了。

房子要重建、孩子讀書剛開學要學費，加上地震讓市場蕭條、水果價下跌……我是種水果、賣水果的，生活

等各方面的衝擊，一時沒有辦法把經濟拚起來，那種千辛萬苦，實在很難言喻。最慘的時候是三個孩子全部都在讀大學，私立大學學費，加上在外地的生活費，當父母的只能咬緊牙關，為著拚新臺幣而努力。

每天早上一睡醒來，就想「什麼時候要繳哪一條錢？什麼時候孩子會打電話回來？什麼時候要重建？……」幸好以前我們有賺些錢的時候，並沒有亂花。雖然貸款買很多房子，但是我們謀生該有的機器設備都有，所以九二一地震之後那幾年就開始消耗以前的老本，包括把一些保險全部解約換現金，儘管中途解約不划算，但總是可以換現金回來用。

更嚴重的是，地震以後，房子沒了，要拿什麼東西去借錢？土地很少，借不了錢。而我最多的土地是農地，農地除了農民銀行以外，有些銀行根本就不放款。諸如上面的種種原因，我拖到第十九年才把所有的貸款全部還掉。當然再困難，當時的第一個要務，就是先讓孩子把大學讀完。

在房子重建過程當中住哪裡呢？埔里有二十戶的委員慈誠房子倒了，上人就在當時南投埔里聯絡處旁建了二十間的小木屋。那個小木屋只有十二坪半，住是很好，但是因為我們種田的必須有很多農機、很多機器，還有包裝的倉庫，很多東西沒地方放；所以我必須思索要在很快的時間裡把房子重建起來。

於是，我趕緊找建商，積極找政府的貸款。感謝政府有先給災民一百五十萬的免息，只要建屋契約簽了，開始動工就可以先領出來，但是還必須趕快再去找第一期建屋金。好比說，建房子的第一期金要五十萬，那個時候已經手中空空了，沒有五十萬，建商就不可能來動工；沒有辦法動工，就沒有辦法去借那一百五十萬，很多受災戶就卡在這個地方而無法重建。

　　我甘願損失也要把以前的保險積蓄全部都拿出來，就是用在重建的第一期金。我也感恩很多親戚朋友，有些受災比較少的或者家裡還有一點錢的，他們也信任我，先把錢借給我。所以我在地震那一年，農曆過年前三天就動工了，過完年就開始重建。到2001年的清明節，我就離開了組合屋，回到我們自己的房子。在組合屋總共住了一年半，就回去了。就是這樣，我們一家可以繼續走到今天。

經歷無常 一切夠用就好

　　如果不經過九二一地震，我可能會用比較貢高的心態，我是一個很善良的人，自己在做善事，然後自己做得很高興。但是沒有辦法看到「無常」，沒有想到災難會降臨到頭上來；因為沒有遇過，所以做慈濟就會有「做歡喜，卻沒甘願」的心態。

一輩子務農的陳忠厚，對種茶是外行，他告訴自己，再艱苦也要「甘願」承擔，把茶園顧好，是今生永不回頭的路。（攝影／蕭耀華）

　　當一個人很認真去看待自己生命中無常的時候，才知道人沒有多厲害！我曾想過，九二一那天晚上，我家的女兒牆如果壓下來，現在這一些都不用談了。因此當面臨一個大災難卻沒有死，躲過了災難以後，第一個心境就是「把生命看得比較淡」。所以，九二一之後，我沒有很認真地去賺錢，因為我認為「夠用就好了」。

　　以前的我，夠努力！夠節儉！夠會買房子！但是不到兩分鐘，全部都沒了。佛典上說「世間無常，國土危脆」，念起經來很好聽，但是無法體會。九二一以後才看清人多麼渺小，天地不可逆，這樣對生命比較豁達，

要求比較少。

　地震以後，我整個生活態度都變了，我跟我太太對於生命的要求、對於生活的要求，減低了非常多。從那時候到現在，很少買衣服，舊有的也可以穿得很好。另外就是對於做志工的態度反而更積極，因為我們知道今天不做，哪一天死了，就都不用講了。就如上人講的，會更積極地「把握機會，能做就是福」。

　以前我會認為自己多麼偉大，我們都沒有為自己著想，都去幫助別人。但是經過大災難以後，才看清了：原來我們付出，收穫最多的是自己。帶著這些觀念，一路走過來以後，很多人問我說：「做慈濟做了那麼多年，你有什麼感想？」我只能說：「我沒有感想！我把它內化成為——那本來就是我該做的，我能做的，所以我歡喜地做，沒有其他感想。」

　十年前（2009年）慈濟三義茶園的茶樹種植面臨瓶頸，上人希望我全心來照顧茶園時，我勇敢承擔起來。我一輩子做農，但我對種茶完全外行，我苦思要如何回報上人的託付，把那片土地照顧好，把慈濟精神帶進三義，把制度建立起來。雖然擔心自己能力不足，但只要想起九二一時，上人陪著弟子默默地吃那碗「師公飯」，我就告訴自己，再艱苦也要「甘願」承擔[13]。把茶園顧好，完成上人的囑咐，讓茶園成為靜思的後盾，也是我今生永不回頭的路。

1　佃農，需依照約定比例繳佃租給地主。

2　愛蘭橋，是埔里鎮進出中潭公路的主要通道。

3　1999年8月17日，土耳其發生芮氏規模7.4強震，造成嚴重傷亡。此訊傳至臺灣，證嚴上人深感難過與不捨，遂指示正在科索沃勘察的慈濟四人勘災團，就近趕往土耳其勘災；並呼籲「愛心動起來——馳援土耳其，情牽苦難人」，9月4日全球慈濟人紛紛響應，展開街頭募款活動。

4　陳忠厚承擔慈濟「中區慈誠大隊」第八中隊長；第八中隊包含埔里、草屯、南投、竹山、芬園一帶，當時慈誠中隊員有一百二十餘人；草屯的簡棋煌承擔該中隊的副隊長。

5　軍功橋，南投市對外交通樞紐，係中興路聯繫縣府、公所、南投地方法院、地檢署等機關進出要道。

6　上達下宏法師是很多資深委員口中的「宏師父」、「臺中師父」，因為認同證嚴法師慈悲濟世的理念，在慈濟草創初期，即以同道情誼開始幫忙慈濟，從勸募、慈善訪貧開始，帶動了一批精進的委員；中區很多資深的慈濟委員，都是由宏師父親自調教出來的。2013年9月19日，宏師父於南投縣魚池鄉「寂照蘭若」圓寂。

7　上體下通法師，財團法人佛香書苑文教基金會執行長。

8　證嚴上人行腳出外，常以「醬油炒飯」簡餐果腹。後來某位委員的孩子希望媽媽也能節省金錢去濟助別人，便要求媽媽同樣用醬油炒飯給他吃；省下來的錢，就捐給師公（證嚴上人）做救人的工作。這個孩子便稱這種醬油炒飯為「師公飯」。

9　南投埔里信義路的地蓋埔里大愛一村，建有三百二十戶。資料來源：慈濟全球資訊網，回顧・921大地震專題，http://tw.tzuchi.org/921/pdf/921-31web.pdf （2019年10月6日檢索）

10　中正一路100號埔里聯絡處旁，建有二十戶木屋，提供慈濟志

工全倒戶住。資料來源：慈濟全球資訊網，回顧‧921大地震專題，http://tw.tzuchi.org/921/pdf/921-31web.pdf（2019年10月6日檢索）

11　依據內政部1999年9月30日公布九二一大地震受災區住屋全倒、半倒的認定標準及受災戶慰助金、租金發放事宜（臺內社字第8885465號函）、中華民國89年2月3日總統華總一義字第8900029730號令制定公布之《九二一震災重建暫行條例》。

12　依據民國 89 年 09 月 20 日財政部臺財融字第 89286963 號函：九二一震災金融機構協議承受受災戶房屋貸款建物及其土地部分作業要點。

13　資料來源：《慈濟月刊》第574期報導「甘願承擔 陳忠厚在靜思茶園」，撰文／邱如蓮。

南投重災 救援不讓鬚眉

施秀盼訪談紀錄

這個災難的過程，平安就是最大福
報，我學到了「把握當下」，能夠
做趕快做。

————施秀盼

◎訪問：曾玲麗、林政男
◎記錄：曾玲麗、曾千瑜、黃芷菱
◎日期‧地點：2019年3月24日 施秀盼家

簡歷：

施秀盼，1958年（民國47年）生，南投市福山里（施厝坪）人，有兩個哥哥、一個弟弟，排行第三，育達商職畢業。1991年受證慈濟委員。從事美容業，和曹永東結婚，育有一男一女。

　　1958年（民國47年）我出生在南投市山頂的農家，也就是南投市福山里施厝坪。1963年大哥讀初中、二哥讀國小、我五歲、弟弟三歲，我們失去了父親，母親帶著我和兩個哥哥、一個弟弟，每天到山上工作，日子過得很辛苦。民國四〇年代，臺灣剛光復不久，鄉村、學校都會有健素糖、奶粉，我也吃過美援麵粉。

　　我十六歲時（1974年）南投國中第三屆畢業，一心想趕快賺錢幫助媽媽改善生活，所以報名桃園中壢育達商

職的澤豐紡織廠建教合作班，當時有三光國中、爽文國中、南崗國中、南投國中畢業生三十多人報名。媽媽陪我坐彰化客運，從山上到南投中山公園集合點搭車，坐上車子我眼淚忍不住地流下來，看著車窗外的媽媽也頻頻擦眼淚，媽媽不捨我這麼小就離家，對我說：「下來吧，不要去那麼遠的地方讀。」

改善生活 半工半讀求上進

我堅持勇敢地到中壢，但每個晚上還是哭著想家。建教班是三班制，一邊讀書，一邊工作，我好期待每兩個半月放一次的假，在放假前一星期，就會興奮到睡不著，我會買餅乾、包子等一些吃的東西帶回家和家人分享。

我出外求學、求職吃很多苦，十九歲畢業後，我曾到竹南織布廠工作、在臺北學服裝剪裁，回來臺中市中清路的正隆公司做現場組長、升主任，二十一歲被金杭公司老闆挖角當廠長，每位老闆都對鄉下小孩的我很照顧。在臺中上班期間，我利用夜間學習美容，每週大概學二、三次。我告訴自己要堅強，要吃苦耐勞，以後有能力一定要回饋社會，幫助有需要幫助的人。

二嫂坐月子時，我每天向公司請半天假回家裡幫忙，她在南投果菜市場賣肉脯，我每天早上四點半騎機車從

山上下來到市場工作，過中午搭車去臺中上班，晚上再回南投果菜市場，收市再騎機車回山上的家。我國中同學曹秀芬住果菜市場附近，她看到我這麼辛苦，叫我去她家住，因此認識她的哥哥曹永東。1981年11月我和曹永東結婚，他在南投縣政府上班，婚後育有一男一女，我做美容服務業，一邊可照顧孩子，生活安定。

聽演講 初次遇慈濟

1990年8月23日，我帶著兩個小孩子去中興新村兒童樂園玩，剛好證嚴上人在中興會堂演講，題目是「快樂的慈濟人」。我就帶孩子走進去看，當時座位都坐滿了（大約五百人），有人坐臺階，我也跟著坐在地上聽，慈濟從五毛錢竹筒歲月開始行善、濟貧、成立佛教克難慈濟功德會，以「教富濟貧」為目標，要募會員一起做慈濟。

演講結束後，上人要趕到臺中新民商工的另一場演講，林源朗縣長[1]陪著他走下中興會堂的階梯，我帶兩個孩子站在洗手臺的旁邊，看到他的身影慢慢走下的時候，我哭得沒辦法停止，我不曉得為什麼一直哭，就是痛哭流涕，我兒子跟女兒就拉著我的腿說：「媽媽、媽媽，妳是不是想到阿嬤？」因為，我媽媽已經不在了，所以每次母親節我想到媽媽的時候，我都會哭，孩子認

為我是不是想到外婆，我才會哭得那麼傷心。

　　上人和林源朗縣長走下階梯，坐上車離開之後，我的眼淚終於停止，我又回到中興會堂門口，跟站在外面的一位臺中師姊說，我要加入慈濟功德會。她說：「好。」就拿一張名片給我，跟我說：「你再去劃撥。」當時我不懂怎麼劃撥，回來後也沒有人找我，就一直擱著沒劃撥。

　　後來，聽說南投縣政府計畫室主任蔡碧雲是慈濟志工，有在收功德金。我有一位客人叫李雙絨跟她認識，我跟李雙絨說：「我每月要交一千塊，你幫我拿去交給蔡碧雲，我要做慈濟功德會的會員。」這時剛好有一位客人林碧雲校長，帶埔里呂智媛到我店裡，我的錢還沒有交出去，呂智媛就說交給她就好，她就幫忙交，我就變成呂智媛的的幕後[2]。

呂智媛是埔里徐瑞宏[3]的幕後，徐瑞宏居士是埔里第一個慈濟委員，也是我們的組長，呂智媛每個月都從埔里來收善款。

美容院勸植福 募心又募愛

施秀盼。(攝影／林政男)

我開始向客人募款，最多時募了四百多戶，包括埔里、水里、集集、草屯，哪裡有人要交，我都去收。我在1993年受證成為慈濟委員。

　　我做美容服務，客人有很多，每一位客人來，我就邀約來植福田，那時候有《渡》的錄音帶，裡面收錄許多志工的故事。我拿錄音帶送給客人們聽，大家聽了都很感動，口耳相傳慈濟志工的濟貧善行，他們都要來做慈濟，就招募了十幾位做我的幕後。

　　因為孩子都在家裡，也都學著幫忙做家事，家裡都平安，我很放心。慈濟有太多事要做了，平常去訪視、訪貧的時候，兩個孩子都會跟著去，兩個孩子都從慈濟兒童精進班開始學習，兒子在國中時回花蓮參加夏令營，高中時曾到大林慈濟醫院當醫院志工。所以在這段期間做慈濟很忙碌，家人都能夠體諒，也很感恩都平安。

　　1996年賀伯颱風，住集集鎮的林慎知道水里鄉路面淹水，臺十六線聯外道路也不通，趕快通知我和蔡碧雲，我們三個人商量後，在水里鄉消防隊旁邊的空地成立救災中心，志工與鄉親約有六十多人煮熱食，因為天氣不穩定，我們只提供中餐。

　　我們帶著便當搭「吊籃仔」（臺語，流籠）進去信義鄉神木、同富村，大家往下看真的很恐怖。後來軍中提供直升機空投便當，送了一千多個，最多時送到三千多個便當給救災阿兵哥、受災民眾和救災團體吃。埔里徐

瑞宏居士負責發放罹難、被水沖走者的急難慰助金給家屬。便當供應約一星期，彰化區葉東潤每天載一卡車蔬菜來供煮餐用，當時道路不通，必須繞道集集走原有公路到水里鄉消防隊旁的救災中心。我和蔡碧雲等南投（市）志工，製作番薯包、素包之類，都送到水里救災中心給林慎，讓工作團隊食用。

1999年8月17日，土耳其大地震，證嚴上人要大家愛心動起來，用心募愛。

為土耳其募款時，我第一個募款點就是在南投（市）興農超市（現在楓康超市）的十字路口，我站在那邊彎腰九十度跟人家說：「請響應土耳其震災捐款，幫助全世界受苦的人，愛心不分國度，不分種族，身上流的血都是紅色的，請大家發揮愛心喔！」我向路人鞠躬，有人不屑一顧，幾乎都碰壁，募得很少，他們認為臺灣已經救不完了，還救到土耳其去，那時候真的很難募。

電話不通 挨家挨戶找夥伴

9月20日做完美容工作，收拾好店裡雜事，回到南投市漳和里興和巷住處，已經半夜十二點多快一點了。我剛入睡，突然發生地震，全家都被搖醒，驚慌跑出來，社區有平房、有二樓，幸好房子沒倒。鄰居也都跑出來，大家都很害怕，好恐怖！社區路燈都停電了，整條

路都暗暗的，餘震還是一直搖，民眾都逃到較空曠的廣場，可是晚上外面烏漆墨黑的，我和先生也不敢出去勘災。

9月21日早上天色微亮，我先生曹永東已經拿著攝影機出去，他負責攝影，往市區去拍攝災情。我穿上藍天白雲制服騎摩托車到外面查看，沿路所見真的是慘不忍睹，房子傾斜、路面隆起，二樓變一樓，幸運的人從二樓爬出來，不幸的就被壓死。餘震不斷，很多人都不敢在屋內，驚恐逃難、狼狽地在馬路邊、空地上徘徊。我想到趕快打電話給師兄師姊，但電話都不通，因為電訊全斷了。

我到了省立南投醫院，醫院的停車場有六、七具屍體在地上，有輛救護車開過來，司機下來，他看我穿慈濟藍天白雲制服，他說：「師姊，妳可以幫忙嗎？」他抬頭我抬腳，把屍體放上救護車，他再全送到殯儀館去。

我繼續慢慢繞行南投市區，因為電話不通，沒辦法聯絡到師兄、師姊，只好一個一個去找，大家都離開家，暫時避到操場、公園、學校。我找到了吳昭媚、張筍、楊吳玉珠等人，我們研究要怎麼救災，我說要先選一個定點，成立救災點。原本要在我的店，我的店在南投市中學街四號二樓，但是地震又搖了很大，好恐怖，我想這裡太危險了，餘震不停，設在我的店裡很危險。這時路上都是聽到救護車Ｏ－Ｅ－Ｏ－Ｅ的聲音，差不多十

曹永東、施秀盼夫妻從九二一開始，及時投入救災、中長期希望工程，一步一腳印勤耕耘，看著大愛村蓋好，為災民解決居住問題，開心地留下菩薩足跡。(圖片／施秀盼提供)

點多，我走到南崗路的南投體育館看看，考慮在體育館成立救災中心。

慈濟臺中分會[4]蕭惠特[5]主任打電話對我說：「秀盼師姊，妳要成立一個點，看有什麼問題，你直接跟我聯絡。」中午李錦和從臺中分會拿了一千萬元到南投來，蕭惠特師兄再打電話給我：「秀盼師姊，這一千萬元給你，你要先去發放給房屋全倒、半倒、有死亡的。」我跟他說：「全倒、半倒都沒辦法，因為受災幅員太廣，我們人力不足，水電都不通，我現在先發放有死亡的。」

因為我和曹永東都沒有在家，我就把那一千萬元寄在我家隔壁——南投警察局吳文龍組長家。寄在他家，比較安心。下午四點多，我請四位師兄、師姊到我家，把殯儀館往生者的資料做整理，之後，先留了兩百五十萬元下來，七百五十萬元就請一位師兄馬上送回臺中分會。因為太多錢在這裡，我們都沒有辦法在家裡，而且暫時沒有辦法請人去調查其他受傷或房屋受損的情形，現在受災戶那麼多，不知道要怎麼處理。

群策群力 提供熱食

南投體育館旁邊有一塊空地（現在的網球場），我們決定救災集合點就在體育館旁，體育館的右手邊，車輛可以進出，載送物資、煮熱食都方便。

觀世音菩薩好像聽到我們的聲音，找到這麼好的點，我又剛好看到「蓮池素食餐館」老闆楊彩蓮，她是我的好朋友，她剛好從南崗路走過；我大聲叫：「彩蓮、彩蓮，妳有沒有營業？」她說：「現在還沒有辦法營業。」我說：「那你家的大、小鍋子可不可以借我？」她說好，我就請師兄、師姊去蓮池素食，把她家的大鍋、小鍋、廚具全部拿來，就在體育場開始起爐灶。

阿兵哥看到我們穿制服，他們跟我說：「師姊，你們來煮，水、電我來處理。」我們就趕快分頭去找可以

煮的材料。我請吳昭媚當香積6窗口，大家分頭去找食材，家裡冰箱裡有剩的食材、青菜、沙拉油、鹽巴等，全部拿來體育館這裡，我們先煮麵或鹹粥給那些沒吃飯的人吃。下午三點多，開始煮熱食供餐，操場內的受災民眾，第一口吃到我們煮的熱湯麵，有人眼眶泛紅跟我們感恩。

接著每天三餐還要準備給康壽、南投、新豐國小……等救災點的阿兵哥及受災戶，大約上千個便當。雲林斗六的師兄、師姊也都過來煮飯、菜、大鍋麵等熱食，體育場內約有五百人之多，有的人家已經全倒、半倒了，餘震不斷，不敢回家，在沒水沒電之下，我們都盡力為操場內受災民眾及進出人員供應午餐、晚餐，還有早餐，大都以麵食為主，便當則送至各救災點。

一方有難 菩薩馳援

體育館救災點成立後，我在體育館負責總協調，當天下午就有屏東的師兄、師姊過來，還有高雄林景猷、陳幼卿夫婦，各地志工陸續開車來到南投體育館。

善心人士從雲林、高雄、臺北……全部都是一卡車一卡車，不停地將物資往這裡送，物資堆積如山，包括帳篷、被子、麵條、泡麵、礦泉水等，年輕的阿兵哥都主動來幫忙卸貨、分類擺放。師兄、師姊就會主動分送到

市區其他集中點像康壽、南投、平和國小操場。當時，中寮鄉或中興新村災區受災戶主動來要東西，像帳篷、被子、吃的，受災民眾都趕快找需要的東西，慈濟志工和阿兵哥也都一起幫他們搬物資上車。

從北區、南區、雲林來支援的師兄師姊們，都穿著藍天白雲的制服，集中在救災中心，我請他們在體育館救災中心，負責將堆積如山的物資做分配、分類，中寮、草屯、竹山、社口、中興新村有需要生活物資的，他們會來體育館救災中心領取、帶回。哪個地方有問題需要協助，就派員前往協助解決，大家同心協力，分工不分

中寮國小校園全毀，災後重建是慈濟援建學校之一。(圖片／施秀盼提供)

心。

感恩十方大德，愛心滿滿送災區，每天都有物資進來，彭百顯[7]縣長也會來與受災民眾一起用餐，他很感恩慈濟發揮很大的動員力及愛心，在體育館煮熱食讓災民溫飽。我隨時都和臺中分會保持聯繫，當體育館已有志工負責煮熱食供餐、發送物資到各地，我就可以放心做其他事。

殯儀館內 為往生者祝福

我到殯儀館時，一眼看去，兩邊整排都是棺木；這邊必須要有人協助處理，包括協助驗屍、死亡原因、登錄等工作，我就留在殯儀館，當時南投殯儀館的負責是位李先生，南投縣政府的社會局陳婉真局長，要跟他協商處理一具大體金額，三百多具大體需花龐大金額，很難協商，要我去當他們的協調人，最後達成協議，處理一具大體三萬元。

檢察官（法醫）來了，大體太多，他一個人沒有辦法，請我幫忙登記，每具大體送到殯儀館來，有家屬確認的，我在前面點一支蠟燭、插一炷香；沒有家屬確認的，只好用草蓆、小毛巾、窗簾、一張紙也好，把大體的臉遮住，整個殯儀館都是大體，而且一直在增加中。

第二天（9月22日），在殯儀館的大體已增加到

三百一十四具。一直到晚上，我和吳昭媚、楊吳玉珠、王紀阿峰、張筍、簡足都在殯儀館幫忙，我拜託他們回去拿毛巾跟水桶來，因為亡者的臉都是泥土，有的是血，看來很可憐，我想幫他們擦一擦。師姊們跟我說：「外面黑漆漆的沒有電，家裡有的門打不開，哪裡拿毛巾、拿水桶？」我想也對，請她們再找找看，找到房子沒有倒的人家，去他家拿水桶跟毛巾來。差不多晚上六點多天色就暗了，師兄、師姊拿了七、八個水桶，還有一些毛巾來，大家開始幫大體擦臉，身體部分沒辦法擦。

晚上八點多，有一位檢察官來殯儀館：「師姊，妳可以幫忙嗎？」我問：「怎麼幫？」他說：「我們人手不夠，我要開始寫死亡證明，從有點燈、點蠟燭、點香的大體開始，因為這一些有記號的才知道他叫什麼名字。」我負責登記，檢察官就從頭開始檢查，看眼睛，以及臉的狀況，確認死因，他告訴我，亡者是窒息或是被壓的，是怎麼往生的，他一邊講，我一邊記錄。

晚上在殯儀館，年輕的阿兵哥最可憐，他們都說：「師姊，我好害怕啊！」我說：「你誠心念阿彌陀佛就好。」負責殯儀館的李先生住在草屯，人很好，他拿白色的紗布給我，我把它剪成一條一條長條狀，檢察官拿給我筆，驗過的大體，我在白布條上寫名字，然後把它綁在腳上，再請阿兵哥把一具一具的大體，放進台塑送

來的五個冷凍大貨櫃。夜裡十點多了，林景猷打電話跟我聯絡：「秀盼師姊，我們現在都回來體育館，你現在在哪裡？有需要我們幫忙什麼？」我說我在殯儀館。

夜裡，我一個人在殯儀館，我很孤單，屏東有兩個師姊看到我一個人在那裡，她們跟我說：「師姊，我們來了，妳不要擔心。」我看到她們，抱著她們痛哭，哭了很久，從九二一凌晨到現在，我一直都在忙，沒有時間想到哭，見到穿著相同制服，好像我的親人一樣，哭了很久之後，才再繼續工作。

在體育館的林景猷，把全臺各地來支援的師兄、師姊集合起來，藍天白雲隊伍整齊到達殯儀館外面，四個一排合掌唱誦「南無阿彌陀佛」的佛號，我看到這情形，又激動得哭了。他們在大體旁邊、冰櫃旁邊為往生者念佛，回向給往生者，宏亮的佛號祝禱聲，祈願亡者靈安；志工們安慰我後，再排隊回體育場休息。9月23日凌晨兩點，大體都處理好，李先生說：「師姊，你先回去，這裡換我來。」他就和志工接我的班，留守在殯儀館。

生死呼吸間 感恩各地志工馳援

雖然有人接班，但我沒有回家，直接騎摩托車去體育館，看到全部都是穿著藍天白雲制服的家人，他們完全

沒有蓋被子，頂著露水，躺在地上睡覺。他們陪著南投鄉親一起受苦，我當時的心情只想到上人說：「人命在呼吸之間。人生只有使用權，沒有所有權。」殯儀館跟體育館只有短短的三分鐘路程，我到體育館看到師兄、師姊們，一樣是躺在地上，但都有一口氣在，明天他們還要發揮身體的使用權去救人、幫助人，而殯儀館裡躺的人是沒了呼吸，他們已經沒有使用權了。

還好有高雄林景猷和屏東、斗六、雲林等地的師兄、師姊來幫忙，協助我這個總協調，他們經過分配，有的到中寮去協助發放與關懷，當時南投受證慈誠、委員的人數不多，都仰賴各地區的慈濟人協助，才能夠把賑災工作有規畫地順利完成。

我們都穿著制服，很多受災民眾已知道慈濟是在幫助人的慈善團體，在體育館，需要時會拉著我們的袖子說：「師姊，幫我找我的家人！」在殯儀館尋找大體的也說：「幫我們找家人！」此情此景，真的令人心酸！因為餘震多，而且很大，大家都不敢回家，體育場搭滿帳篷，大約五百人左右，有人會主動來幫忙揀菜，家裡有東西的也會送過來，志工和鄉親從早到晚不停地煮。我聽鄉親們說：「九二一大地震發生後，第一口吃到的就是慈濟志工煮的熱騰騰的湯麵，感覺最珍貴。」

有一天我到埔里，當時有一位陶瓷藝術家王子華先生，他說：「我這輩子五十幾年來，第一次拿個缽（大

碗），在慈濟埔里救災中心排隊等著吃飯。」他真的感受到慈濟的大愛與無私的奉獻，真的天災無情，生命只在呼吸間。這時慈濟人和鄉親零距離，大家就像一家人，見到了會彼此擁抱、哽咽：「平安就好，平安就好！」只有一句平安就好，因為有人已經不在了，再也見不到了。

連夜趕工四天半　簡易教室速完成

臺北林寬陽[8]、葉炳榮[9]他們開車載著上人來南投關懷，南投真的是很缺人才，他們都跟我們建議怎麼處理。臺中伍慶雲[10]打電話給我，問我在哪裡？我說我在殯儀館，他告訴我上人來了，我趕回體育館，南投林秀卿組長含淚向上人報告救災中心賑災情形。那時候也有很多民間團體進來，在體育館煮熱食供餐，包括殯儀館也都有團體來協助助念或來安撫。所以，上人慈示煮熱食可以結束，我們要進行急難金發放、蓋大愛屋、簡易教室，孩子不能沒有教室可以讀書。

熱食結束後，我們開始調查各鄉、鎮全倒戶跟半倒戶，並慰問與發放急難救助金。我一面繼續賑災，一面以最快的速度，向南投市長李朝卿[11]和縣長彭百顯說明蓋大愛屋的事。

他們說：「慈濟要蓋大愛屋、簡易教室，要趕著蓋教

室，我們真的忙不過來，還好有慈濟人的協助，感恩上人的幫忙。」

北區志工林寬陽負責南投國小搭蓋簡易教室，在南投國小看著蔣碧珠校長[12]半夜都還在那裡，慈濟志工們很不捨，連夜灌漿、連日趕工，四天半就完成二十五間簡易教室。南投志工負責提供熱食，補充大家的體力。

全臺動員 大愛屋安身心

九二一地震，南投是受災最廣的地方，需要蓋大愛村，上人希望先以全倒的低收入戶為優先，再來是給房屋全倒的受災戶。林碧玉[13]副總執行長也來南投，跟李朝卿市長、彭百顯縣長協調。

「大愛一村」在中興新村德興棒球場，南投家扶中心對面是「大愛二村」。全臺志工自動支援，從打地基、架構、屋頂、水電、內部布置到鋪連鎖磚等。大愛屋一棟一棟順利地蓋起來，也募了很多志工來幫忙。

簡易教室同時進行，臺北有黎逢時大隊長[14]及林寬陽帶師兄、師姊來負責集集、中寮、南投、中興等學校，南投國中是由高雄師兄、師姊來負責。南投志工一樣配合煮食、茶水、點心供應，給各地區來的師兄、師姊食用，像臺北的師兄，他們每個星期都有四臺遊覽車過來。平時有長期志工住在工地，其他的人幾乎兩天、三

天換一隊，每次都是四、五臺的遊覽車過來交接。他們回去的時候，我們會準備竹山的竹筍包給他們當點心，感恩他們發心支援。

高雄的志工到南投平和國小支援希望工程，開中藥店的蘇廖閃[15]，供應所有的草仔茶（臺語，青草茶），一天都供應上千瓶給援建學校的師兄、師姊喝。那時候天氣很熱，蘇廖閃怕工地菩薩、志工們火氣大，幾乎每天都是忙這些工作。高雄「菜粽伯」林聰奇[16]，笑口常開，逢人就說：「感恩啊！」南投區師兄、師姊總動員，連續三、四個月，大家都穿制服，天天幸福。

在中興新村舉辦希望工程義賣，愛心募款，大家踴躍敲愛心鑼樂捐，曹永東、施秀盼夫妻愛心不落人後，參與敲愛心鑼。(圖片／施秀盼提供)

結合在地藝術 協助走出陰霾

　　大愛村蓋好了以後,交給南投市公所管理。鄉親搬進去之前,我們在屋子結綵帶,搓湯圓煮湯圓,為他們辦熱鬧溫馨的入新厝儀式。大愛村都有一個活動中心,放著慈濟的書籍、人文錄影帶,我們安排簡麗淩教小孩子書法,王輝煌老師[17]教畫畫,志工帶活動,包括臺北的大愛電視臺譚艾珍都來大愛村做採訪,跟他們互動,教他們比手語、唱歌。

　　每個星期大愛村幾乎都有活動,志工常常關心、陪伴

大愛圖書館每週都有書法教學,志工簡麗淩指導學童,村民也常到此參觀。(圖片/施秀盼提供)

他們，讓他們度過這段難過的日子，等到大愛村民的家裡復建好也漸漸搬回去了，這些活動才慢慢結束。大愛村發揮很大的功能，包括大愛二村的住民主委石全誠先生，發心當志工，他後來也加入慈誠隊，那時跟我們回去花蓮的心靈故鄉。住在大愛村時，他幫忙募款，對慈濟也有回饋，每個月自己交兩千元善款，做個手心向下的人。

主委石全誠先生很尊敬慈濟人，只要有工作，他都願意協助，而且都願意當我們的幕後，願意加入慈濟這個行列來幫助人家。我告訴他：「我們都是一家人，來自全世界的愛心，不是只有臺灣，全世界的愛心，都湧到我們臺灣來了。」

體悟人生無常 學到更知足

九二一賑災開始到這個階段性的任務完成，最大的感受就是人生無常、行善要即時，人命在分分秒秒呼吸間，人生只有使用權，沒有所有權。

我學到更知足，沒有什麼好計較，要縮小自己。像上人說的要縮到人家的眼睛裡，還不會扎到人家眼睛；縮到像微塵一樣，無所不在。九二一地震後，看到我家裡的陶瓷藝術品，地震一搖，它都破掉了，沒有什麼是永久的，之前喜歡買藝術品也就不再買了。

我也喜歡在山上擁有一間房子，像朱銘大師在信義鄉就有一棟房子很漂亮，我也想在那邊蓋個房子住。現在覺得住山上很恐怖，因為我親眼目睹到在信義鄉豐丘村，有一間住了六十年的房子，一個天翻地動，一戶人家全部被埋掉了。

　　災難的賑災過程當中，我學到了「把握當下」、「行善行孝不能等」，能夠做趕快做，相信大家都平安，就是最大福報。

　　九二一震災死傷慘重，我自己親身參與救災，親眼目睹災情，感受特別深刻，到現在記憶猶新。上人告訴我們做慈濟要感恩，我們不是去幫助人家，而是幫助自己，因為受災民眾示現人生的苦相、苦難，給我有機會去行善、去學習。從中我也警惕自己要知足、感恩，感恩慈濟，感恩上人的慈悲。今天能夠行在菩薩道上，是一生的福報，期望能夠一直跟隨上人付出，為天下祈求風調雨順，社會祥和，天下無災無難，人人健康平安。

1　林源朗，南投縣第十一屆（1989.12.20~1993.12.20)、十二屆(1993.12.20~1997.12.20)縣長，資料來源：南投縣政府網站。https://www.nantou.gov.tw/big5/content.asp?dptid=376480000&catetype=01&cid1=1104&cid=17#gsc.tab=0（2019年8月21檢索）

2　幕後，慈濟委員勸募會員後，會員認同慈濟理念，協助委員招收會員，稱為幕後。

3 　徐瑞宏，埔里慈濟第一位委員，曾任南投區的組長。

4 　慈濟臺中分會 1999年位於臺中市西區民權路314巷2號，2013年搬遷至現址臺中市南屯區文心南路113號。

5 　蕭惠特，當時任慈濟基金會總務主任的職務，地震前一天剛好從花蓮出差到臺中。

6 　香積，佛道教以香積統稱負責炊煮之功能。「香積」之名的由來，經載，距以娑婆世界上方過四十二恆河沙佛土，有佛國名眾香，佛號香積。香，係離穢之名，宣散芬芳；積，即聚集之義，積聚功德。意指這佛正報殊勝莊嚴，由眾多功德妙香積聚而成。後人逐引「香積」之名，漸與炊煮飲食相關聯。

7 　彭百顯是第十三屆南投縣長，其任期：1997.12.20-2001.12.20。資料來源：南投縣政府網站。https://www.nantou.gov.tw/big5/content.asp?dptid=376480000&catetype=01&cid1=1104&cid=17#gsc.tab=0（2019年8月21檢索）

8 　林寬揚，北區慈濟志工，年輕時候，喜歡棒球的林寬陽與第一代木蘭國家足球隊隊員莊秀裡與共組家庭。1993年（民國82年）莊秀裡秀裡開始接觸慈濟，夫婦在慈濟找到生活重心，攜手投入九二一震災重建工程。資料來源：慈濟全球資訊網〈放下與原諒 勇敢是我的名字〉。

9 　葉炳榮，證嚴上人行腳各地時，負責開上人座車的師兄；若沒有做慈濟，還是繼續「雲遊四海」抓魚殺生、連夜賭博不歸……。資料來源：慈濟月刊461期〈假如沒有做慈濟〉。

10 伍慶雲，中區慈濟榮董召集人，臺中慈濟醫院主要推動人之一。一直認為捐錢做好事就夠了的他，1986年3月臺中分會成立時，上人深怕活動打擾鄰居，除家家拜訪外，還邀約左鄰右舍至分會用餐，沒想到這一餐，讓他人生大轉變。一天他照例在家中廚房「隔牆聞法」，竟然不自主掉下眼淚。他明白上人將佛法生活化，菩薩人間化，剎那間領悟，人生不只

是賺錢，應該付出自己多做好事。資料來源：慈濟全球資訊網〈不只布施金錢 更要親身力行〉

11 李朝卿，1999年任南投市長，2005年任南投縣縣長，至2012年因案停職，由副縣長陳志清代理縣長職務。資料來源：南投縣政府網站。https://www.nantou.gov.tw/big5/content.asp?dptid=376480000&catetype=01&cid1=1104&cid=17#gsc.tab=0 （2019年8月21檢索）

12 蔣碧珠，1999年至2006年任南投國小校長，校長在九二一地震時，因為南投國小的重建而與慈濟結緣，加入慈濟教聯會，因為她的臉上總是帶著微笑來面對周遭的事與物，又有「校長中的笑長」美稱。2009年7月自南投國小退休，接任花蓮慈濟小學校長，積極推動有人文的品格校園，找回孩子純真美善的心，更於生活中以言教、身教、制教、境教四管齊下，落實品德教育。花蓮慈濟中小學於2012年合併，蔣碧珠卸下校長一職後回到南投繼續做慈濟志工。資料來源：南投國小網站、慈濟基金會全球資訊網〈校長中的笑長 將四教合一〉。

13 林碧玉，慈濟基金會副總執行長。

14 黎逢時大隊長，北區慈誠大隊長黎逢時，1988年加入慈濟，以身作則帶領慈濟志工投入付出。資料來源：慈濟全球資訊網。

15 蘇廖閃，慈濟志工，在南投開保元堂青草行。

16 林聰奇，高雄慈濟志工，在九二一希望工程學校南投縣中州國小、平和國小當香積志工，住在工地，為各地輪班而來的志工料理三餐，從不抱怨辛苦。大愛劇場《走過好味道》主角林聰奇的故事，人稱「菜粽伯」，原住小港，擁有一身好手藝，製作粉粿、粉條及地瓜圓等甜點。資料來源：慈濟全球資訊網〈浴佛佈置 以歡喜心承擔〉。

17 《慈濟月刊》406期〈生活在大愛村〉施秀盼地震後在當地辦

關懷活動，她想到自己曾參加過文藝社團，結識許多在地藝術工作者，結合他們的力量去服務村民。父母要為重建而煩惱，鮮少有時間帶孩子去參加活動，幫孩子辦一些才藝班，一方面讓孩子課餘有正當休閒活動，一方面或許可藉藝術創作讓孩子走出地震的陰影。施秀盼請來當地的文心書會會員簡麗淩、鄭麗娟及詹子瑩教書法，當地知名畫家王輝煌教繪畫。一開始在村民人數較少的南投大愛二村試辦，村民反應相當踴躍，很快地，書法班就有二十多位學童報名，繪畫班則有三十多人報名。看到慈濟人如此盡心投入社區活動，擅長吉他的大愛二村主委石全誠也在村內開設吉他班。後來大愛一村的村民也要求施秀盼到村裡開辦類似課程，三月初，書法班及繪畫班就在大愛一村熱鬧展開。

安撫受驚嚇的心

王金福訪談紀錄

每個人都要作個備胎，猶如一輛
車，哪個功能有缺，就隨時補位。
　　　　　　　　————王金福

◎訪問：林寶蘭、張美齡、黃鈺姵
◎記錄：張美齡、林之婷、楊家妤、林美娥、林寶蘭
◎日期‧地點：2018年11月03日 豐原靜思堂
　　　　　　 2019年02月14日 豐原靜思堂
　　　　　　 2019年04月11日 臺中靜思堂
　　　　　　 2019年07月29日 臺中靜思堂

簡歷：

王金福，1959年（民國48年）出生於臺中縣神岡鄉，成長在九個兄弟姊妹的務農家庭。1971年小學畢業，學習汽車板金。1978年與潘淑惠結婚，在汽車修配廠工作。1990年走進慈濟，1993年元月，受證為慈濟委員及慈誠，在慈濟受到肯定，找到人生舞臺。

　　我1959年（民國48年）在臺中神岡出生，成長在兄弟姊妹眾多的家庭，有五位兄長及三位姊姊，我是老么。家裡世代務農，記憶中家境並不富裕，小學畢業，父親鼓勵我學一技之長，所以我在車行學習汽車板金，雙手常常沾滿油汙。看到同學背著書包讀國中、高中，甚至

大學，那時候我很恨爸爸，為什麼我不能讀書，但是我不服輸，下定決心，一定要有點東西給人家看。

1978年我與潘淑惠結婚，未滿二十歲就當起一家之主，在汽車修配廠工作，月薪才四千多元，工作很辛苦。服完兵役仍然繼續在修車廠工作，前後做了十一年。我一直覺得做「黑手1」沒什麼錢可以開工廠，所以轉行做生意，到各傳統市場及夜市賣衣服、鹽酥雞。炸鹹酥雞的兩、三年期間，我一直覺得每天觸摸這些葷食，有些不能適應，所以才改做生意賣拖把、吸塵器和推銷香、樟腦油……每天都到市場去叫賣，用盡辦法推銷產品。

歡喜入門 利益眾生巧思接引

我認識慈濟是在1990年某一天，我們夫妻帶著一對兒女，到臺中的文化中心圖書館看書，剛好遇到慈濟基金會的講座。我心想有這樣的活動，進去聽聽看，當中應該可以吸收到一些精華。

文化中心地下室演講廳入口，兩旁的慈濟志工分別穿著西裝及旗袍，莊嚴的樣子深深吸引著我，覺得這個團體不是穿西裝就是穿旗袍，一定要高學歷或是很有錢，而這些都是我沒有的。當下我發了一個願——無論如何，我一定要參加這個團體，憑著一個資料袋和一卷

證嚴上人的《緣起與展望》錄音帶，依著袋子上面的地址，我找到臺中分會，表明要加入慈濟，很順利地，我成為慈濟的一員。

我加入慈濟就開始帶慈濟列車，宗教一般給人的印象是嚴肅的，在車上來回十四個小時，除了心得分享，就是唱慈濟歌，我用比較輕鬆、快樂，能夠吸引人，使人融入的方式，例如曾經帶動過〈螃蟹歌〉：「螃蟹一呀！爪八個，兩頭尖尖，這麼大個，眼一擠呀！脖一縮，爬呀爬呀過沙河……」加上兩人猜拳的遊戲，互相按摩，緩解長途火車的辛苦。讓人覺得慈濟也滿好玩的，下次還會邀左右鄰居一起來。1993年元月，我受證為慈濟委員及慈誠兩種身分。

我學習用有形、有相的活動來吸引大家，以講故事的方式，才會讓人很專注地聽。所以我曾經用乾燥的瓠瓜，製作頭戴安全帽的人偶，順應潮流宣導騎車應該戴安全帽，以提醒大家重視生命的安全；也曾經在慈濟聯誼會上，我用飲料空罐及木頭自製一把胡琴，拉出美妙的樂曲，吸引了眾多與會的師兄師姊，欣賞響應廢物利用的音樂。我在做慈濟的過程中，想到「凡是利益眾生的事，就要去學。」所以運用很多的技巧。

無師自通 人有無限可能

1991年學校推動「校園傳心」活動，那時候我開始學習布袋戲。我不是去黃俊雄還是李天祿那裡學的，而是無師自通，自己摸索創作。一開始時是想用慈濟委員、慈誠的衣服，還有一般的便服，說慈濟的故事。當要做布袋戲衣服的時候，我直接拿布偶到裁縫店，告訴老闆這是辦活動要用的，請老闆幫忙做布偶的衣服，老闆直接就說：「這麼小很難裁製。」他以那是小孩子玩的東西，就拒絕了我。

　　我再找另一家西裝店，說要做西裝，老闆很有禮貌地請我坐下。因為老闆很熱情地倒茶，端出水果來要我先享用，卻讓我沒有機會向他事先說明。當老闆拿布尺要量我身材的時候，我從口袋裡掏出一個布袋戲偶說：「麻煩你幫我做這個布偶要穿的西裝。」老闆很生氣，以為在消遣他，當場我又被拒絕了。

　　我連續被拒絕，感到很沮喪，突然間想到以前常開著九人座的車子載師兄、師姊訪視及出勤務，常要我繞道到臺中市水湳陳錦文師傅那

透過有趣的布袋戲「說法」，王金福傳達出愛與感恩。(攝影／鄧和男)

兒，量製旗袍或拿旗袍。所以已和陳師傅認識多年，抱著試一試的心情找上他。我向陳錦文師傅表明是要辦慈濟活動用的，他卻高興地表示：「好！好！好！沒問題，我來做，還想說沒機會為慈濟付出呢！」

之後，我在學校、社區，甚至往返臺中、花蓮的慈濟列車上，以布袋戲說慈濟邀會員。經過多次的練習之後，1993年元月我受證慈濟委員及慈誠的當天，在臺中分會我用1991年中國大陸發生華東水災後，慈濟投入勘災與賑災的戲碼自導自演，聲音可以互換成小孩、大人到老人，可男可女，以及大陸鄉音的普通話及臺灣式的

王金福在大愛臺節目《大愛酸鹹甜》表演「驕傲的猴子」。(攝影／顏明輝)

中文。

上人在現場問：「現在到底有幾個人在演？」活動組報告上人「有四個人」。一個人演兩尊布偶，臺前是八尊布偶對話。上人又問：「那不就是一個人講一種話？」林美蘭告訴上人：「只有王金福一個人在對話。」事後，我向上人分享，將製作布袋戲偶衣服，讓西裝店老闆以為在消遣他，被拒絕的過程上人聽了之後會心一笑，我也很高興能受到上人的肯定。

慈濟像大學 學習轉念心開闊

慈濟就像一所社會大學，教育多元化，很充實化，我反而覺得沒有高學歷，才能放下身段，用高度的學習力，吸收更多的經驗。我很感恩來到慈濟，上人沒有看輕我，也能與富貴之人平起平坐。心念一轉，我已經不再那麼在乎學歷，也不再怨恨爸爸了。

參加慈濟的前五年，我的工作一直不順，也感恩因為不順才有時間做志工。我太太淑惠也沒有因此而阻止我，反而協助我做生意，照顧好家庭，幫忙收善款，讓我無後顧之憂。俗話說「家家有本難念的經」，而我們這本經念得還滿順的。

1993年至1996年這三年的時間，我在全臺各地擺攤做民俗彩繪。生意真的不好做，因為人不能一餐沒飯吃，

但是不一定每天都要觀賞藝術品，從中體會到「藝術不能當飯吃」。

我當時在賣東西，又要顧一家溫飽，都先想到這工作會不會影響我做慈濟？因為我愛做慈濟。後來一位師姊的哥哥跟我介紹金字塔能量水機，當時能量水機才剛開發，我使用後覺得很好，沒有騙人。而且推廣時間比較自由，不會影響我做慈濟，所以我專心推廣，收入才穩定下來，家境才慢慢改善。

有一次，上人到臺中分會，我帶淑惠去參加「感恩時刻」，會中我向上人報告：「以前我家師姊不太會煮菜，後來在香積組學到不少素食料理，回到家也能做出一桌圓滿的素菜餚讓家人享用。」上人問我：「你師姊有來嗎？」我請淑惠站起來讓師父看一下，我記得當時上人對淑惠說：「妳不是只煮給妳家人吃，還要出來煮給更多人吃。」上人輕輕的一句話，讓她一直定位在香積組，也受證為慈濟委員。

九二一救援 駐站豐原向陽永照

1999年9月21日凌晨，我兩眼惺忪，感覺床左右、上下搖晃。我和太太趕快起來，也趕快叫醒女兒和兒子，地震還在搖！趕快跑出去，不敢待在家裡。二十一歲的女兒已經就業，十九歲兒子還就讀僑光商業專科學校，

他們都能照料自己。我們住在神岡的巷子裡，車子一定要先開出去，萬一房子倒了阻到巷子，就出不去了，沒有車子等於沒有腳。我和太太淑惠開著車子到距離不到一公里的神岡圳堵示範公墓，我心想：「一定有災難，要趕快準備救災」，可是也不知道要去那裡？

我趕緊打開車內的收音機聽一聽，哇！收音機裡傳來卓蘭有很多災情，我想從東勢趕到卓蘭，但是在豐原就進不了東勢了，只好折返從后里貓仔坑（仁里村）進入東勢再轉卓蘭。清晨五點多，車子到了卓蘭。卓蘭災情很嚴重，廟的拱門都倒下來了。到了卓蘭衛生所與警察局旁邊，有一個小小的醫護站，很多傷亡的人都被送出

救難隊在臺中縣豐原市倒塌的停車場協助救災。(攝影／顏明輝)

來。因為我跟淑惠都不是醫護人員，又沒辦法做什麼；想再進去苗栗內灣，可是途中路都隆起來了，也到不了。我們聽到收音機報導說，豐原的「向陽永照」整棟樓倒了；既然這樣，我們趕快回來，看看有什麼需要幫忙的。

我們整夜沒時間闔眼，早上七、八點到了豐原圓環東路，「向陽永照」十二層大樓橫臥在向陽路上，阻隔了往來的交通。傷亡的人一直被救出來，救護車不停地來來回回急送傷患。很多阿兵哥已經在圓環東路與向陽路路口，當時我看，這邊工作很多，要負責聯絡、安撫、分配物資……現場需要很多志工，我跟太太淑惠就留在現場，當時，慈濟在豐原有體育場及廣福宮兩個主要救援服務中心。我們就在圓環東路與向陽路路口這裡設立一個關懷站，是豐原的一個駐點，和國軍、消防隊等一起救災。

接近中午，很多左鄰右舍開始送吃的來，就說：「這些打火兄弟、阿兵哥、救災的人，大家一定餓了！」很感動喔！有人煮了一盤水餃，端過來說：「我家就只剩這些水餃而已」還有半條的可口奶滋餅乾，他們也拿出來了。家裡有的東西都送來了，大部分都是熟食，還有礦泉水……有人送物資來，我稍微看一下、點一下物資，才有辦法在現場分配。像礦泉水用不了那麼多，我請他們直接載到豐原體育場；就這樣，晚上差不多七、

八點才回家休息。

回到家身體疲倦不堪，因為整夜、整天沒闔眼，我倒頭就睡。隔天醒來，轉頭告訴妻子淑惠：「我們再去吧！」感覺有事情要做，早上七、八點，我們再到關懷站那裡，連續駐站一星期。

愛心人人有 共度苦難無分別

災難起，悲心也被喚起。第二天開始，很多人送東西來，甚至連黑社會也來捐東西。他們開著車來到路口，「砰！」四位壯漢下車關門聲好大聲。我只要看到車子來就過去接待，「請問是要……」他說：「我們要捐東西啦！」我說：「哦！這樣啊！東西在哪裡？」他說：「有東西在車子後面那邊。」

當時我呼叫大家一起搬一搬，他搬了兩箱的礦泉水，還有四條餅乾、三罐果汁，另外還有一個箱子裡面裝了果汁跟餅乾。收到東西，我例行性檢查、清點，確定是要放在現場，還是要分類送到體育場去。打開之後，發現一個東西，在現場用不到，我跟他說：「大哥，大哥！這個東西這邊暫時用不到，其實也都用不上，你們可不可以拿回去？」大哥說：「都是要捐給你們、捐給你們……」我說：「我們真的用不到，你來看看！」當時有警察，還有國軍。我們把箱子裡的果汁及餅乾拿出

來後，他過來看，發出「噢噢噢……」的笑聲，原來是把槍都捐出來了！他們趕緊將槍連箱子搬走上車離開。

9月24日是中秋節，有一家餐廳事前準備了預訂慶祝中秋晚會用的食材。因為停電，冰箱不能保存食材，他們載來一車的餐點。這裡有阿兵哥、消防隊員及救難隊員可以吃，所以全部留下來，我請他們有空檔輪流過來吃，我對大家說：「趕快吃、趕快吃，把那些東西給吃掉了，惜福……」我們慈濟也在附近廣福宮煮熱食，也會送便當過來，所以消防隊員開玩笑說：「今天吃素食配牛肉！」餐廳送來的都有一些肉，我說：「沒關係，你們高興就好！」

不用怕 他們會謝謝你

灰濛濛的天空，現場有上百位的阿兵哥參與救災。他們才二十出頭，也都是爸媽心中的一塊肉，是父母的心肝寶貝。來當兵，長官叫他們進去救人，就得進去，不可能拒絕，一定得做；做的時候雖然害怕，還是要做，不做又不行；結果進去救人，因為驚恐，每個人出來的時候臉色都發白。抬往生者出來，怕啊！他們恐懼呀！眉頭緊縮，一副愁眉苦臉。送過來的餐，有的有吃，有的好像沒吃，我心裡想：「如何讓他們安心？」

剛好，家裡有一包念珠，還有幾百張觀世音菩薩法像

的卡片，背面是類似銅雕印有《波羅蜜多心經》[2]。因為我們常常去訪視的時候，也會帶去跟人家結緣，所以一次都買很多備用，九二一那時候也派上用場了。不是發給就好，還要跟他們心靈分享。

我先向連長報備：「報告連長，想跟弟兄們聊聊天，可以嗎？」他說：「你要聊什麼？」我說：「沒有啦！我看他們都很害怕，我想跟他們聊一聊，讓他們能夠寬心。」他看到我是慈濟人，他就說：「好啊！好啊！你跟他們講講話。」

他們坐在地上休息，空檔的時候，我就跟他們講：「各位弟兄們，大家都辛苦了！我知道每個人都很虔誠地參與救災，也就是有人需要的時候，我們就去幫助他。當你把一位往生者救出的時候，他已經沒有辦法跟你對話了；不過，他的內心一定非常感恩，非常地謝謝你，所以我們不用害怕。我們幫助別人，對方一定會感恩我們；就像幫助人，也像送人禮物的時候，對方一定講『謝謝』。不過，往生者沒辦法跟你講這些，其實在冥冥之中，他非常感謝你，甚至他會保佑你，我們都不要害怕，因為我們在做好事。做好事的人，他們絕對不會傷害我們，或者是讓我們害怕，可能是我們心裡有一些作用。」阿兵哥還是沒有笑容，一樣愁眉苦臉。

我繼續又對他們說：「不過，今天我也要送你們禮物，什麼禮物呢？每人送一串念珠。如果害怕的時候就

唸『阿彌陀佛』；如果你是基督教、天主教，就唸唸你所信奉的主「阿門」，或是你所信奉的任何宗教都可以。還有這一張是《波羅蜜多心經》，你就放在口袋，這個有觀世音菩薩像，所有的宗教都是一樣的，都是讓人心能安定。」我說完，就每個人都發給一張，阿兵哥拿到的時候，就放在心口上，拍一拍，好像很安心了；而且馬上把念珠戴在手上。那時候連長、排長在旁邊看，也都沒有講什麼話。

阿兵哥原本好像犯沖一樣，黑黑暗暗的臉，這時我感覺他們臉都亮了起來，接下來的餐都吃光光；我想阿兵哥的心應該是安住了。

幫孩子轉個念 「賣驚」就免驚

一星期後，我到東勢深入災區訪視、發送物資，將近半個月。約一個月後，十月中旬起，災區學校漸漸開學了，他們在臨時的帳棚裡上課。老師們知道我有布袋戲的專長，要我一起到學校關懷。

我在災區學校走透透，我有去臺中的新社國小、石岡國小、東勢國中、東勢國小、豐東國中……以及南投的埔里、國姓、竹山，幾乎慈濟所援建的學校我都有去，甚至很深山的竹山鎮社寮國小及埔里鎮的桃源國小，有的學校學生、老師及校長總共才幾十個人。我走過帳棚

式、組合屋型學校，也去過糧倉的教室，發揮我的創意與發想，與災區小朋友互動。

那時候我跟中山醫學大學的黃俊銘老師常常合作，他講心靈講座，我跟小朋友互動。我平常在環保站裡，回收一些絨毛娃娃玩具，經過整理一下我都會帶去。剛去時，帳棚裡孩子沒有笑容、無精打采，還有一臉驚恐的樣子，給我的掌聲很遲鈍。

我用閩南語對話以布袋戲飾演「阿弟仔」與「屘叔公」的戲碼開場。用這兩位主角的閩南語對話讓孩子理解我要傳達的訊息：「阿弟仔，你會『驚』嗎？」「屘

王金福用布偶推廣說好話，北港國小小朋友親手操作布偶，個個高興得合不攏嘴。(攝影／徐明江)

叔公，我很『驚』吔……」

「其實我都不『驚』！我把『驚』都賣了！」

「『驚』是怎麼賣？我有聽説『收驚』，但沒聽過『賣驚』！」

「把『驚』都賣掉，換高興、平安、快樂、自在、感恩回來啊！」

「原來『驚』可以這樣子！我以後都要説我『袂驚』、我『袂驚』，我把那些『驚』都賣，我都不要留了，都不要放在心上，我的『驚』都沒有了！」

這時候孩子漸漸有笑容了，偶爾會發出笑聲。我又繼續説：「各位小朋友，現在我都把『驚』都賣掉了，等一下也要將你們的『驚』都賣掉喔！」我要他們轉一個念頭，其實就在環扣上轉一個念而已，不需要驚慌的！

創意扮主持 用Call in説感恩

布袋戲之後，接著我説：「今天為各位開闢一個特別的節目，什麼特別節目呢？」譬如在南投縣竹山鎮的社寮國小，就説：「我們現在連線到『社寮廣播電臺』，右手舉起來，大家一起來調整收音機喔！」

「ㄘㄘ ㄔㄔ ㄘㄘ ㄔㄔ……還沒轉到……一起再轉……」

「ㄘㄘ ㄔㄚ ㄔㄚ……ㄓㄓ ㄔㄘㄘ……『黑矸仔標驚

風散』……我們是『社寮廣播電臺』，沒有廣告的，再轉再轉……」

「各位聽眾朋友大家好！這裡是『社寮廣播電臺』。今天為各位開闢的節目叫做『感恩時刻』，怎麼感恩呢？其實我們平常都有一分感恩的心，要感恩誰呢？感恩我們的父母、感恩我們的爺爺、奶奶，感恩我們身邊所有的人，還要感恩我們的老師，還要感恩我們的同學，跟大家天天在一起，讓我們非常地快樂。」就這樣，我扮演著廣播電臺主持人。

「所以在這個感恩的過程當中，或許心中有很多的話，沒有辦法跟身邊的人講的時候，你可以透過『感恩時刻』節目，你可以Call in進來；當你Call in進來之後，就可以說出，你對某某人的感恩。對你的老師、阿公、阿嬤，對你的朋友，甚至你的爸爸、媽媽、阿姨、叔叔、伯伯……都可以跟他講感恩的話。」我引導孩子怎麼玩這個活動。

「如果當你有Call in進來的時候，會送你一份精美的紀念品，我們都有為各位準備囉！現在準備開始Call in囉！請打電話過來。」我鼓勵孩子參與這項活動。

「當你舉手的時候，就等於打電話過來了，我會邀請你，你就上臺！」麥克風他一支，我一支，我會說：「小朋友，你要感恩什麼人呢？」

上臺的小朋友說：「我要感恩我的阿嬤！因為阿嬤每

天都照顧我，她每天都幫我洗衣服，還有教我很多做人的事。」我回應他：「真的喔！你現在如果對阿嬤講一句感恩的話，阿嬤會聽見喔！」

我又說：「因為透過廣播電臺的頻率，會跑到你家裡去，要不然等一下，你可以打電話問你阿嬤，『我剛剛跟妳講：阿嬤，我愛妳，妳有沒有聽到？』阿嬤就有聽到了。」孩子問阿嬤的當時，他的阿嬤就聽到了。透過這樣的一個方式，跟小朋友們互動。本來是沒有人要分享的，大家會害怕。重賞之下必有勇夫，有分享的就送一個玩具給他，因此很多人上來分享，孩子們一個接一個上臺。「我感恩我的爸爸，因為爸爸辛苦地賺錢啊！天天都為我們那麼辛苦，所以我要感恩他。」「我要感恩我的媽媽……」就這樣一直引導，他們講很多感恩的話。小朋友講出來，其他小朋友都在聽。現場不會有人吵，大家都安靜地聽。

團體心靈療傷 說出心中的痛

有一個女孩舉手，上來了，面容凝重，在臺上很久不講話。我就說：「小朋友，妳要來感恩誰啊？感恩爸爸還是媽媽，還是……」因為我不知道她要感恩誰，一直引導著。她突然飆淚，放聲大哭：「我爸爸、媽媽被地震壓死了……」這時空氣瞬間凝結。

我跟她説：「真的喔！我很能理解妳現在的心情，是不是很想念爸爸、媽媽？雖然爸爸、媽媽現在不在了；不過，在妳的生活空間，或許他們都陪伴在妳的身邊，一定要用感恩的心，要活得更快樂，每天都要很快樂。」

　　女孩的哭泣聲漸漸停了下來，我再接著説：「現在妳跟誰住在一起？」孩子説：「我跟阿嬤住在一起。」

　　我説：「阿嬤一定很愛妳喔！」她説：「對啊！我阿嬤很愛我。」我趕緊説：「所以妳要不要跟阿嬤聯繫一下，我們來感恩一下阿嬤；當妳感恩阿嬤的時候，爸

東勢國中師親生成長活動，王金福活潑有趣、妙語如珠地表演布袋戲。(攝影／徐明江)

爸、媽媽在天上都有聽到。妳在感恩他們的爸爸、媽媽，所以妳要不要跟阿嬤講？」她說：「好，我要感恩我阿嬤，因為我的爸爸、媽媽已經不在了，她一直都很愛我、很照顧我；所以我很感恩我的阿公、阿嬤。」

我又繼續說：「雖然他們都不在了，不過，他們不是故意要離開妳，因為天災，所以沒辦法。因此我們還是要活得快樂，來回向給爸爸、媽媽；把書讀好讓爸爸、媽媽在天上安心——知道我的孩子是最優秀，我的孩子是最棒的。各位小朋友你們說對不對？」所有的孩子大聲地回應：「對……」

我就是透過這樣的活動，讓災區的孩子講出心中的想法，並且站在她立場，引導她說出深藏在內心的哀傷。一開始老師要他們用掌聲歡迎我，他們的掌聲很遲鈍，有氣無力，因為他們整個氣場跟磁場都很低落。透過Call in的活動方式，引導孩子將恐懼的壓力釋放出來，也是一種心靈療癒。從個人療法的過程當中，引導成團體療法。大家的處境不一定都一樣，一定要這樣去帶。

小朋友玩得很快樂，我也很歡喜。當我要離開的時候，他們高聲地喊：「金福師伯，感謝您！感恩您！」每個人臉上都變得很歡喜、很快樂。

多語版歌曲 炒熱互動氣氛

地震後，全球慈濟人發動募心募愛，挹注經費建設希望工程學校。兩、三年間，我們陸續到重建的學校，像第一所動工的臺中縣（現臺中市）豐東國中，參訪團體絡繹不絕，我們會前往接待。來自全球的慈濟人到達時，我會用不同國家，用不同的語言，跟大家互動，用一首歌曲就全包了。

　　「來到慈濟尚歡喜，慈悲喜捨來學起，做人謙虛、縮小自己，實在是福報無底比……」這首〈來到慈濟最高興〉，我會將原版的閩南語，隨著不同參訪團體改唱成客家版、英文版、日文版，甚至韓國版，很多版本，有時候他們也會點「包青天版」的。我在現場盡情發揮，炒熱現場氣氛，開始說慈濟。

　　我常會講：「全球有好幾十個國家都有慈濟人，是真正的日不落。現在在臺灣參訪的時候，國外有很多人在睡覺；當他們起床在做事的時候，我們可能已經休息了。所以慈濟常轉法輪，一直都在運轉。」

付出專長　補位錄節目

　　九二一後半年內，我們夫妻倆都沒有在工作，因為也沒有要裝能量水機，我們在災區服務站裝設能量水機給大家使用。我們每天就是往災區跑，太太淑惠做我的音控。我們自備一組音響，還用MD[3]（MiniDisc簡稱MD）

自製音樂光碟，以及無線的麥克風。

　　走過九二一災區與希望工程學校，讓我的臺風更穩健。2001年9月17日納莉颱風[4]侵襲且滯留臺灣長達約四十九小時，為臺灣帶來強降雨，導致大愛電視臺許多資料帶淹水受損。大愛臺節目不能停，2001年9月下旬，我突然接到大愛電視臺一位先生的電話，對方說：「想要請你幫個忙。」我想「幫個忙」是很簡單沒有關係，他們需要緊急開闢一個新節目，請我演布袋戲。

　　他們從臺北專程到我家來看我收藏的一些木偶，就這樣由三張壁報紙草創開始，白色、黃色及藍色壁報紙交替為背景，有時候我家就是背景，在我家就錄了九集節目，很快地，三天內就已經在電視臺上映。之後，他們找到松山聯絡處的十六樓作為攝影棚。所以我當時在臺北租房子住了三個月，因為每天都要趕錄製。

　　有趣的是，除了節目一直繼續錄製以外，因為還有很多時段都沒有節目，必須想辦法做節目。曾經借了臺灣電視公司的攝影棚，做現場直播的節目，每說一句話，全世界都聽得到，一說出口必須都是正確的。大愛電視臺的一位主持人，節目中就問我：「王師兄，你布袋戲是誰教你的？」我就回答：「我的布袋戲都是跟上人學的。」說跟上人學的，講完就「進廣告」！

　　我以為慘了！上人哪有教布袋戲？廣告後「5、4、3、2、1」，又進來節目現場了。

那位主持人繼續問我：「剛剛師兄您有提到，布袋戲是跟上人學的，上人有在教布袋戲嗎？」我說：「是啊！布袋戲是跟上人學的，我將上人的靜思語，還有上人的法，融入在布袋戲之中，與人家結好緣。」「哦！原來是這樣！」主持人就這樣說了。現場都是讀秒的，一說錯話，全世界都知道了。

常幫個忙 一直不斷做下去

接著我與蔡青兒做《大愛ABC》[5]教學節目，蔡青兒跟我的木偶對話，教英語。我是坐在下方，兩隻手撐著木偶，我的人跟手不能被觀眾看見。木偶的身體在臺上要一擺一擺的，一場十二分鐘的節目，錄下來要半個小時，甚至一、兩個小時。那個手就像檸檬，很「酸」（閩南語，痠）！還是要忍耐。有時候忍耐到很累的時候，導演突然說「等一下！我們再來換個角度」我只好再撐著，實在很痠，只好當做復健忍著。

因為兩尊木偶一起對話，各個角度都要錄到，這邊錄完再換另一邊，這個木偶說完換另一個木偶講；再遠一些再說一次，再近一些……往往都要四、五遍之久。如果不小心位置移動了，就會跟之前所錄的畫面不對稱，不對稱就慘了！還得重來，所以都要非常小心。如果碰到哭劇，一次哭一段要哭四、五遍，就像瘋子一樣。

做《大愛ABC》節目的時候，心裡就在想，這些閩南語俗語、俚語，四句聯……也可以收集起來，另外開一個新的節目，應該也不錯。慘了！一個星期後，總監姚仁祿邀請蔡青兒，到新開的靜思書軒當店長，等於抽走了女主角，後來這個節目就收起來了。

製作人又告訴我：「師伯，上個星期不是聽你說，可以改變一個形態，你這些布袋戲，不用女主角，我們自己來就好了。」我看他們真的有困難，也很有誠意，所以就答應了。就剩下我一個人講故事，那些題材都來自於慈濟志工的故事，濃縮成半小時或一小時，以木偶戲演出。

接著，我找上林義澤[6]師兄，他在臺中採訪很多人的故事，我向他拿腳本與本尊相見歡，進行編劇，開始寫腳本，就是接下來的《大愛鹹甜酸》[7]節目，補足大愛電視臺節目的空檔。演一段時間之後，大愛臺要再開一個新節目，他們又說：「師伯，還要請你幫個忙。」我聽到「幫個忙」，手腳都發冷，我無可奈何就說：「好啦！好啦！」我特別問他們什麼時段？不要跟《大愛鹹甜酸》節目衝突。他說：「不會，《大愛鹹甜酸》排在星期二，現在的節目就排在星期一」，一次錄三集，就是《映像志工社區報導》節目，由我跟鄭春玉師姊一起主持。就是用一尊布袋戲，加上我們兩個，是介紹在各社區慈濟人文真善美志工[8]所錄製的影片。

之後，因為大愛電視臺重整節目轉型，節目就停播，我就休息了。不到兩個月，我又接到電話：「師伯，現在要請唐美雲唱歌仔戲演繹《論語》，想用布袋戲做開場。」我也答應了下來，就是《智慧人生》節目。一開始給我唐美雲的腳本，他們還交代我：「師伯，唐美雲所講的一句或一段話，你不能用在布袋戲裡面，而你要用另外一種說詞套進來才可以，不然就是破梗了。」所以我要無中生有。

　　首先我要熟讀論語腳本內容，選用角色，還要自導、自編、自演，編好一分鐘的木偶劇，必須與論語主題吻合。都要剛好一分鐘，如果差幾秒，我就用情緒、語調的快慢來調整，不能隨意加油添醋，否則就得重來，這真是高難度。曾經一天有錄製二十五集的紀錄，後來演六十五集。

　　當時需要資源的時候，任何點子都要一直變出來，頭腦就要不斷地想，因為需要啊！隔天要演的內容，有時候晚上九點腳本還在寫，要讓我看到內容，內容裡有什麼樣的角色，每增加一個新角色，還要增加它的劇情。有時候還突然間告訴我，第幾集的角色，什麼時候才要演，艱難程度是我不曾遇過的。

　　有時候星期五拿到腳本，星期六、星期天回臺中，就拜託師姊幫忙做木偶的衣服，還好師姊總是很幫忙，一直趕製。到星期一要錄影的時候，木偶的衣服已經有

了。如果需要道具，我們就到臺北的饒河夜市找，那裡有很多小禮物，像削鉛筆機、小支的電話……比例剛剛好，不然的話，就做不起來了，所以從無到有，一直都在想辦法。

　　當時需要的角色就想辦法買，或是請人家雕刻，不能只有那三尊，一定要一直增加，差不多要四、五十尊去替換，有老的、有年輕的、有各種幹活的，都有他們的特色，連服裝都很講究，鞋子也要適合場所穿著，有運動鞋、皮鞋、高跟鞋……木偶也要跟流行走；還有其他道具，有六棟樓房，像阿弟仔的家、甜甜的家、屘叔公的家、阿肥的家……我的布袋戲偶及道具，當時在中國電視公司隔壁，臺北市南港區東新里重陽路一百二十號成立一座博物館。有些木偶及道具，就擺飾在大愛電視臺各樓安全梯的玄關。

　　演戲真的非常地辛苦，這些甘苦都是為了一種使命感，有時候靜下心來會想，我這樣是何苦呢？我這麼累是為什麼？還需要在臺北租房子，因為今天錄明天還要錄，不可能臺北、臺中天天來回跑。就是為了一句話「幫個忙」，如果在緊要關頭抽身，他們怎麼找人？不是我多行，他們要找一位同樣的人是很困難的，因為怕耽誤，所以就一直做下去，持續有四年之久。

當備胎 把握因緣隨時補位

長久以來，我沒有做大生意或是開工廠，但是我發過願，將來有比較好的收入，我的第一個一百萬，就是要為妻子淑惠圓滿慈濟榮譽董事。在大愛電視臺節目休息一段時間之後，推廣能量水機工作漸漸好轉，收入也穩定下來，所以2004年7月終於如願，為淑惠圓滿榮董，這分心意是對她最大的疼惜與祝福。

　　2005年豐原靜思堂成立後，淑惠由原來的臺中分會轉到豐原靜思堂廚房，為大家備餐點，更加熟練香積的各項事務。2009年她開始承擔豐原區和氣二香積幹事，而我接活動組幹事，隔年我接人文真善美幹事做到現在。我總覺得每個人都要作個備胎，猶如一輛車，哪個功能有缺，就隨時補位。

　　在慈濟，我一直很知足、很感恩。九二一地震，讓我想到「人生沒有什麼好計較」，只要一口氣還在，你要做什麼都可以；可是如果無常到來，一口氣不在了，就什麼都沒有，人生也就結束了，所以真的要把握任何的因緣。

1　黑手：指汽車修護師傅。

2　波羅蜜多心經：即《心經》，通稱為《般若心經》，乃是整個大乘佛教的心要，也是大乘佛法中般若思想的中心，它也是《般若經》的中心。《心經》有七種漢譯本：《摩訶般若波

羅蜜大明咒經》姚秦・鳩摩羅什譯、《般若波羅蜜多心經》唐・玄奘譯、《普遍智藏般若波羅蜜多心經》唐・摩竭提三藏法月譯、《般若波羅蜜多心經》唐・般若共利言等譯、《般若波羅蜜多心經》唐・智慧輪譯、《佛說聖佛母般若波羅蜜多心經》宋・施護譯、《般若波羅蜜多心經》（敦煌石室本）法成譯以上七譯，現均收集於《大正新修大藏經》第八冊。《心經》是通攝大小三乘法的總綱，可以當作佛法概論來看。資料來源：七葉佛教書社《心的經典——聖嚴法師講心經》http://www.book853.com/show.aspx?id=137&cid=84&page=3（2019年9月27日檢索）

3　MiniDisc（簡稱MD）MiniDisc（中文意思即迷你光碟），在記憶體很貴的時候，MD當然顯得容量很大，而且MD可以有更好的音質（對於非專業的耳朵+非專業的耳機，其實音質並不重要）。MD還可以象CD一樣換碟片，盤很小的。最主要問題是需要錄製。資料來源：華人百科https://www.itsfun.com.tw/MD%E6%92%AD%E6%94%BE%E5%99%A8/wiki-18718201-0834399（2019年9月27日檢索）

4　納莉颱風：為2001年太平洋颱風季第十六個被命名的風暴，納莉颱風創下滯臺時間最久、臺北、新竹、嘉義最大單日降雨紀錄，由東北至西南侵台之怪異路線、四度增強減弱、警報次數最多等多項紀錄。由於颱風停留時間過久及其貫穿的特殊路徑所致，臺灣地區降下豐沛雨量，造成北臺灣嚴重水患，多處地方單日降雨量皆刷新歷史紀錄。臺北市捷運及臺鐵臺北車站淹水，部分山線、海線及花東線中斷；多處地區引發土石流災害；近165萬戶停電；逾175萬戶停水。共有94人死亡，10人失蹤。全省有408所學校遭到重創，損失近8億元；工商部分損失超過40億元；農林漁牧損失約42億元。資料來源：臺灣地質之是服務網，https://twgeoref.moeacgs.gov.tw/GipOpenWeb/wSite/ct?xItem=139225&ctNode=1243&mp=6（2019年9月27日檢索）

5 《大愛ＡＢＣ》：十二分鐘的兒童英語教學節目「大愛ＡＢ
   Ｃ」，由菲律賓慈青蔡青兒教英文、慈濟志工王金福藉由布
   袋戲偶串場教閩南語及俚語；節目中除了語言教學，也有故
   事劇情，讓小朋友從戲劇、表演中體會做人做事的道理。王
   金福所擅長的布袋戲無師自通，連布偶也是親自縫製。資料
   來源：慈濟人文志業網站，志工早會大愛行——掌中人生
   20190123報導。https://daaimobile.com/volunteer/5c47e8e2a23bf200067
   dc971?from=LINE （2019年9月27日檢索）

6 林義澤：由軍職投入媒體業，再進入慈濟大學社會教育推
   廣中心講授生命美學的課程，並透過廣播與無數的聽友結
   緣。此外，他透過部落格分享格言佳句。資料來源：勤益
   科技大學，服務學習平台。http://service.ncut.edu.tw/activity_detail.
   php?recordID=8 （2019年9月27日檢索）

7 《大愛鹹甜酸》：王金福在大愛電視臺繼《大愛ABC》節目之
   後，以閩南語、俚語，用木偶劇敘述志工的故事。

8 慈濟人文真善美志工：在日常中，肩負著記錄慈濟故事的使
   命，絕多數都是素人，也是白天要上班，假日參加活動，
   晚上在忙完家務後才開始挑燈夜戰、整理資料。這每一顆
   跳動的心，都懷抱著貢獻自己，為社會留下更多美善。
   資料來源：慈濟基金會FB，https://www.facebook.com/tzuchi.org/
   posts/1774950312519151/ （2019年9月27日檢索）

駐站沙鹿 慰受災民眾

林雪珠訪談紀錄

走入真善美的慈濟世界，已有一萬
多個日子，在這裡有歡笑、有淚
水，也有刻骨銘心的往事，更有一
路走來不離不棄的善知識。

————林雪珠

◎訪問：魏玉縣、劉勝爵、陸順情
◎記錄：魏玉縣
◎日期・地點：2019年2月1日 沙鹿聯絡處
　　　　　　　2019年3月17日 清水靜思堂

簡歷：

1955年（民國44年）出生在臺中沙鹿，家中有六個兄弟姊妹，排行第五，有一個哥哥、三個姊姊和一個弟弟，四姊妹都已受證慈濟委員；1973年彰化高商畢業，1977年1月與王吉清結婚，先生後來也受證慈濟志工，2013年因病過世。1989年林雪珠受初中同學蔡素蓮之邀，成為慈濟會員，繼而跟著蔡素蓮一起做慈濟，1991年受證慈濟委員。

　　我爸爸林江河生長在日據時代，生活過得不好，後來在沙鹿鎮開油廠榨麻油，發跡賺到錢。1970年代（民國六〇年代），爸爸在當地很有名，如果在火車站問「麻油河」[1]，大家都知道。

積善之家 慶有餘

　　我有一個哥哥、一個弟弟和三個姊姊。生活有改善後，我爸爸覺得行有餘力要行善，有親戚朋友手頭不方便要借錢，他都很慷慨，從小，爸爸就教育我們：「如果你有一碗飯，看到別人沒飯吃，你就要把一碗飯煮成兩碗粥，你吃一碗，別人也可以吃一碗。」

　　我以前對佛教沒有好印象！有一位自稱在「學佛」的至親，沒有讓我起歡喜心，後來跟著上人之後，才知道那是「拜經」，不是「學佛」。況且，小時候家裡是信奉神明，拜媽祖、拜觀音，對佛教完全不懂。

　　二十三歲時我嫁給王吉清[2]，他是青年高中的老師。他人很好，訂婚後，對一些家境貧窮的學生，假日時他會帶他們來家裡的油廠打工，自己也跟著做，從早忙到晚，滿身大汗他都不支薪。

　　結婚後，爸爸認為當老師福利不好，拿了一筆錢，叫我們自己開塑膠粒壓出工廠。1970年代，臺灣經濟起飛，市場需求量很大，政府又有獎勵投資條例，我們搭上經濟起飛的列車，生意非常順利，賺到錢，不可一世啊！又跟著玩大家樂，後來玩股票，少年得志，很年輕就賺了很多錢，怎麼會想到要學佛！

為行善 入慈濟門

我是沙鹿初中畢業的，我們有一群很要好的同班姊妹淘，畢業到現在五十多年了，還常聚在一起吃飯、聊天，其中一位就是蔡素蓮[3]。1989年左右，她剛接觸慈濟，一開始就邀我，因為我是班長。她說：「花蓮有一個師父很偉大，要蓋醫院救人。」我說：「醫院蓋在花蓮，我們生病又不會去那裡看。」她罵我：「妳怎麼那麼傻，蓋醫院要看自己喔？那是要植健康因、得健康果啦！」我就聽進去了。

她接下來說：「妳來學佛啦！妳這麼好命！」我不懂什麼叫「學佛」，以為就像一般人在農曆七月就要去廟裡拜拜、消業障，我跟蔡素蓮說：「我又沒有做什麼壞事，為什麼要消業障？」

她不死心，又講：「不然，妳就行善吧！」小時候爸爸就告訴我們這個觀念，當蔡素蓮要我行善時，我當場

說：「行善，沒問題啊！」我就開始行善，是善門入慈濟，不是學佛的。於是，我就成了蔡素蓮的會員。

她很聰明，一一打電話給我們那些同學，跟她們說：「現在雪珠已經當我的會員

林雪珠。(攝影／林炎煌)

了，妳也要……」她們想，我都進來了，她們也進來。直到現在，整個家族也跟著進來，有的是受證委員、慈誠，有的當會員，大家都很投緣。

我們這群姊妹淘常常聚會，有一次聚會時，趁著蔡素蓮不在現場，她們偷偷問我：「菜脯（蔡素蓮的綽號）都跟我們拿錢，錢是沒關係，但如果被騙了，怎麼辦？我們都沒看到她所說的『行善』啊！」

她們的目標指向我：「我們是看在妳的面子，才把錢交給素蓮，如果她是詐騙集團，我們是找妳喔！」那時候根本沒有什麼關於慈濟的資訊，就只有看到那張小小的《慈濟道侶》。說真的，我把錢給她，我不會去看啦！那時是用行善的心在當會員，況且我還在忙著玩股票，不會想認識慈濟，但是她們一講，我也有了壓力。

我剛開始每個月交五百元，再來是每個月一千元，有一次我就問蔡素蓮：「妳跟我拿這些錢是做什麼？」她跟我說：「妳們捐的錢都拿去當功德款，也有開收據啊！我們要看個案、要吃飯、辦活動都要自己出錢，即使是委員的婚喪喜慶，也不會動到妳們的捐款。」

我一聽，感覺這個團體不錯喔！開始對慈濟有好印象，但是同學給我的壓力還在，必須要去了解。1989年底，當時上人在花蓮精舍有開歲末年終的望年會，蔡素蓮邀我從臺中搭火車去花蓮。

其實，我是不想去的！坐火車還要去臺北換車，我住

在沙鹿，清晨五點就要從家裡出門，才能搭上六點多從臺中車站開的火車。我那時候是老闆娘，我為什麼要這麼累、這麼疲勞？我不想去啦！何況，我又還在玩股票。我先生四點多把我叫醒：「妳趕快起床，妳去看看啦！不然，素蓮又要打電話來催！妳去看看也好啦！」我就這樣去了花蓮。

先生護法 老闆娘專心做慈濟

我想像中的「慈濟」，應該是大雄寶殿，很輝煌、很

大愛電視《大愛劇場》以林雪珠的生命故事拍攝劇集《愛，有你來作伴》，並舉辦簽名會，邀請林雪珠與先生王吉清同臺受訪。(攝影／葛傳富)

壯觀，但是到精舍一看，與我想像的相差十萬八千里。

　　那時候的精舍很簡單，只搭了一些鐵皮屋，知客室⁴後面做蠟燭和薏豆粉的房子，也都只是鐵皮搭的；小靜思⁵後面是鐵皮屋，再後面就是寮房⁶，這樣而已，就這麼簡單。又看到師父們都是自力更生，每位師父幾乎都瘦瘦小小的……

　　到了花蓮慈濟醫院、紀念堂（今為花蓮靜思堂），哇！都蓋得這麼雄偉！我心裡不禁想到：「啊！這個師父怎麼這麼偉大！」在那當下，我就被感動了，真的被感動了。接著，就是跟著蔡素蓮一起做慈濟，在1991年受證。

　　我做慈濟，先生是我的幕後推手，慈濟學佛路上一定要有貴人，有貴人相挺真的很好。他是我的大護法，我跟他結婚，整個家都是他扛，我什麼事情都不用管。他做事業以外，孩子下課回來，都把孩子照顧得很好，讓我專心做慈濟。甚至，我後來承擔的工作越多，包括骨髓捐贈關懷小組⁷窗口、活動組副組長、第十一組⁸組長、慈濟護專⁹的懿德媽媽¹⁰等，整天為慈濟事忙個不停，他都沒有怨言，也沒有怪過我任何事情。他更是個很謙卑而且很客氣的人，雖然已經往生六年了，港區¹¹的師兄師姊還是很懷念他。

訪視經驗 醫院內安傷患身心

我一進來慈濟，就一頭栽了！不管辦什麼活動，我都會仔細去想，要怎麼樣「人間菩薩大招生」[12]？怎麼樣把活動辦得圓滿？因為我覺得上人很辛苦，要替他分憂解勞。

　　1999年9月21日凌晨發生大地震，我住的是透天厝，房子又抖又搖的，我們家和室的玻璃隔門全部都掉下來，碎了，好可怕！

　　附近的人都跑到外面空地，凌晨三、四點時，林美蘭[13]打電話給我，要我先生開工廠裡的卡車，到味丹企業股份有限公司在臺中港路（今為臺灣大道）的倉儲載水去臺中分會（今為民權聯絡處），到處都已經停電，還好，味丹公司的大門是手動的。

　　我是第十一組組長，天亮後，組員回報在大肚鄉王田村（今為臺中市大肚區王田里）有屋子倒塌，但是人平安，我和其他師姊去看過後，上午九點多來到沙鹿童綜合醫院。清水有一個阿公被倒下來的土角厝壓死，送到醫院，我們要到醫院幫他助念，奇怪，怎麼會有東森跟TVBS的電視臺轉播車？

　　我去急診室問，才知道東勢、石岡和新社那邊的災情這麼嚴重，駐防在新社的國軍海鷗部隊，用直升機載了一、兩百個傷患過來。醫院裡面本來就有患者，突然間來了這麼多傷患，到處一團亂，混亂當中，哭的哭、喊的喊，我心想：「怎麼辦？」我從1989年就跟著資深師

姊看個案，兩年後受證，到地震發生的時候，我已經有將近十年的訪視經驗了。

經驗告訴我，要快！我馬上召集沙鹿、清水、梧棲、大肚、龍井這五個鄉鎮的師兄、師姊趕快過來，很快就集結了四、五十個志工，連社區志工也來了。我女兒王愉禎那時候二十二歲，還沒受證，她也在其中。

一架直升機只能坐三個人，一定是受傷的人才能搭，家人只能隨後自行想辦法到醫院來。傷患陸陸續續進來，有老、有少、有男、有女，為了方便家屬找尋，醫院用紅色的大海報，寫上傷患的名字，下面用括號註明是東勢或新社、石岡，旁邊寫著安置的地點，是在二樓、三樓或是留觀室、急診室、ICU（加護病房），全都寫在上面。

大海報就貼在醫院走廊外圍的透明玻璃上，傷患進來，名單就陸陸續續一直貼出來。因為家人不在身邊，患者普遍都很驚恐，我們就要安撫。要怎麼做？我靜下心來想──傷患分散在八個地方，我就把師兄師姊分成八組，仿照在社區訪視的模式，每組二至三人，其中一定要有一個會看個案的，一人填寫個案紀錄表，因為有的志工會問，但不一定會寫。

家裡有相機的人，我請他們都拿出來，能拍照的順便拍照；沒有相機也沒關係，有多少因緣做多少事，這是我們的經驗。去訪視傷患前，大家先建立默契：第一，

主要是關心，不跟他們散心雜話，除了基本要問的，其它的不再多問；再來，問他們：「你的家人在哪裡？」「你家人的電話？」「你的親戚或是朋友的電話？」「你認識的人電話號碼？」「你有什麼需求？」看完就趕快回報，儘速彙整紀錄表，下一個動作就是要把需求給他。

我們就是做這一部分的工作——安撫患者。一般來說，傷患都是意識清醒的，因為比較重傷的都在ICU。訪視紀錄表上，我請師兄師姊一定要清楚註明傷患安置的地方和受傷情形。

當天在醫院，看到送回來的紀錄表，不是腎臟破裂、脾臟破裂，不然就是骨折、顱內出血……這當中有一個我永遠記得，因為ICU已經滿床，我女兒跟我說：「媽媽，妳趕快請醫生去看那個『劉詳和之子』，我感覺他很不舒服、很不舒服！」因為他是個瘖啞人，不會說話，一直用手比，但是醫生忙不過來啦！傷患那麼多！

後來我到石岡土牛訪視的時候，村長跟我講，他（劉詳和之子）在第三天，也就是我們離開醫院後就往生了。唉！他家是土角厝，房子倒下來壓到他，由直升機送到醫院來，但生命還是沒有搶救回來。

傷患多 點滴架不夠用

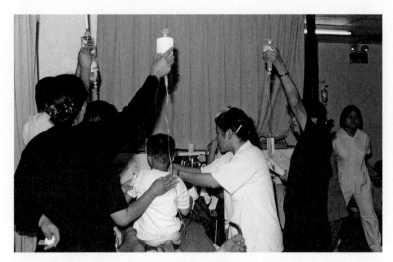

醫院湧進大量傷患，連點滴架都不敷使用，慈濟人以手高舉點滴瓶應變。(攝影／童芳文)

　　很多患者都要打點滴，醫院的點滴架不夠用。像是有小朋友要打點滴的，我們的師姊張瑞英抱著小朋友，陳月秋與陳彩蓉就在旁邊用手當點滴架，這樣的景象，在醫院四處可見。

　　其中有一個受傷的小朋友打著點滴，哭著要找媽媽。傷患多又散落在各處，志工不知哪個是他媽媽，許綉琴師姊和林秀女師姊開始尋人任務，真的找到孩子的媽媽。怎麼找？每間病房都有師姊在關懷，小朋友的媽媽也受傷，一直在問：「我的孩子呢？我的孩子呢？」許綉琴把小朋友帶去給她看，真的就是她的孩子。

　　醫院的公關主任一直跟我們說感恩：「你們怎麼這麼

好，慈濟在這個當下，在災難時，真的發揮很大的作用。」在這麼慌亂的時候，家屬一定都會急著找家人，慈濟人要有很明顯的標示，讓人家一看就知道，我們就是在這裡服務大家。公關主任再問我：「需要醫院幫忙做什麼？」我跟他說：「快！我們需要一個地方設立服務站。」

那時還沒有慈濟沙鹿聯絡處，第十一組的聯絡點設在醫院附近，由廖芳美師姊家開的芳美托兒所。公關主任搬來一張長桌給我們用，我們又從托兒所拿來兩支慈濟會旗，插上會旗再擺上捐款箱，就是「慈濟服務站」，人家一看，就知道慈濟人在這裡了。

醫院設慈濟服務站 滿足傷患需求

傷患歷經大地震，驚魂未定，再加上身體受傷，普遍都很驚恐，也吃不下，所以，我們先給他們喝溫開水，再來就是買乾糧放在服務站，有患者或家屬需要，就給他們吃。很多患者的家屬第一天（9/21）晚上就來了，第二天早上，我們就幫他們準備早餐。

傷患從災區倒塌的土角厝中被救出來，全身都髒兮兮的，我們趕快買來毛巾，能自己動手的，讓他自己擦；無法自己擦的，我們幫他擦，讓身體乾淨清爽。

公關主任來服務站關心好幾次，我請他再給我們一個

空間，因為傷患的衣服不是髒就是破掉，十個裡面有八個人衣服都不能穿了，我們要開始募集衣服，必須有空間堆放與整理。

「童綜合醫院這邊需要衣服！」地震那天下午志工一發布訊息，口耳相傳，大家把家裡的衣服都搬出來，一袋袋送進醫院，不到晚上，整個空間堆滿了衣服，腳都快要沒地方放。

很快的，第三天早上，就把所有傷患的家人都找到了，包括孩子在當兵的，也透過後備軍人委員會通知他

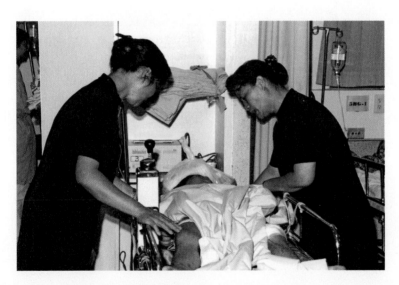

慈濟志工仿照社區訪視的模式，每二至三人為一組，到病房探視九二一地震傷患，並記錄他們受傷的情形及家人的聯絡方式。(圖片／林雪珠提供)

趕快回來，有家人受傷了。

我們把沙鹿童綜合醫院裡的傷患名單彙整好之後，9月22日晚上七、八點時，由林弘毅師兄開車，載我跟陳麗紅師姊、蔡桂紅師姊把名冊拿到臺中分會給社工，根據名冊領取慰問金，隔天再拿到醫院發，大部分是重傷患者。

那時候，陳麗娟師姊在童綜合醫院旁開了一家「秀羽素食館」，9月22日、23日早上，我們都先在店門口集合、整隊，再進到童綜合醫院，不然醫院不大人又多，無法在裡面整合意見與共識。

除了承擔組長，我也是骨髓捐贈關懷小組窗口，又是慈濟護專（今為慈濟科技大學）的懿德媽媽，參與很多慈濟的會務，在不斷不斷的經驗累積之中，遇到緊急情況，定下心來，自然能知道怎樣處理危機。

一開始就要設立服務站，家屬要找人才知要到哪裡找；傷患有家屬陪伴，心自然能夠安住。何況，童綜合醫院當時還沒有設置醫院志工，他們是到大林慈濟醫院[14]參訪後才設置志工，而大林慈院是在九二一地震後才啟業的。

雙重確認物資需求 避免重工

在醫院關懷三天後，家屬都來了，我們就撤退了，第四天（9/24）到臺中分會去。那時候，分會已經成立救

災指揮中心，我和蔡桂紅一走進一樓大廳，正好遇上資源協調組的林珮華要整合震災諮詢，包含物資發放。她一看到我就說：「雪珠，趕快來，趕快來，妳趕快來這邊幫忙！」

大廳擺了許多四方桌，每張桌子擺上電話，都有志工協助登錄災民或各地志工來電提出的需求。來求援物資的電話很多，到那天還有人打電話來要屍袋呢！很多、很多訊息，林珮華忙不過來，要我趕快幫她。

蔡桂紅幫忙接電話，我就負責整理資料。在我到之前，接電話的人將物資需求的項目交給林珮華，資源協調組就將東西發出去。我一想：「不對，這是天大的不對！應該要重新整合跟重複確認。」

接電話的人告訴我：「在埔里的中正路一百號，有一戶人家已經餓了好幾天，他們都沒有東西吃！」如果是之前，他們就趕快請人送東西過去。我不是這樣做，從南投打過來的電話，我就找當地的施秀盼師姊去了解；埔里地區，就請埔里的陳麗華師姊去看；竹山就找林怡伶師姊跟羅克農師兄……很多訊息都是從這幾個地方來。

當時的「物資需求單」，差不多B5紙張四分之一大小，裡頭要填寫需求人的名字、電話、需求的物資，連接聽電話的人是誰都必須填寫清楚。要求提供物資協助的電話很多，他們把需求單交給我，我就找當地的師兄

師姊幫忙確認再整理。例如，他們就有回報這樣的情形：「雪珠，沒有啦！那些人早就離開那裡了！」埔里的志工則說：「沒有啦！那不知是何時以前的事情。」其實，真正的需求不到20%，我們真的浪費了很多的人力跟物力！

如果是真的有需要，像竹山的羅克農，我跟他說在哪一所國小那裡有人沒帳篷，他去看了之後回報：「雪珠，我剛好在附近，恰巧車上有帳篷，就給他們兩頂。」他們是開卡車載物資沿路去看，看到有需要的就給他們，不是你來求援我才給，災區的師兄師姊是這麼做的。

只要有人提出需求，我全部都整合過，確定OK了，會做成紀錄，比如陳麗華告訴我：「沒有。」我就會寫，「陳麗華說，沒有。」讓人家知道。我會跟那麼多人很熟，是因為當時承擔很多會務，而跟林珮華熟，是因為我們都是慈濟護專的懿德媽媽。慈濟二十九周年慶（1995年）的時候，我們也一起去花蓮，那是第一次海外慈濟人回來，而我們是第一批去做文宣和紀錄的工作人員，在共事的時候都很有默契。

房子蓋好　終能安心睡得著

上人要對災民做短、中、長期的補助，要我們走入災

區做全面訪視，一方面慰問災民，一方面詢問哪些人有意願住大愛屋[15]（組合屋）。我們第十一組跟第四組（今為臺中市南屯區）負責埔里災民的訪視和關懷後續入住大愛屋的災民。訪視在五天左右完成，每一戶有入住大愛屋需求的個案，我都一定親自看過。

埔里有大愛一村和大愛二村，大愛一村是蓋在信義路旁的臺糖用地，共有三百多戶。大愛屋要給誰入住，名單最後都要送到埔里鎮公所核准。有一天，上人在臺中分會夾層[16]跟我說，埔里鎮長（張鴻銘）對我們報過去入住的災民有意見。其中有一戶的太太，先生是公所退休，她在菜市場賣孩童的衣服，有一個孩子剛當兵回來。鎮長的意思是，男主人一個月領兩萬多元退休金，太太也有收入，為什麼也給房子？

還好，上人說的這位太太我有印象，我跟上人說：「上人，我們去訪視的時候，這位太太說，先生失業，她在賣衣服，但是市場倒了，無法再賣衣服；兒子剛退伍，還有一個兒子在念國中，這不是符合我們的條件嗎？」上人看了我們說：「去跟鎮長說，我們的訪視紀錄是這樣的。」

還有一件，上人說：「這個，鎮長也有意見，這是符合什麼條件？」這是我自己看的個案，我有做紀錄，我說：「上人，他是殘障人士，媽媽沒有收入，房子是用租的，房子倒了，母子兩人相依為命，當然要給他們房

子住。」

「妳只寫是殘障人士，他是肢障、語障還是智障？」
上人真是有智慧，我們只是看他有殘障手冊就寫「殘
障」。我跟上人說：「我們去訪視的那一天，他剛好不
在家，只有老媽媽在，看到門前有一輛代步車，我想，
他應該是肢障。」上人他有看個案，因為有經驗才會這
樣問，上人的睿智與柔性堅持，真的是讓我很敬佩。

九二一地震後，志工的關懷行動是一直往前進的。訪
視埔里之後，我們又去訪視臺中縣石岡鄉（今為臺中市
石岡區）；位在埔里信義路的大愛一村蓋好之後，也還
要後續關懷災民入住後的情形，而我們也繼續關懷位在
埔里鎮西安路（北梅里）的大愛二村。

埔里地區無家可歸的災民，有的去住親戚家，有的入
住大愛一村，而住在帳篷區的原住民還沒有房子住，就
安排住進大愛二村。這一〇六戶的二村，是紅十字會的
王清峰律師來請上人幫忙建蓋。林碧玉副總跟埔里鎮公
所的承辦人一起去看地，就決定蓋在那裡——土地由政
府提供，周邊道路與排水等設施是政府做的，我們蓋組
合屋，還有提供裡面的家居用品。

住進大愛二村的原住民以信奉基督教為多，上人很尊
重原住民文化，請志工在房子外牆幫他們裝飾很漂亮的
原住民圖騰，為了增加大愛村的功能，村子裡也有蓋幼
兒園和廣場。上人希望在聖誕節前讓他們搬進去住，12

月24日晚上為他們辦了一場祈福會，就交屋給他們，其實周邊的水溝等許多設施都還沒建設好。

隔天下午，我們就從港區去大愛二村關懷。到了那裡，看到家家戶戶竟都還在熟睡中，後來問他們：「你們都不用吃飯喔！昨天搬進來，到下午還在睡？」他們才告訴我們，之前睡在埔里和平東路的帳篷區，從梨山、霧社載高麗菜下山的大貨車都在凌晨出門，沒有一天睡得安穩，他們說：「我們每天精神緊繃，只要有卡車經過，就好像地震又來了。現在，房子蓋好了，我們在房間裡好不容易睡得著，當然要睡。」

關懷互動 持續三年未間斷

除非有重要活動，每家每戶我們會固定一個月去關懷一次，每次也都有一、二十個志工過去。因為一百多戶很分散，就要將志工分組，像訪視一樣，每組固定關懷某些家庭。固定時間去有好處，他們會知道我們什麼時候要來；端午節、中秋節、春節等重要節日，我們會再另外去跟他們互動。

埔里有一個負責關懷大愛二村的師姊，在我們要去之前，她會去提醒他們，不可以抽菸、喝酒。去的時候雖然都有聞到酒味，但因為沒有在我們面前喝，也就不以為意；有哪一戶人家需要進一步幫忙的，她也會告訴我

們，我們在實際了解之後再幫忙提報。

上人希望山林能得到養息，不過他們還是想回去山上工作，我們勸他們：「山上會有土石流啊！」他們就回答我們：「沒辦法，不然我們要去哪裡找工作，我們也要錢吃飯哪！」他們很單純、重感情，對慈濟人很感恩、很親切。我舉個例子，他們會織布，做成手工藝品、小皮包或是背袋，我們會跟他們買，他們卻說：「送給你。」我們說：「不行，一定要跟你們買，這是你們的生活來源。」他們就堅持地回答：「不要，你們幫助我們這麼多，我們要送給你。」我們也不退讓：「不行，一定要跟你們買。」後來還是跟他們買了。我們到大愛二村關懷，一直到三年合約到期，才沒有再去跟他們互動了。

希望工程 義賣總動員

災後許多事情都是同步在做，先蓋大愛屋「安身」；大愛屋蓋完之後，要繼續去關懷，也就是「安心」；上人也同步在援建「希望工程」[17]學校，說到希望工程，就要說到義賣，印象最深的是2001年5月20日這一場！

2001年5月20日，我們第十一組跟第十五組（大甲組），在清水的港區藝術中心辦了一場以「新世紀 新希望」為主題，針對籌建九二一希望工程款的義賣活動。

2001年5月20日，臺中第十一組和第十五組（大甲組）在清水鎮港
區藝術中心辦理「新世紀 新希望」義賣園遊會，為九二一希望工
程籌募建設經費；中為第十一組組長林雪珠。(圖片／林雪珠提供)

義賣的本錢不管多少，都要自己處理，自己想辦法。而
且，義賣活動不是只有在當天，在那之前就已陸陸續續
展開。

　　梧棲區的陳雪師姊令人感動！家裡的灶是燒柴的，好
大的一個鍋子，熬了一盒一盒的芝麻糖。正中午，她揹
著孫子，推著堆滿芝麻糖的嬰兒車挨家挨戶去問：「慈
濟要蓋災區的學校，我們要義賣，你要不要發心做善
事？」不管認不認識，一直推銷。陳雪那時候是幕後委
員[18]，現在（2019年）已經受證了。

還有一位培訓委員周翠薇師姊，她有糖尿病，每天要打胰島素，也在想要賣什麼？她有同學在埔里種香菇，她去跟他買香菇，一包半斤成本二百五十元，她賣五百元，生意很好，三天兩頭就去載。一包香菇這麼大包，她開轎車去，同學看她這樣很辛苦，很捨不得，問她：「妳要當委員就要這樣嗎？妳跟我講，到底需要多少錢才可以當委員？我乾脆捐給妳。」

　　龍井的柯秀英師姊和周翠薇一起去，柯秀英跟老闆說：「不是啦！我們辦義賣是要蓋希望工程學校，要蓋埔里國中、埔里國小，要蓋災區的學校。」老闆聽了嚇一跳說：「啊！妳這麼辛苦是為了要替我們蓋學校！」馬上開了一張一百萬元的即期支票給她。那天晚上九點多了，她們很高興地從埔里打電話給我：「好消息！好消息！我們很開心，我跟妳講，我們手中有一張一百萬元的即期支票啦！」

預收訂單 粽子包七天

　　沙鹿有一位彭美娥是社區志工，她是客家人，包的粽子很好吃。為希望工程的援建工程義賣時，她來問我：「證嚴法師很慈悲，而且很偉大，我沒有錢，但是可以包粽子來賣。我可以包粽子給你們義賣嗎？」我馬上回答她：「可以啊！」

這次義賣，我們區的志工在她家車庫連續包了七天粽子，我都說那是「打佛七」[19]。一天包一萬多顆，到5月20日義賣那天為止，總共賣了一百多萬元，扣除成本還賺八十幾萬元。

粽子都要事先訂，有訂單再做，因為數量很大，還跟人家借了冷凍庫來冰。我們去潭子加工出口區、臺中加工出口區和學校去問，每個地方都有負責的據點，清水就在蔡啟章師兄開的七彩湖體育用品社，林秀女師姊受雇顧店。住在沙鹿的張子隆師兄和張程淑師姊夫妻，經常到商店或工廠推銷，往往一次出門再回來，都有上萬顆的訂單。那時，真的是整個港區連社區會眾都動起來了！

光是賣粽子，我們就有工作職掌表呢！誰是交通組？誰是機動組、財務組？已給、未給；已收款、未收款都要記清楚；有的是要給人吃午餐的，有的是要給晚上的，都要在指定的時間送到。

九二一募愛 大家一起來

2001年5月20日是星期日，那場義賣辦得很大。規劃舉辦的場地時，我先拜訪清水鎮長（楊紫宗），告訴他慈濟要在港區藝術中心辦義賣；藝術中心洪明正主任也很幫忙，告訴我們怎麼送申請文件。當天，整條忠貞路

都封路，不讓車子通行，就是為了辦義賣。警察也來幫忙指揮，路的兩邊是攤位，中間搭帳棚，是飲食區；我們還在藝術中心裡面辦活動，邀請社區團體和學校單位來唱歌、表演、揮毫。表演的人會來，學生家長也會來，人潮自然會多。

我的方式是讓幕後委員跟培訓委員當店長，讓他們當店長，資深委員自然會來幫忙，我就不用擔心了。我每次辦義賣，一定做紀念服（T Shirt），一方面作紀念，一方面也可以賣錢。回溯做紀念服的因緣，是2000年5月27日、28日兩天，我們在梧棲港區體育館辦義賣，同樣要為希望工程募款，也有做紀念服。

有一位骨髓捐贈者是我的會員，也是沙鹿加工區一間工廠的老闆。他不但幫我找做衣服的廠商，也幫忙出一些資金，所以每場義賣，都有紀念服。一件衣服成本九十元，我們賣三百五十元，賣得非常好！

港區藝術中心是國際級的展演機構，有很嚴格的管理規定，進入參觀一定要穿鞋子，不能穿拖鞋；第二，在裡面不能吃東西、喝飲料。為什麼要選在那邊？要讓人家看見慈濟！

慈濟要走出去！要讓大眾知道慈濟為希望工程做了哪些事？除了義賣，我也募款，先列好名單，再一一打電話，向對方勸募。總之，募款加上事前和當天的義賣，總共加起來應該有上千萬元；後來，在大甲的順天國中

只要辦義賣，林雪珠一定做紀念服，她說：「在活動當中，有一件紀念衣服不是很棒嗎？」圖為2001年5月20日港區藝術中心義賣紀念服。(攝影／劉勝爵)

也有一場「勤耕福田 植心蓮」的義賣，是由大甲組主導。

將愛與關懷 帶進校園

1999年10月，慈濟決定要援建臺中縣石岡國小（今為臺中市石岡區），我們跟李水娘校長互動很密切，一直到她2001年8月退休。石岡國小是借用石岡國中的籃球場上課，球場上蓋了簡易教室，學生每天在石岡國小集合，再搭遊覽車到石岡國中上課，下午再載回來。

石岡國中位在山腰，山路小又崎嶇，遊覽車無法上山，老師帶著小朋友從山下一起走，必須走三十分鐘到達上課地點。石岡國小羅明輝主任很有智慧，在樹上掛了一些「好話」[20]，讓小朋友一邊走一邊念。

石岡國小從拆校舍到重建完成，我們差不多一個月去一次石岡國中，去簡易教室跟小朋友互動，教他們做

環保DIY或靜思語卡片；臺北的教聯會老師每個月來辦「震動大愛，重建笑園」[21]親師生成長班，我們也一起陪伴。這期間，很感恩都是楊密師姊用心帶動團隊一起到石岡，並且與臺北教聯會對口討論細節。

2001年9月學校落成紀念典禮時，李校長已經退休，接任的是翁春派校長。翁校長很謙卑，我們邀請他跟上人座談或是參加歲末祝福，他每回必到。有一次我直截了當問他：「校長，很感恩，你怎麼這麼配合？」他說：「師姊，我是東勢王朝的受災戶，九二一那天，我很驚慌地跑到空地，還在發抖時，旁邊有一個人拍了一下我的肩膀，跟我說：『不用怕，過去了！』還端了一碗熱熱的粥給我。」

當他講到這裡時，喉嚨都哽咽了，他說：「我永遠記得慈濟人的這一份恩情。」他後來去山上砍了一根跟人一樣高的竹子，做成大竹筒，每天投錢進去。那個竹筒很重，翁校長還親自抱到臺中分會去呈給上人作為善款使用。

一萬多個日子 充滿歡笑與淚水

上人近年來一直在講「莫忘那一年」，我知道他是要大家回憶，九二一這個災難，慈濟人在臺灣社會扮演什麼角色？不是我們幫他們蓋了多少房子，那是有形有相

的；上人要的是人性的光輝，因為有慈濟人安定災民、安定人心、淨化人心。

九二一地震那天，童綜合醫院到最後有兩、三百位患者來，如果沒有慈濟人去，會變成怎樣？這個災情這麼大，如果沒有慈濟人會變成怎樣？上人要的是感性的這一部分。我走入真善美的慈濟世界，已有一萬多個日子，在這裡有歡笑、有淚水，也有刻骨銘心的往事，更有一路走來不離不棄的善知識。

當年臺灣遭逢世紀災難，慈濟人立即湧現安撫人心，走在最前，做到最後；感恩自己有幸參與其中，且得以把握每個因緣，參與慈濟四大志業、八大法印。在此末法時代，何其有幸得遇上人，得聞佛法。上人期許弟子們「莫忘那一年」、「莫忘那一群人」與「莫忘那一念」，作為靜思弟子的我們，除了承師志，更要時時戒慎虔誠。期許已然步入「長照之年」的自己，把握分秒，恆持初心，方得遠行！

1　林江河先生於1940年創立「洽和油廠」，是沙鹿鎮傳承歷史最悠久的傳統油車間。因所製之油品香醇濃郁，加上秉持信用第一的製油理念，不只許多本地或外地的花生商或農民喜歡拿他們的花生給林先生代工榨油，至今鎮上老一輩的居民，仍對第一代負責人林江河曾博得「正麻油河」的美稱印象深刻。該油廠在1990年，向經濟部中央標準局註冊油廠商

標，即代表著「正麻油河」這塊金字招牌。（資料來源：臺中教育大學學報〈沙鹿鎮傳統榨油業之發展〉http://ntcuir.ntcu.edu.tw/bitstream/987654321/1492/2/161.pdf（2019年9月4日檢索）

2　王吉清：1989年由太太林雪珠接引接觸慈濟，隔年在新民商工聽到上人呼籲「用鼓掌的雙手做環保」，便開始投入資源回收，也帶動鄉居一起做；1996年起承擔精進組，每次參與助念、告別式後，一定親自將法親們護送到家門口。2013年3月因腹部劇烈疼痛，前往臺中慈濟醫院檢查，確診胰臟腫瘤擴散到肝臟，同年9月11日下午四點多辭世，享年六十六歲。

3　蔡素蓮：臺中市大里區慈濟志工，與林雪珠是沙鹿初中的同班同學。

4　知客室：設在靜思精舍的知客室，是接待來客之處。是要知悉客人的來意、解決來客們的問題。

5　小靜思：1969年農曆3月24日，靜思精舍正式落成。三十幾坪的空間，是上人和常住師父六、七個人溫暖的家——住在裡面修行，禮佛在裡面，辦公也在裡面。

6　寮房：寮房就是給旅客或是遠道來做法會者住宿的地方。意思就是草寮房，不是太舒適故稱寮房。

7　骨髓捐贈關懷小組：骨髓捐贈關懷小組志工的任務，是尋求遍布全臺各地的志願捐髓者，再勸動、陪伴他們進行捐贈。

8　第十一組：1997年開始，證嚴上人推展「社區化」志工編組方式，重新整編慈濟委員和慈誠，讓鄰里得到及時關懷，帶動鄉親加入志工行列。第十一組係指臺中縣市未合併前，隸屬臺中縣的沙鹿鎮、清水鎮、梧棲鎮、龍井鄉及大肚鄉。

9　慈濟護專：1989年成立，1999年改制為慈濟技術學院，並於2015年8月1日正式改名為慈濟科技大學。

10　懿德媽媽：慈濟護專創校時，證嚴上人本著道德重整、人格昇華之理念，遴選德智兼備的慈濟委員，組成「懿德母姊

會」，讓慈濟學子多一分爸爸、媽媽的關懷，以及亦師亦友的感情，陪伴他們度過年少輕狂的歲月，並培育具備慈、悲、喜、捨胸懷的現代青年。

11　港區：原第十一組，指的是現今臺中市沙鹿區、清水區、龍井區、梧棲區、大肚區。

12　人間菩薩大招生：證嚴上人希望每位志工都能邀約更多人投入菩薩行列，讓家家戶戶了解慈濟。

13　林美蘭：慈濟志工，九二一當時承擔活動組組長，林雪珠是副組長。

14　大林慈濟醫院於2000年8月13日啟業。

15　大愛屋：為了讓無家可歸的受災民眾，不致在寒冬將至之際仍僅以帳篷棲身，慈濟基金會於9月23日開始採購組合屋建材、9月28日動工，至同年12月28日悉數完成。慈濟大愛屋以「人性化」為考量，兼顧環保理念，並用建構「自己的家」的心情來為災民建造；每戶十二坪，三房二廳含衛浴，並致贈每戶流理臺、廚房吊櫃、排油煙機及靜思茶葉，另外還提供先前各界的捐贈品，包括收音機、緊急照明燈、棉被、毛毯、礦泉水、泡麵、毛巾、米糧等，讓受災者一搬進物資齊備的大愛屋，就有家的歸屬感。大愛屋援建種類含括住家、簡易派出所、消防隊臨時辦公室、簡易圖書館、簡易守望相助亭及佛寺等，於臺中、南投、雲林擇定三十一處興建。動員人力超過五萬人次，完成1,776戶21,705坪。資料來源：慈濟全球資訊網，回顧・921大地震。http://www.tzuchi.org.tw/featured/2017-09-14-01-28-52/%E5%9B%9E%E9%A1%A7%E3%83%BB921%E5%A4%A7%E5%9C%B0%E9%9C%87 （2019年9月27日檢索）

16　夾層，臺中分會（現今民權聯絡處），一樓通往二樓佛堂樓梯的後面，設有上人的寮房，寮房外有上人行腳至臺中時，會客或師徒溫馨座談的地方，慈濟志工慣稱它為「夾層」，此處亦是九二一地震後，上人決定救災、援建等重要決策之處。

17　希望工程：九二一地震帶來巨大災難，臺灣許多百年歷史的學校應聲倒塌，即使較新學校也滿目瘡痍。證嚴上人憂心地開示：「教育不能斷層，不能讓孩子在惡劣環境中讀書。」慈濟基金會毅然承擔起認養重建災區學校工作的「希望工程」，匯集全球無限愛心，投入百億經費，動員志工十萬餘人次投入校園的重建工作。

18　幕後委員：已開始投入慈濟各項工作，但尚未參加培訓的志工。

19　打佛七：打佛七是舉行七天或以七為周期專門念佛的修行活動。活動的目的是集中一定的時間，讓修行者放下外緣，集中精力不受打擾地認真念佛，力爭達到一心不亂的境界。資料來源：每日頭條報導，https://kknews.cc/other/5g2ool3.html（2019年9月4日檢索）

20　好話：即「靜思語」，是出自證嚴上人平日向弟子、慈濟會員或社會大眾的開示及談話。簡短易懂，但往往正中人心，讓讀者在隨喜的翻閱中，對種種現實人生的困境豁然開朗，深刻體悟生命真諦，從而認真地活在當下，發揮本性的善與美。

21　九二一地震時，中部地區學校受災嚴重，臺北地區教聯會老師每個月在南投、竹山、埔里、霧峰、草屯和國姓等多所學校成立師親生成長班，與當地學校老師、慈濟志工心手相連，用大愛和風安頓徬徨心靈，用長情的雨露遍灑喜悅生機，期待透過手語、團康、戲劇、生命教育、靜思語教學等活動，讓這些校園再次「笑」起來！

記|錄|群|分|享

九二一我旅遊 二十年後加倍償還
—— 張美齡 ——

　　1999年九二一地震至今屆滿二十周年，不知因緣如此奇妙，我成為慈濟基金會九二一口述歷史團隊的一員，投入採訪賑災志工，及負責收集中區及苗栗區志工採訪口述人物的各項檔案，將檔案上傳基金會雲端資料庫。從各篇口述訪問紀錄中，看到師兄、師姊投入賑災的付出，讓我想起二十年前，九二一地震後，隔天9月22日我仍依照原預定行程，到加拿大旅遊十六天，如今心中升起一股罪惡感。

　　我因工作關係，1996年由臺中縣大里市竹仔坑的家鄉，到臺中市南區購屋，住進十六層大樓的八樓。1999年9月20日傍晚下班後，為了兩天後的旅遊，我返回竹仔坑取幾件衣物。晚間九點多，外面風有點大，媽媽要我住家裡就好，我卻以隔天上班會交通雍塞為由，仍回到南區的大樓。

　　回到南區住處，我倒頭就睡著了。半夜我被搖下

床，站也站不穩，只好蹲著抱著床墊任由屋子擺動，好久停不下來。等到屋子好不容易不搖了，這才發現書桌上的檯燈滑落在地上，衣櫥的整面門鏡脫軌。「地震，請住戶下樓……」大樓管理員透過廣播說著。我還來不及檢視家中的狀況，只好提著平常上班的包包，跟著大家走樓梯下樓，樓梯旁、一樓大廳幾片大磁磚都裂開、掉落。

那一夜餘震不斷，我到住處大樓對街，坐在草地上，看著住家大樓，如風鈴般隨著餘震發出陣陣聲響；東南邊遠處山區，一片火紅；路邊的計程車司機，打開車上收音機，轉述臺北某大樓倒塌……「大里竹仔坑的家，不知道怎樣了？」心中著急起來。天漸漸亮了，大樓管理員勸大家暫時先不要上樓；另外一方面，透過廣播得知，停止上班上課，我趕緊騎著機車回大里竹仔坑的家。

一路上，心中想著家，剩三十公尺就能到家的平坦路，這時卻隆起約一層樓高的陡坡，隆起處旁兩戶二樓住屋，分別是兩位叔叔的家，房子卻如除濕機廣告扭曲變形，路是過不去了。我只好再走另一條路，沒想到房屋倒塌擋著路仍過不去，我心更急了，又回頭繞路走溪邊的路，河堤隆起、路破……機車只好停路邊，我步行約五百公尺才到家。

幸好，我的家人和屋子變形的兩位叔叔全家都平安。令人不忍的是距家約五十公尺，整排十戶屋齡約三十年的平房全部倒塌。其中有一家四口地震時都逃出來了，但是三個大人因為再進屋取貴重物品被壓死，獨留下一個四、五歲的小女孩，後來由居住它處的祖母扶養。住家溪邊對岸的淨德寺師父，已煮好熱鹹粥讓救難人員及災民充飢，當時我卻仍在家裡，不知道要主動過去幫忙。

　　傍晚回到臺中南區大樓住處，我撿起掉在地上的電話掛好，電話響起，同事告訴我，明天的加拿大旅遊行程照常，還邀我住她家方便一早出門。我在加拿大旅遊期間，當地媒體也報導著臺灣地震災情，心中雖有些難過，卻沒有想要提前返國，仍依原計畫，參加臺灣旅遊團後，繼續留下來參加當地的行程。就這樣，十六天玩遍加拿大東、西部。

　　九二一地震迄今二十年，沒想到我會是慈濟九二一口述歷史團隊成員之一，採訪當時投入賑災的志工。聽到王金福師兄夫婦，從地震那一刻起，開始透過廣播了解災區狀況，並主動投入賑災，慰問災區的軍人及孩子們。我們年齡相當，他的成長背景讓他把握學習的機會，甚至主動找上慈濟，加入團隊精進，珍惜付出的時機。

還有多位師姊，甘願為往生者清洗大體、更衣，祝福他們一路好走。反觀自己，我求學、就業一路順遂，家鄉有難就在眼前，我卻仍出國旅遊。結束旅遊行程，回到臺灣後，僅是跟著機關同事們，捐出一日薪資而已，什麼實際的賑災都沒做。

　　二十年後，我採訪慈濟志工，上傳志工的作品到雲端資料庫，並匯集報表。九二一口述歷史，是大多數志工的初經驗，許多規定都不能到位，為了大家一起成長，且維護中區志工作品的品質，只好送出前逐篇檢視一番。那些工作，我形容它「毛毛、碎碎的」，須花費許多時間。加上我目前居住山區，有時候網路不是很順暢，但卻也心甘情願，這應該都是為了補償二十年前的虧欠。

腐蝕的記憶 哪一天會醒？
── 張麗雲 ──

　　我常在想，大自然到底對人類隱忍了多久、累積了多麼深的怨怒，才會在幾秒鐘內，以相當於三十顆日本廣島原子彈的威力，將大地掀開，讓大山崩裂、河川改道。彼時若問天，天亦無言！

　　一年多前，證嚴上人對慈濟人殷殷地說：「莫忘九二一！」我很單純地想說，二十年了，該做個回顧吧！回顧的工作項目少不了布展、採訪和影片製作，今年又將會是忙碌的一年！

　　從尋找對象到深訪，兩、三個月內，真的是大海撈針。無計可施之下，我拿到一份《慈濟中區921大地震關懷援助總報告》，裡面記載著慈濟人從地震發生後的凌晨兩點多、三點，主動在社區啟動關懷和煮熱食，自家騎樓成為廚房，家充當發放關懷中心，揹著百萬、千萬現金直入災區，關懷與救急，或充當禮儀師、化妝師……

總報告的詳實內容，與我所訪得的訊息大抵相同，讓我篤定自己的採訪方向，也寫得更加踏實。

　　高麗雪告訴我，賀伯颱風過後，她曾到南投災區關心災民和救災人員並煮熱食；衛爾康火災時，她陪著家屬從一具一具燒得像黑炭、扭曲的軀體中認屍；這些經驗成為她在九二一的第一時間啟動關懷。

　　洪武正帶隊在花蓮慈濟大學校園蓋茶軒時，地震後的清晨五點多，他進入靜思精舍，看到上人滿臉憔悴，哭紅了雙眼，催促著他說：「趕快！趕快！去找『組合屋』，你們趕快找人去找『組合屋』！」洪武正一時意會不過來，一問之下，原來上人腦海裡早已構思援建簡易屋給災民安身。

　　羅明憲甫從朝鮮國際賑災搭機到北京，接到臺灣中部發生大地震的噩耗，以為自己聽錯了？「平常都是我們在救人家，而這一次的災難竟發生在自己的家鄉！難道現在變成要讓人來救？」

　　張碧珠號召十位志工，兩、三點從后里、石岡、土牛，跨越急水與崩山，一路救人，卻又遺憾無法讓那身體還溫熱的罹難者回魂……

　　採訪中，許多受難者的畫面，像電影倒帶般在我腦海中一一浮現。我想起九歲時，母親痛失長子，多年後，舊痕已淡，新傷又增，在她正想安享天年的最後

歲月裡，病重的次子連為她「捧斗」的力氣都無。午夜夢回，母女連心，我想母親也跟我採訪後一樣地在枕間落淚吧！

上人說，苦難的人走不出來，有福的人要走進去。我們根性愚鈍，想不透美麗的寶島，為何在一夕間山河變色？那時許多志工只管每天早出晚歸，埋頭救災，與災民的心同在，無暇去想因果，只管放下家業、事業，兩、三個月投入救災，回過頭來，才想到自己的工作可能無著落了，但卻不擔心，因為失去工作再找就有。個人事小，救災事大，有的人這一個心念感動了老闆娘，工作職位繼續保留了，救災第一，全民上下一心。

上人一開始說：「莫忘九二一！」事隔沒多久，再說：「莫忘那一年！」又一段時間後，補說：「莫忘那一念、那一時、那一人！」短短一年的時間，就像「化城」一般，一階一階帶著我們進城、出城、再進城、又出城，我終於海闊天空。

我終於懂了，「莫忘九二一」只是一個起始，人的一生當中，人與人之間，時間與空間的長河裡，剎那的一念間，相遇的那一人，都曾經是我們生命中的好因緣。

這一次採訪九二一地震的人物，歷史的層面重於寫

作的技巧，但卻是件大工程，練就我們「做歷史」的初工。事隔二十年，當年親身參與救災的慈濟志工，如今多是兩鬢霜白，齒牙動搖，他們或記憶衰退，或已不在人間。有幸存活下來的受難者，年輕人為了生計各奔東西，找尋不易！年長者，不堪再回首過去悲慘的一景一幕，那結了疤的傷痕，不願再被摳起，讓血流如注。

然而，因為我們鍥而不捨地追訪，受訪者深藏的記憶如剝洋蔥，一層一層被剝開，在生命交流的剎那，豈不是在傳心法？

雖然，我們採訪的成績不盡理想，團隊共乘、共伴、相挺、互補，再一次凝聚力量。更重要的是，我們無緣參與他們的過去，但相信從現在直至未來，我們將會攜手向前，繼續傳承這分大愛。

人們逝去的記憶，如發黃的青苔，看似已經死了，但灑了水，又恢復鮮綠，一腳踩上時，我們才驚覺路滑，得小心腳下。二十年，不長不短，曾經呼天搶地的那一夜，人們沒有全然忘了，只是欲望無止盡，讓美麗的水晶球，不斷遭受如九二一的複合式災難。

我在想，難道人類真的要繼續糟蹋這顆星球，直至它敗壞？那又何必問天，就問問我們這一顆心吧！

堅持記錄工作 到人生的最後
—— 林淑懷 ——

　　自從2018年年底，參加組隊在臺中靜思堂舉辦九二一地震二十周年說明會，每一位資深志工，他們所分享的救災經過，幾乎都是「從頭開始講述」，聽起來就像活動流程一樣，「什麼時間接到訊息，然後跟誰出發……幾點到災區，煮熱食、關懷傷者、送便當、急難補助等等。」完全沒有讓我感動的地方。

　　我是1999年5月加入慈濟會員，即開始參加社區的活動。九二一地震發生，我雖然沒有進到災區，但有參與希望工程，開車送茶水、點心到學校給工地朋友享用，也到大愛村量血壓，還是一樣沒有被任何人、任何事感動到。真的，不及在電視上看到的畫面，那麼讓我怵目驚心。

　　但是，沒有感動，怎麼辦？九二一地震已經二十年，我到底要記錄什麼？

　　直到，2019年 1 月 4日晚上，採訪當年在臺中分會

總務組上班的劉明燦師兄。認識劉師兄二十年，他給我的印象一直都是服儀端正，待人客氣，彬彬有禮，能言善道，可以說心地和外表都一致，修持非常好，是一位很優秀且職志合一的慈濟人。

談到九二一，劉師兄幾度哽咽：「若不是進來慈濟，我不會遇到這一大事因緣！」他第一次搭上直升機，跟著慈濟基金會林碧玉副總，經過走山的九九峰，再到埔里災區。他說起難以忘懷的那一幕，淚水又禁不住掉下來：災區一個家庭，因為爸爸、媽媽被震毀的透天房子壓住，雙雙罹難了。兩兄弟在沒有家人的協助下，跟著道士，捧著鋁製盆子，裡面裝著父母被救難人員強拉出來的屍塊……邊講劉師兄手不停地擦拭淚水，我的淚水也跟著在眼眶裡打轉。

初訪劉師兄後，我在幾天內很迅速地將萬字的逐字稿整理好，再進行編修，算是中區送出的第一篇作品。在口述共修課程中，很高興得到文史處林如萍師姊的回饋，她還提到：「口述歷史講的是當事人的歷史故事，最重要的時間脈絡，和事件發生的順序不能有誤。」並提醒我該補訪、深入的地方。

我除了再約補訪，也透過電話、LINE再三提出問題，劉師兄都不厭其煩地逐一回覆，大大地增加我對寫口述歷史的信心。

從初訪到整稿，我深刻體會，原來寫人物口述歷史，不是那麼簡單，需要求證深入的地方實在多到不行，不像撰寫第三人稱的活動報導，不清楚的地方可用幾個字帶過。

人物口述歷史，涵蓋廣泛，從主角的出生背景、生活環境、求學經過、社會歷練、進入慈濟因緣、投入慈濟志業、參與九二一的經過……等於受訪者重要的人生旅程都要納入其中，稍有一點點偏差，留存的歷史便失真了。

透過與當事人的訪談，每一個細節，都能帶給我畫面，讓我走進他的生命歷程，腦中浮現出來的一層一層故事，好像昨天才發生似的，非常清晰明白。

如同在臺中分會總務組上班的水電職工林大壹師兄也一樣，他人忠厚老實，一心一意守住上人的理念「做就對了」。事情經過二十年，放在他腦海中的記憶，並沒有因為時日已久而遺忘，還是一五一十地將經過告訴我。當他發現到停電，隨即聯想到：「臺中分會一定也沒電！」林師兄馬上跟太太說，要到臺中分會「看一下」，結果這看一下，讓他整整一個禮拜不敢掉以輕心，日夜用心顧著「發電機」，臺中分會才能有電、有燈光，讓上人能跟志工們開會，讓救災順利進行。

從這兩位師兄的身上，讓我學習到身為一個慈濟志工，應該具足勇於承擔的精神和使命，尤其自己選擇的志工路，不能輕易放棄，更不能有「有時間才投入的心態」，而是要時時把握時間，利益人群，就像上人殷殷叮嚀弟子們：「時間不會等人。」

　　是啊！啟動九二一口述歷史的紀錄，將近一年了，我也試問自己，「這一年做了什麼？」我很怕偷懶，時間悄悄地從身邊溜走，唯有掌握好每一分秒，做別人的貴人，否則便違背當時的初發心。

　　我始終沒忘記，上人曾經對全球人文真善美志工說，「抽骨為筆，剝皮為紙，刺血為墨，都不足以對你們說感恩。」同樣，我也要說，為慈濟留歷史，為人間留美善，記錄工作我會堅持到人生最後；慈濟路是我已定的人生方向，我會繼續大步向前邁進，做我該做的每一件事。

過去不曾參與 現在不能錯過
——洪素養——

　　二十年前的九二一地震，雖早已事過境遷，但人世間的大災難，總有說不盡的刻骨銘心。上人一再勉勵：「莫忘那一年、那些人、那些事、那一念心。」才能催生九二一口述歷史專書，記錄下志工參與賑災的種種事蹟。

　　從地湧出的故事，是用血、用生命堆砌出來，十方的愛有太多的感動，透過口述留下歷史的足跡，彌足珍貴。我從溫春蘆口述中學習很多，尤其救災工作告一段落時，分會工作較少，可是還有很多會眾留在分會。她不捨志工散掉，所以成立巧藝班，進而在各社區延續，真的是在苦難中激盪出智慧發想，至今巧藝班還在社區推動。

　　今年初，我們團隊跟溫春蘆訪談後，進行分工聽打逐字稿、順稿、校稿，再來審核考證，一再求證，只為求真實性。過程雖然繁瑣，甚至溫春蘆一度拒絕受訪，讓我相當挫折，所幸之前寫她的子藏因緣，與她

培養了默契，所以拜託她多多回想，或是找並肩作戰的法親，多聊聊九二一的事，漸漸有了些回憶。

在補訪求證的過程中，溫師姊很有耐心與我分享，我也從訪談中，專注聆聽故事，深入其境，感受到資深師兄師姊跟隨上人行入災區，捨己為人的精神，如《法華經》〈從地湧出品第十五〉中：「娑婆世界三千大千國土，地皆震裂，而於其中，有無量千萬億菩薩摩訶薩，同時湧出。」經文所提，在所有投入九二一地震賑災的志工身上，得到印證，是一件多麼不可思議的事。

我自己沒有參與到九二一，想想能把歷史追溯回來，也能知道很多未曾聽聞的事蹟，尤其是寫到上人對災民的憂心，他怕災民睡得不好、穿得不暖，自己就吃得少、穿得少。上人用自身的體驗，來感受災民的苦，這分大悲心，牽動所有慈濟人堅定實踐上人悲心的願力。

我寫到上人為災民的擔憂時，一度停下筆，哽咽好一會兒才能再繼續；這是多麼值得的使命。每天一有時間，我就埋頭寫著、寫著，如今終於完成這一篇，希望能有更多人看見社會愛心人士、慈濟人全心奉獻的精神，奮不顧身投入救災，給予社會溫暖，進而喚起人人的善念，攜手用愛鞏固家園。

我也住在災區
—— 曾玲麗 ——

施秀盼師姊告訴我，每每想到九二一大地震，猶歷歷在目，忍不住又傷心，所以不忍回顧。因此不想讓我們採訪，怕再度勾起悲慘的記憶。

經過多次溝通，終於得到秀盼師姊應允，接受「莫忘九二一」的救災心路歷程採訪。2019年3月24日我很開心來到秀盼師姊的家進行初訪，巧的是提到小時候生長的環境時，才知道她的娘家和我婆家僅一牆之隔，又有一層親切感。

秀盼暢談小時候的故事，成長過程中離鄉背井，十六歲國中畢業，一心只想趕快賺錢幫助媽媽改善家中生活，所以報名桃園中壢的育達商職建教合作班（澤豐紡織廠）半工半讀。當放假回南投，要收假坐上遊覽車時，施媽媽在車外偷偷啜泣，秀盼在車上哭；那一幕讓我也跟著淚流滿面。

秀盼在認識慈濟後，利用工作時口說慈濟，募心也

募款，最多時募了四百多戶，包括埔里、水里、集集、草屯，無論多遠，哪裡要交功德款她都會去收，菩薩大招生的毅力與用心令我敬佩。

九二一地震時，秀盼和志工在南投殯儀館，協助法醫為三百多具大體驗屍寫死亡證明，並為亡者擦拭臉部，分男、女識別以利家屬辨識確認。聽到這裡，我感悟生命的無常，敬佩秀盼師姊身處於殯儀館遍地大體中，心中只有慈悲心，沒有恐懼害怕，已進入大愛無礙、無我的狀態。此時，再回憶二十年前的情境，秀盼師姊是一把眼淚、一把鼻涕，她說當時都忘了害怕，也哭不出來，只知道趕快做好驗屍，將大體堆放置冷凍櫃，讓亡者靈安，生者心安。

當時，我在南投市平和國小任教，地震後復課是在跑道上以帆布搭建的臨時教室，只有一塊小黑板、小麥克風；市區已開始拆屋，空氣品質極差，師生每天需配戴口罩上課，有的孩子暫時轉學到其他鄉鎮就學。

那段期間，慈濟為平和國小蓋臨時教室，改善師生上課品質，又有北區慈濟人來做身心靈關懷、靜思語教學，接著新教室蓋好落成啟用，軟硬體具備。後續，又有大愛媽媽進校園，在晨光時間進行「靜思語」教學，提升孩子的品德教育，社區家長也一起來

學校參與，學習到「感恩、尊重、愛」，如今已過二十年。

我慶幸在九二一大地震後認識慈濟人，由會員變成慈濟教聯會老師，成為上人的弟子，慈濟大家庭的一分子，又進一步從社區志工受證為委員。也慶幸參與這次採訪及補訪，能聆聽秀盼分享九二一救災故事，讓我體悟唯有善念匯聚共耕福田，社會才能祥和；讓我更懂得知足、感恩、善解、包容，行事才能心安理得，有了這分心，才能發揮大愛，讓社會更良善。

附|錄|一

九二一地震慈濟賑災
重要記事

◎**1999年**

09.21‧凌晨1點47分臺灣發生芮氏規模7.3強烈地震，造成嚴重傷亡。慈濟基金會成立救災中心，並動員全體志工全力投入賑災行列，於急難救助期展開應急金發送、民生物資援助、緊急醫療援助、往生事宜援助。同時，發起「921集集大地震，心繫鄉親，愛心總動員」全球性勸募工作。

09.23‧證嚴上人抵達臺中分會坐鎮指揮，並指示救災的原則與重點，包括消毒衛生、建簡易屋、熱食供應、環保問題、人力分配、物資運送注意安全……等事宜；並於26日指示慈濟救災工作全面轉為心靈輔導、家園重建。

09.29‧第一批慈濟大愛屋動工，位在南投市中興新村德興棒球場內。

10.03・第一場「用愛心建家園」祈福晚會在南投市中興新村舉辦，隨後陸續在南投、臺中災區共舉辦十四場。

10.05・九二一大地震後，學校毀損甚多，許多學校面臨重建或遷校。上人認為「社會的希望在教育，所以教育不能中斷」，遂指示慈濟基金會著手「希望工程」的復建與認養事宜。

10.18・基於「學校不能倒，必須是災害發生時的避難所」理念，上人決定慈濟所有援建學校全部採用耐震度較高的SRC（鋼骨鋼筋混凝土）結構。慈濟代表參加行政院九二一震災災後重建委員會工作會報，簡報慈濟的賑災復建專案計畫，並傳達慈濟所援建的學校將採百分之百鋼構建築的理念。

10.24・首座慈濟大愛一村——南投市大愛一村居民歡喜入住，共一百六十四戶，約九百位居民。

11.09・教育部舉辦「民間認養九二一震災中小學校園重建簽約典禮」，包括慈濟在內的三十三個認養團體及八十五所被認養學校的校長參加。

12.18・慈濟基金會為了感謝各界涓涓善款支援慈濟賑

災，並向投身救災行列的社區志工致意，即日起至元月底，九十六場慈濟社區歲末祝福在北、中、南區舉行，約十二萬人參加。

12.28・慈濟基金會為了讓九二一地震受災鄉親在短期內可以安身，不用餐風露宿，分別在臺中市、臺中縣、南投縣、雲林縣等十九個地方興建慈濟大愛村，隨著第十九處的埔里大愛村交屋後，宣告全數完工，合計興建一千七百四十三間大愛屋。

◎2000年
01.01・在完成大愛村興建，協助九二一災民安身後，慈濟志工元月起展開「安心計畫」——至慈濟大愛村進行心靈關懷，及災區兒童、青少年課業及心理輔導。

01.22・慈濟本日起至2月3日展開年度冬令發放。九二一地震災後，共近八十戶災民經濟陷入困境，本會將之納入長期照顧戶。此為安頓關懷的安生計畫。

01.29・「慈濟青年寒假安心關懷系列」活動，由慈濟醫學暨人文社會學院結合慈濟技術學院舉辦，集合兩

校五個服務性社團：洄瀾種子服務隊、春暉社、慈青社、快樂健康營與學佛營，自元月29日至2月14日，跨越農曆春節前後至災區大愛村及社寮、集集國中舉辦五個營隊，關懷災區民眾與學童。

04.10．豐原市豐東國中舉行校舍重建動土典禮，成為慈濟九二一希望工程援建的四十三所學校中率先興建的學校。之後，各校希望工程也陸續動土建造，與此同時認養學校數逐步增加，最終慈濟援建九二一希望工程，多達五十一所學校。

05.02．委派專人為二十餘校校園內的六百六十六棵珍貴樹種及老樹，進行斷根及移植作業，將於建築物完工後，由建築師根據整體景觀設計，重新栽植於校園內，樹種包括肖楠、樟樹、油桐、櫸木、榕樹等。

09.16．震災周年，在南投、臺中五個大愛村舉行「紀念921．破土而出展新芽」祈福晚會，首場本日在集集慈濟大愛村舉行；陸續於草屯、臺中、埔里、東勢大愛村舉行。

◎2001年

01.13・首批慈誠景觀團隊,近六百五十位北區慈誠隊於凌晨出發,上午八時分別抵達集集國中、集集國小及 社寮國中、社寮國小四校工地,從事工地清理工作,自此進駐希望工程,投入所有舊設施修復、環境清理及照明、排水、植栽、連鎖磚鋪設等工程,讓學生新學期遷入新校園。

01.17・慈濟援建希望工程臺中縣新社國小新校舍完工。20日正式啟用,這是慈濟九二一希望工程中首批遷入新校舍的學子。

05.30・嘉義縣大吉國中本日完工,民和國中翌日完工,兩校校舍均在「1022嘉義地震」時受災毀損,同為慈濟九二一希望工程援建學校。

◎2002年

01.28・慈濟大學春暉社於竹山國小舉辦為期兩天的「安心計畫」關懷營隊,服務一百一十二位小朋友。此次營隊為最後一梯次,隨著「希望工程」竹山國小、社寮國中重建完工,慈濟大學春暉社為期兩年的安心計畫關懷營隊圓滿告一段落。

12.30・南投縣炎峰國小本日完工。本年度，南投、臺中多所希望工程援建學校陸續完工，包括炎峰國小、桃源國小、塗城國小、東勢國中、中峰國小、南投國中、僑榮國小、平和國小、太平國小等，累計已有四十九所學校完工。

◎2003年

02.08・南投縣立埔里鎮溪南國小，經教育部提供經費及慈善團體認養援建之下，本年初元月雖完成主體建築工程，尚餘五分之一工程未完成，包括鋪設連鎖磚、綠化植栽、運動場、鐘樓洗石子牆面等工程。慈濟基金會接獲校方求助，遂決議承擔後續所有工程，直至新校園啟用，慈誠隊景觀工程團隊本日進駐校園，3月31日新校園重建完成，組合教室拆除。該校列為慈濟九二一希望工程中的第五十所學校。

02.15・臺北縣土城市清水國小在2002年三三一地震中受創，教學大樓「勤敏樓」經鑑定為危樓須拆建，原本擁擠的教學空間因此更顯不足。慈濟基金會協助援建，由許常吉建築事務所規畫設計，本日動土，為慈濟九二一希望工程中的第五十一所學校。

◎2004年

05.08．臺北縣清水國小新校舍啟用，主體採鋼骨鋼筋混凝土（SRC）工程結構及綠建築設計，規畫有四十六間教室，包括普通教室、專科教室、視訊教室，還有行政處室、風雨操場等；這也是慈濟為震災所興建的最後一所學校。

05.08．慈濟基金會「九二一希望工程」援建專案計畫，自1999年10月5日正式啟動以來，歷經四年又七個月多的日子，終於在最後一所學校——清水國小完工啟用後，圓滿結案。慈濟全球募款，傾其一切人力與財力，完成五十一所學校援建工程，其中有十一所為教育部委託援建，七所為獲得民間或教育部經費補助但無人力支援，幫助逾四萬五千位學子繼續完成學業。

※五十一所學校清單如下：
【臺中縣，十五校】東勢國中、東勢國小、大里國中、豐東國中、霧峰國小、石岡國小、瑞城國小、太平國小、五福國小、塗城國小、新社國小、太平國中、桐林國小、中山幼兒實驗學校、僑榮國小
【南投縣，三十三校】社寮國中、中興國中、旭光國

中、埔里國中、埔里國小、中寮國中、爽文國中、集集國中、集集國小、竹山國小、大成國小、延平國小、福龜國小、大成國中、南投國小、東光國小、至誠國小、中原國小、南投國中、漳和國小、北山國小、北港國小、僑光國小、社寮國小、鹿谷國小、國姓國中、國姓國小、平和國小、桃源國小、炎峰國小、中州國小、中峰國小、溪南國小
【嘉義縣，二校】大吉國中、民和國中
【臺北縣，一校】清水國小

附｜錄｜二

慈濟中區九二一震災救援行動
臺中分會救災中心人力配置表

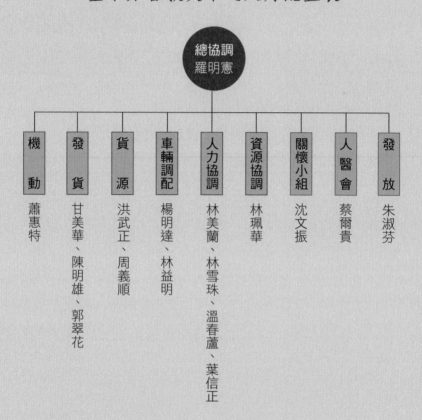

總協調
羅明憲

機動	發貨	貨源	車輛調配	人力協調	資源協調	關懷小組	人醫會	發放
蕭惠特	甘美華、陳明雄、郭翠花	洪武正、周義順	楊明達、林益明	林美蘭、林雪珠、溫春蘆、葉信正	林珮華	沈文振	蔡爾貴	朱淑芬

附|錄|三

九二一震災
臺中分會災後重建組織系統表

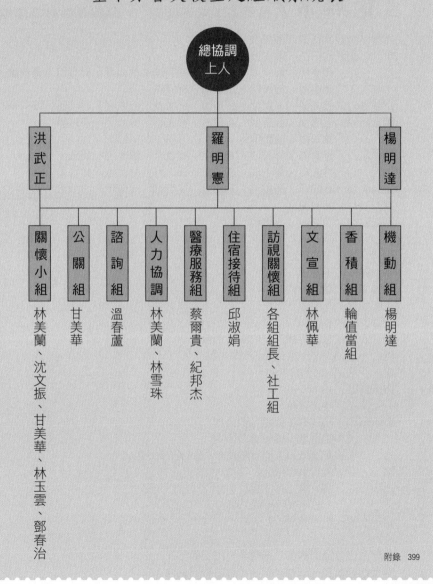

總協調
上人

洪武正　　　羅明憲　　　楊明達

關懷小組	公關組	諮詢組	人力協調	醫療服務組	住宿接待組	訪視關懷組	文宣組	香積組	機動組
林美蘭、沈文振、甘美華、林玉雲、鄧春治	甘美華	溫春蘆	林美蘭、林雪珠	蔡爾貴、紀邦杰	邱淑娟	各組組長、社工組	林佩華	輪值當組	楊明達

國家圖書館出版品預行編目(CIP)資料

覺無常：九二一地震二十周年 慈濟志工口述歷史 /
蕭惠特等口述；張美齡等整理.
-- 初版. -- 臺北市：慈濟傳播人文志業基金會，
2019.12
面；　公分
ISBN 978-986-5726-79-9(平裝)
1.慈濟 2.九二一地震 3.志工 4.社會福利 5.口述歷史
547.16　　　　　　　　　　　　　108021352

《覺無常》九二一地震二十周年
慈濟志工口述歷史——急難救助訪談紀錄（一）

慈濟基金會執行長／顏博文
策　　　劃／何日生、賴睿伶、林如萍
口　　　述／蕭惠特、羅明憲、洪武正、劉明燦、林大壹、高麗雪、溫春蘆
　　　　　　陳忠厚、施秀盼、王金福、林雪珠
口述整理／張美齡、張麗雲、林淑懷、洪素養、蔡鳳寶、曾玲麗、魏玉縣
圖影記錄／溫忠漢、張廷旭、陳麗雪、黃南暘、林政男、黃鈺姵
　　　　　　劉勝爵、陸順情
聽打記錄／楊家妤、林秀貞、陳香如、陳茂全、蕭秀美、賴薏捷
　　　　　　林素玲、曾千瑜、黃芷菱、林之婷、林美娥、林寶蘭
編　輯　群／林如萍、黃基淦、吳瑞祥、吳明勳、江淑怡、沈昱儀、黃湘卉
封面設計／陳誼蓁
圖像協力／蕭惠如、沈冠瑛

發　行　人／王端正
平面總監／王志宏
叢書主編／蔡文村
美術指導／邱宇陞
資深美編／黃昭寧
出　版　者／慈濟傳播人文志業基金會
地　　　址／臺北市北投區立德路2號
電　　　話／02-2898-9991
劃撥帳號／19924552
戶　　　名／經典雜誌
製版印刷／禹利電子分色有限公司
經　銷　商／聯合發行股份有限公司
地　　　址／新北市新店區寶橋路235巷6弄6號2樓
電　　　話／(02)2917-8022
出版日期／2019年12月初版
　　　　　　2020年2月初版二刷
定　　　價／新台幣420元